# 文物保护绩效管理研究

## ——基于文物保护经费投入的视角

Research on the Performance Management of
Cultural Relics Protection
—in the Perspective of Fund Investment of Cultural Relics Protection

满　莉　著

经济管理出版社
ECONOMY & MANAGEMENT PUBLISHING HOUSE

**图书在版编目（CIP）数据**

文物保护绩效管理研究——基于文物保护经费投入的视角 / 满莉著. —北京：经济管理出版社，2017.12

ISBN 978-7-5096-5549-8

Ⅰ.①文… Ⅱ.①满… Ⅲ.①文物保护—经费—财政管理—研究—中国 Ⅳ.①K87 ②F812.2

中国版本图书馆 CIP 数据核字（2017）第 314011 号

组稿编辑：宋 娜
责任编辑：宋 娜 张 昕
责任印制：黄章平
责任校对：赵天宇

出版发行：经济管理出版社
（北京市海淀区北蜂窝 8 号中雅大厦 A 座 11 层 100038）
网 址：www. E-mp. com. cn
电 话：（010）51915602
印 刷：三河市延风印装有限公司
经 销：新华书店
开 本：720mm×1000mm/16
印 张：13.5
字 数：222 千字
版 次：2018 年 4 月第 1 版 2018 年 4 月第 1 次印刷
书 号：ISBN 978-7-5096-5549-8
定 价：98.00 元

# 第六批《中国社会科学博士后文库》编委会及编辑部成员名单

# 序 言

博士后制度在我国落地生根已逾30年，已经成为国家人才体系建设中的重要一环。30多年来，博士后制度对推动我国人事人才体制机制改革、促进科技创新和经济社会发展发挥了重要的作用，也培养了一批国家急需的高层次创新型人才。

自1986年1月开始招收第一名博士后研究人员起，截至目前，国家已累计招收14万余名博士后研究人员，已经出站的博士后大多成为各领域的科研骨干和学术带头人。其中，已有50余位博士后当选两院院士；众多博士后入选各类人才计划，其中，国家百千万人才工程年入选率达34.36%，国家杰出青年科学基金入选率平均达21.04%，教育部“长江学者”入选率平均达10%左右。

2015年底，国务院办公厅出台《关于改革完善博士后制度的意见》，要求各地各部门各设站单位按照党中央、国务院决策部署，牢固树立并切实贯彻创新、协调、绿色、开放、共享的发展理念，深入实施创新驱动发展战略和人才优先发展战略，完善体制机制，健全服务体系，推动博士后事业科学发展。这为我国博士后事业的进一步发展指明了方向，也为哲学社会科学领域博士后工作提出了新的研究方向。

习近平总书记在2016年5月17日全国哲学社会科学工作座谈会上发表重要讲话指出：一个国家的发展水平，既取决于自然科学发展水平，也取决于哲学社会科学发展水平。一个没有发达的自然科学的国家不可能走在世界前列，一个没有繁荣的哲学社会科学的国家也不可能走在世界前列。坚持和发展中国特色社会主义，需要不断在实践中和理论上进行探索、用发展着的理论指导发展着的实践。在这个过程中，哲学社会科学具有不可替代的重要地位，哲学社会科学工作者具有不可替代的重要作用。这是党和国家领导人对包括哲学社会科学博士后在内的所有哲学社会科学领域的研究者、工作者提出的殷切希望！

中国社会科学院是中央直属的国家哲学社会科学研究机构，在哲学社会科学博士后工作领域处于领军地位。为充分调动哲学社会科学博士后研究人员科研创新的积极性，展示哲学社会科学领域博士后的优秀成果，提高我国哲学社会科学发展的整体水平，中国社会科学院和全国博士后管理委员会于 2012 年联合推出了《中国社会科学博士后文库》（以下简称《文库》），每年在全国范围内择优出版博士后成果。经过多年的发展，《文库》已经成为集中、系统、全面反映我国哲学社会科学博士后优秀成果的高端学术平台，学术影响力和社会影响力逐年提高。

下一步，做好哲学社会科学博士后工作，做好《文库》工作，要认真学习领会习近平总书记系列重要讲话精神，自觉肩负起新的时代使命，锐意创新、发奋进取。为此，需做到：

第一，始终坚持马克思主义的指导地位。哲学社会科学研究离不开正确的世界观、方法论的指导。习近平总书记深刻指出：坚持以马克思主义为指导，是当代中国哲学社会科学区别于其他哲学社会科学的根本标志，必须旗帜鲜明加以坚持。马克思主义揭示了事物的本质、内在联系及发展规律，是“伟大的认识工具”，是人们观察世界、分析问题的有力思想武器。马克思主义尽管诞生在一个半多世纪之前，但在当今时代，马克思主义与新的时代实践结合起来，越来越显示出更加强大的生命力。哲学社会科学博士后研究人员应该更加自觉地坚持马克思主义在科研工作中的指导地位，继续推进马克思主义中国化、时代化、大众化，继续发展21世纪马克思主义、当代中国马克思主义。要继续把《文库》建设成为马克思主义中国化最新理论成果宣传、展示、交流的平台，为中国特色社会主义建设提供强有力的理论支撑。

第二，逐步树立智库意识和品牌意识。哲学社会科学肩负着回答时代命题、规划未来道路的使命。当前中央对哲学社会科学愈加重视，尤其是提出要发挥哲学社会科学在治国理政、提高改革决策水平、推进国家治理体系和治理能力现代化中的作用。从2015年开始，中央已启动了国家高端智库的建设，这对哲学社会科学博士后工作提出了更高的针对性要求，也为哲学社会科学博士后研究提供了更为广阔的应用空间。《文库》依托中国社会科学院，面向全国哲学社会科学领域博士后科研流动站、工作站的博士后征集优秀成果，入选出版的著作也代表了哲学社会科学博士后最高的学术研究水平。因此，要善于把中国社会科学院服务党和国家决策的大智库功能与《文库》的小智库功能结合起来，进而以智库意识推动品牌意识建设，最终树立《文库》的智库意识和品牌意识。

第三，积极推动中国特色哲学社会科学学术体系和话语体系建设。改革开放30多年来，我国在经济建设、政治建设、文化建设、社会建设、生态文明建设和党的建设各个领域都取得了举世瞩目的成就，比历史上任何时期都更接近中华民族伟大复兴的目标。但正如习近平总书记所指出的那样：在解读中国实践、构建中国理论上，我们应该最有发言权，但实际上我国哲学社会科学在国际上的声音还比较小，还处于"有理说不出、说了传不开"的境地。这里问题的实质，就是中国特色、中国特质的哲学社会科学学术体系和话语体系的缺失和建设问题。具有中国特色、中国特质的学术体系和话语体系必然是由具有中国特色、中国特质的概念、范畴和学科等组成。这一切不是凭空想象得来的，而是在中国化的马克思主义指导下，在参考我们民族特质、历史智慧的基础上再创造出来的。在这一过程中，积极吸纳儒、释、道、墨、名、法、农、杂、兵等各家学说的精髓，无疑是保持中国特色、中国特质的重要保证。换言之，不能站在历史、文化虚无主义立场搞研究。要通过《文库》积极引导哲学社会科学博士后研究人员：一方面，要积极吸收古今中外各种学术资源，坚持古为今用、洋为中用。另一方面，要以中国自己的实践为研究定位，围绕中国自己的问题，坚持问题导向，努力探索具备中国特色、中国特质的概念、范畴与理论体系，在体现继承性和民族性、体现原创性和时代性、体现系统性和专业性方面，不断加强和深化中国特色学术体系和话语体系建设。

新形势下，我国哲学社会科学地位更加重要、任务更加繁重。衷心希望广大哲学社会科学博士后工作者和博士后们，以《文库》系列著作的出版为契机，以习近平总书记在全国哲学社会科学座谈会上的讲话为根本遵循，将自身的研究工作与时代的需求结合起来，将自身的研究工作与国家和人民的召唤结合起来，以深厚的学识修养赢得尊重，以高尚的人格魅力引领风气，在为祖国、为人民立德立功立言中，在实现中华民族伟大复兴中国梦的征程中，成就自我、实现价值。

是为序。

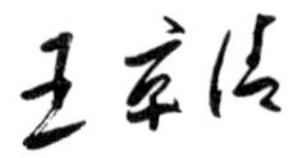

中国社会科学院副院长

中国社会科学院博士后管理委员会主任

2016 年 12 月 1 日

# 摘 要


随着我国公共财政框架的确立，财政政策由服务于供给之前的管理为主开始慢慢走向保障于公共服务的需求为主。在这一巨大变化的必然趋势下，对于如何提高文物保护投入的使用效果，促进文物保护投入效率的提高，建立文物保护投入产出的长效机制和财政资金绩效评价制度，已经是摆在面前的一个重大课题。

绩效管理源于企业管理的一种方式，以其完善的体系、优美的流程和持续的良性循环得到管理学家的盛赞，深得管理者的喜爱，将绩效管理引入财政支出管理是一种有益的尝试。

本书在已有文物保护和绩效评价理论研究的基础上，对绩效管理的理论进行梳理，利用平衡计分卡等工具，探索文物保护经费的绩效管理系统和方法，运用相关指标进行分析并研究文物保护现状，探讨制约文物保护绩效发挥的问题及其成因，从而推动文物保护绩效评价工作的开展，促进文物保护绩效管理水平的提高。



**关键词：** 文物保护；资金配置；配置效率；绩效管理

# Abstract

With the establishment of the framework of public finance, the focus of China's fiscal policy has shifted from serving the supply management to meeting the public service demand, which has been an inevitable trend. How to improve the efficiency of cultural relics protection and investment, and how to establish an practical input-output mechanism and a financial funds performance evaluation system, has became an urgent issue which confronts us.

Performance management is a theory coming from enterprise management, which won the management experts over with its excellent system, smooth progress and sustainable circulation. Thus, as a bold attempt, we will introduce it into the management of financial expenditure.

This paper, relying on existing theory of cultural relics protection and performance evaluation, reviews the performance management theories. On one hand, we use the Balanced Scorecard tools to explore innovated performance management system and method of the cultural relics protection funds. On the other hand, we adopt related indicators of cultural relics protection to analysis its present situation and discussed the reason why the performance of cultural relics protection was restricted. I hope this paper can make a difference on promoting the cultural relics protection performance evaluation and uplifting the level of protection.

**Key Words**: Cultural Relics Protection; Capital Allocation; Allocation Efficiency; Performance Management

# 目　录

# Contents

# 第一章　导　论

文物作为极其重要的物质保护资源，以其特有的历史文化价值和艺术价值以及市场收藏价值和流通价值，具有公共性、外部性和非营利性等公共产品属性。政府及有关部门必须通过法制、资源补偿和监督机制等途径，建立文物保护投入的长效机制，促进文物保护投入效率的提高。

## 第一节　选题背景和意义

### 一、文物保护绩效管理是中国经济社会发展的需要

我国在《文物事业“十二五”规划和2015年远景目标纲要》中提出，要逐步完善和探索既有利于文物保护，又有利于文物利用的管理模式和运作模式，在确保国家所有权的前提下，探索合理利用文物的多种形式。国家把加大文物保护的资金投入、合理配置文物保护的资源、深化文物保护体制的改革，作为“十二五”规划的重要目标。

当前，我国在公共文物保护体系的建设上还存在着一大误区：将文物保护经费投入和产品供给不足的原因归结为各级政府投入得太少。然而，事实上并非如此。公共文物保护与其他公共产品一样，如果缺乏良好的管理，即使政府投入大量的资金支持，服务量也未必增加。由此可见，当前公共文物保护供给的不足，不仅仅是由于财政资金投入不足，更是由于公共管理效率低下。

必须指出，资金的不足和效率的低下是我国目前公共文物保护提供中的两个基本问题。由于传统公共管理的自身缺陷，它们是紧密联系的，无

法进行区分，加上信息不对称造成的误导，人们就会自然地将问题归结为财政供给不足。因此，要区分问题形成的原因，解决公共管理效率低下的问题，就有必要在公共文物保护事业管理中引进西方绩效管理的理念，进行绩效评价和绩效改革。从这点来说，本书所研究的文物保护绩效管理是为了满足我国经济、社会发展和改革的现实需要。

## 二、文物保护绩效管理对解决资金供求匮乏矛盾有重要意义

资金问题已成为当前文物保护中面临的现实困难之一。资金缺乏一方面制约了保护工作的开展，另一方面对文物保护事业在经济上提出了更加独立的发展要求。要加快文物保护工作的开展，除了要确保资金到位外，还应确保合理、有效地利用现有的保护资金，使之发挥最大的使用效益，最大限度缓解资金供应紧张的局面。

文物保护需要投入巨量的资金。但是目前，我国历史文物保护资金的供给总量还处于极为有限的水平，而且供求缺口仍在持续扩大，资金供求匮乏的矛盾十分突出。从保护资金的来源和投入上看，我国文物保护资金来源过于单一，几乎全部依赖于国家投入，无法满足实际情况的需要。同时，虽然我国文物保护资金数额的绝对量在逐步扩大，但是需要保护的文物数量也在不断扩大，相较而言，文物保护资金的覆盖率仍然偏低。

2015 年是“十二五”规划的收尾之年，也是“十三五”规划的制定之年，是文物保护事业发展的重要时间节点。2011 年 2 月 25 日，《非物质文物保护法》在十一届全国人大常委会第十九次会议上正式通过，并于 2011 年 6 月正式实施。本书在现有文物保护和绩效评价理论研究的基础上，运用相关指标分析研究我国文物保护现状，寻找制约文物保护绩效发挥的原因，推动文物保护绩效评价工作的开展，提高文物保护经费绩效管理水平，从而有针对性地提出对策。

# 第二节 文物保护经费投入的特点

文物保护经费投入具有公共性、外部性和非营利性等特点。

## 一、公共性

文物保护经费投入的基础在于其公共性。文物保护经费投入的公共性是鉴定文物保护投入发展目标、公共财政投入和文物保护投入政策与文物保护事业发展是否相适应的标准。文物保护经费投入中所反映的公共利益不仅表现在国家层面上，而且会表现在社区层面上，且具有多层次性。公共性应该是文物保护经费投入最为本质的概念，并构成文物保护经费投入的范畴体系，即公共主体，它包括以政府行政组织为核心的各类各级文物保护经费投入部门、非政府文物保护经费投入机构等公共组织构成文物保护经费投入基础的公共性是一个广袤的领域，因此它涉及文物保护经费投入的外部性、文物保护经费投入领域的普遍性和人类社会的共有性等。

## 二、外部性

文物保护经费的投入成本高、短期与长期效益具有滞后效应，文物保护经费投入服务及其产品的非排他性与非竞争性使其具有明显的外部性。文物保护经费投入产品边际生产成本和边际拥挤成本并不成比例，任何消费者对其都无须付费消费，也不会影响其他消费者的利益。

## 三、非营利性

文物保护除有一定的保存含义外，还有在保持原有的特点及规模的前提下，进行修改、更新或使其现代化的含义。“保存”潜在排斥任何更新，“保护”则是对“新”的一种指导，通过与社会发展需求相协调来实践。文物保护事业不是财政的包袱，而是社会、经济效益兼备，“投入小、产出大”，“利在当代、益及后代”且能拉动关联产业增长的公益性事业。

## 第三节　相关文献综述

### 一、关于文物保护管理的文献

公共物品的外部性和信息不对称说明文物保护有管理上的必要性。亚当·斯密（Adam Smith，1776）在论述君主或国家的义务时曾提出并分析了公共产品的类型、提供方式、资金来源和公平性等。但公共产品理论作为一种系统的理论，直到19世纪80年代才出现，财政学者们将边际效用理论运用到财政领域，并创立了较为系统的公共产品论。代表人物有潘塔莱奥尼（1883），他指出了如何根据最大效益原则来安排公共产品以满足公众的需要；马左拉（1890），他对公共产品价格的形成问题作了系统的表述；马尔科，他把国家活动视为一种特殊的受资源稀缺性约束的生产性活动；萨克斯（1958），他认为国家活动应建立在公众整体的意愿之上，政府决策者们应该尊重并反映社会各阶层的利益；威克赛尔认为，国家提供公共服务给个人带来的正边际效应应该等于个人因纳税而损失的负边际效应；林达尔（Lindahl，1918）建立了公共产品的供应模型；约翰森（Johansen）和鲍温（Bowen）对公共产品的补偿问题做了研究，提出了自愿交换理论。现代经济学对公共产品的研究以1954年和1955年保罗·萨缪尔（P. A. Samuelson）发表在《经济学与统计学评论》第36期和第37期上的两篇著名文章——《公共的纯理论》和《公共理论图解》为起点。此后，很多经济学家分别从不同角度对公共产品进行了分析，如马斯格雷夫，科斯以及布坎南等，形成了丰富的公共产品理论。

理查德·A.马斯格雷夫（Richard A. Musgrave，1959）指出政府有三个经济职能：提供产品和服务；对收入和财富进行再分配；确保稳定和增长。无论是出于社会责任的考虑还是因为市场失灵，政府都有义务向公众提供产品（包括服务）。公共产品（如国防设施、文物、司法系统和空气污染控制设施等）一旦付之使用便可以被所有人享用，但是没有任何有效的方法来使受益人自愿地为这些公共产品付费。这种类型的产品和服务不能由私人部门生产，因为无法收回成本或获得任何利润。具有公共产品性质的服务是营利性市场主体干不了、干不好或不愿干的，同时也是个人力量所无法左右的。因此，必须而且也只能由政府来发挥主导作用。对于这种服务或产品的提供，政府有责任从经费上给予支持。如果政府放任自流，完全由私人部门提供这些产品，可能会立即导致市场失灵（如提供了无效产品）或者在远期导致市场失灵（如污染和自然资源的耗竭）。

总之，基于文物保护事业的特殊性，靠市场无法自发实现合理选择，即自由市场会导致低效率社会产出。出路只有强化政府责任，政府干预的目的就在于促进公平并解决所谓的市场失灵问题，这也正是所谓的开展文物保护投入项目的经济学理由。

## 二、国内外研究成果

西方各国基于其自身具体国情，形成了较为系统的文物保护资金投入体系。以英国为例，其国家和地方政府所提供的专项拨款是文物保护资金最为重要的来源。在日本，文物保护资金的主要来源为中央和地方政府的补助、贷款、公共事业费用，其中中央和地方政府的补助费数量相当可观。美国设立了国家信托基金会管理保护基金和补助基金。同时，为了拓展资金来源，联邦政府和地方政府施行了一系列税收优惠政策和经济优惠措施，其中主要包括投资税额减免、加速成本返回制度、财产税减免、所得税减免、销售税减免等。

西方各国的文物保护实践虽然已达到很高的水平和规模，但其方法并不完全符合中国当前文物保护的实际状况，其原因有以下三点：

第一，经济发展水平的不同直接影响了对文物保护的认识和投入。发达国家是在人均国内生产总值接近 10000 美元时开始全面的公益保护的，而我国当前 103 个国家级历史文化名城的经济远未达到这一水平。

第二，文物保护权属有本质不同。我国文物大多数已归国有，公有产权比例高。而国外大部分为私有，在考察文物保护资金配置效益时，私人经济因素占有很大权重。

第三，国外文物保护机制已相对健全，认定方式已趋于统一。中国的保护法规和相关政策尚不健全。比较而言，我国文物保护资金的绩效管理研究显得更为重要。

对文物保护投入的绩效评价是一个非常复杂的问题，因为政府行为目标的多元化体现在社会、经济、政治及文化等各个方面。在文物保护投入绩效评价过程中很难对这么多的目标进行量化，很难说清哪个目标的权重更大。同时，在这些目标之间没有一般等价物进行换算，而且又不能简单地用微观成本效益评价方法解决，所以客观上存在难以评价的因素。世界各国的专家为解决这一问题付出了很多努力，但尚没有一个公认的、成熟的方案，这也是一个世界性的难题。

对文物保护投入不可能像企业一样用几个简单的指标进行评价。所以也不能采用平面性的指标体系，而是要采用立体的指标体系来设置，使其不仅能反映文物保护这类投入本身的特性，还能对不同类别进行比较。

文物保护投入是否可以用一种标准化的方法进行评价，在技术上专门设置一种评价体系，使拨款单位、用钱单位和监管单位都可以用它进行标准化的评价，这就需要利用一些共性（通用）指标、专用指标和补充指标。

马国贤教授最先提出绩效管理是一种制度创新，他认为①，绩效管理是根据财政效率原则及其方法论，采用目标—结果导向模式，以设定绩效目标、绩效预算和绩效评价为主要内容的公共管理制度。它既是财政的改革，也是西方国家“政府改革运动”的核心。公共绩效管理是一项新的公共管理制度，目的是提高财政效率、改善政府与公众的关系，既是对政府管理的理念革命，也是政府管理的制度创新。政府绩效管理不是单一的管理工具，而是一种观念和系统，有自身的理论基础。其基本理论可以归结为“一观三论”：“花钱买效果”的预算观、目标—结果导向管理论、公共委托—代理论和为顾客服务论。② 四者存在以下关系：“花钱买效果”的预算观要求政府在进行绩效管理中抓住财政效率，是绩效管理的目标。目标—结果导向和为顾客服务理论是政府绩效管理的动力机制，要始终关注结果和顾客的需求，并成为政府提供公共服务的动力，使效果不偏离正确的财政效率。公共委托—代理论要求解决绩效分析的方法问题，确定财政资金使用的公共责任。建立权利与义务相匹配的公共责任机制，并解决建立绩效评价指标体系的方法问题。在绩效指标设计上，通过逻辑分析法、

---

① 马国贤：《政府绩效管理》，复旦大学出版社 2005 年版，第 127 页。

② 马国贤：《政府绩效管理原理》，《扬州大学税务学院学报》2005 年第 6 期。

标杆法等方法的结合应用，建立一系列指标，通过考核这些指标的达成，量化公共产品的社会效果，用客观数据说话，从而建立公共产品和预算之间的关系。

我国近年来有关保护资金的研究成果主要集中在保护资金的筹集和运作两方面。

1. 保护资金的筹集方面

阮仪三、王景慧、王林介绍了英国、日本保护资金的来源，并对各国保护资金来源进行比较，总结出以下结论：①国家和地方政府的财政拨款是保护资金最主要的来源，这方面的款项数额巨大，并呈现逐年上升趋势；②以国家投资带动地方政府资金相配合，并辅以社会团体、慈善机构及个人的多方面合作；③资金保障与立法制度相结合；④各类相关政策的制定为保护提供了多渠道、多层次的资金筹措方式，如减免税收、公用事业拨款、发行奖券、自筹资金等形式。

桂晓峰、戈岳从资金的构成、来源和使用、筹措、管理以及收益五个方面，对国内历史文化街区保护资金的问题做了总结。肖建莉针对当前单纯的政府投资无法满足大量历史建筑保护的资金需求的情况，提出保护资金的“多元化”和“私有化”概念，为我国解决保护资金问题提供了很好的意见。祝莹提出以政府为主导，通过新区土地拍卖、提供税费调节、租税减免、处罚等方式增加保护资金来源；采取国有与民营资本组建合资公司的方式实现保护资金的市场化运作；通过申请国家历史文化名城保护专项资金、土地批租金、政府提供低息贷款、与民营企业合股联营等方式实现形式多元化的融资政策。张松、沈海虹、张艳华、范文兵等结合英、美等国的文物保护实践，介绍了减免税收、资金补助及优惠贷款、发展权转移、地役权制度、设立周转基金、发行彩票等融资渠道，为我国拓展保护资金的来源提供了很好的借鉴思路。

2. 保护资金的运作方面

祝莹总结了我国当前较为成功的多个运作事例，分别为：以北京菊儿胡同为实例、社区合作更新为主导的运作方式；以丽江古城为实例、政府组织为主导的运作方式；以周庄古镇为实例、多元化投资的运作方式。

以上研究为我国文物保护资金的筹集和运作提供了一些较为切实可行的思路，但现实的文物保护工作中，有限的保护资金供给无法满足文物保护对资金投入的无限需求，决策者如何对有限的保护资金在不同的保护项目之间作出分配和选择，将对我国当前文物保护产生不可忽视的影响。本书试图从公共经济学入手，以探索出合理有效的文物保护资金配置体系，使文物保护资金发挥出最优的实用效益，缓解当前保护资金供求紧张的现实矛盾。

## 第四节　本书的基本内容框架和创新之处

### 一、本书的基本内容

改革开放以后，随着文物保护投入需求不断增加，我国的文物保护投入部门在体制、管理、经费等方面出现了许多新的问题，面临着一系列的挑战，亟须改革。造成这种状况的原因是多方面的，除了国家对文物保护投入机构的投入力度相对减弱外，一个很重要的原因就是现有的定额拨款方式明显缺乏约束和激励。本书从绩效管理的角度研究文物保护与经费投入的关系，以期改进现有拨款方式来优化资源配置、促进服务效率，建立资金使用者和提供者之间的可量化的关系，使公共资金的使用达到最优的效率。

本书的研究内容分为五章，各章的内容简述如下：

第一章为总论，介绍本书的研究目的和研究对象以及逻辑框架。本书的目的是对文物保护绩效管理进行研究，集中于文物保护绩效评估方面。对于公共效率，一般要考虑三个问题：一是政府是否需要购买这类公共服务。对此本书将在理论性和现实性两个方面分析政府管理文物保护投入的必要性。二是政府打算按什么样的价格，购买多少公共服务。对此本书不作重点论述，略有涉及。三是实际购买的公共服务，包括质和量，与实际拨款相比是否划算，这是本书的重点内容。

第二章是对文物保护绩效评估的研究。对一个事务的评估一般包括根据评估目的选择恰当的评估指标；指标评估标准的选取；根据评估目的确定评估指标在对某事物评估中的相对重要性；根据评估目的、数据特征选择适当的综合评估方法以及数据采集方法等问题。所以，首先展开对文物保护投入指标确定的方法——逻辑模型进行研究，全面介绍了逻辑模型的类别、作用以及对我国文物保护投入逻辑模型的设计。其次按照逻辑模型来介绍绩效指标的类型、绩效指标的设计方法、文物绩效评估指标的选择标准及影响因素。根据调查并结合我国文物保护投入的实际，设计出了我国文物保护绩效指标体系。根据多目标量化管理的思路，将对绩效指标赋权，采用层次分析法，并结合调查中专家对各个指标的赋值情况，利用 MATLAB 对数据进行了处理。最后论述了进一步要研究的方向。

第三章是我国文物保护绩效管理机制现状及其所存在问题的原因分析。分析改革开放以来我国文物保护投入的发展历史与现状。这也说明了文物保护投入干预的必要性。另外，对我国文物保护经费投入短缺原因进行了分析，指出当前文物管理中在政绩观、体制和机制等方面存在制度性缺陷。所以，现行的制度不适应，必须进行制度创新。

第四章定量描述文物保护对经济社会文化发展及国民经济发展的贡献。本书从理论上分析了政府管理文物保护投入的必要性。由公共经济学里的公共产品理论、外部性理论和信息不对称可知，文物保护投入是市场失灵的领域，存在明显的外部性，因此必须政府介入，但介入的程度和范围也是一个重要的问题。文物保护事业在拉动关联产业增长、促进社会经济发展、改善民生方面取得了较好的综合效益。

第五章提出我国文物保护财政管理的政策建议。将指标体系与文物保护视野中的文物修复、人员队伍结构、资金投入和产出效率、信息化设施配备等工作挂钩，更加有利于文物系统的日常管理工作。

## 二、本书创新之处

归纳起来，本书的创新集中于以下两点：

1. 从绩效管理角度来研究文物保护投入绩效问题

当前，我国文物保护投入领域大多是呼吁政府提高认识、明确责任、增加投入以及扩大有偿服务、调整收费标准等方面，而从绩效管理的角度研究财政与文物保护投入的关系却鲜有人涉及。

本书试图指出，文物保护投入属于公共产品，因此必须纳入政府管理，那种试图将文物保护投入市场化的尝试是错误的。文物保护投入当前存在着资金短缺和服务质量不高两个突出问题，前者是财政问题，后者是管理问题。文物保护投入的改革方向应当是在加强政府投入的基础上搞好绩效管理。

2. 提出了文物保护绩效评价的逻辑模型

文物保护投入改革的第一步是建立绩效评价制度。但是，对于如何建立绩效评价指标体系这一问题仍有待研究。对此，本书试图结合绩效评价原理，将逻辑模型应用到文物保护绩效管理中去，通过绩效评价案例分析和优化，形成投入、产出、产效和影响的绩效指标体系，并提供指标体系建设中的相关理论与方法论支撑。

逻辑分析法主要研究在政府管理中如何应用它来进行公共的绩效管理，包括如何进行公共的绩效分析、绩效目标的确定、建立评价指标体系。逻辑分析法为选择提供了对不同对象进行绩效分析的基本构架，并帮助组织确立目标，把目标转化为绩效目标，提供多目标量化管理和设计评价指标思路的绩效管理的工具。

# 第二章　文物保护经费绩效评估指标及其权重研究

## 第一节　文物保护经费绩效评估指标体系设计及方法

绩效评估是绩效管理的核心，而绩效管理能否成功相当程度上又取决于绩效评估指标体系。在基本结构上，文物保护经费投入绩效评价指标与整个公共部门的绩效指标是一致的，但又有其具体要求。

### 一、文物保护经费绩效评估指标体系构建

文物保护经费绩效评价指标构建是一个科学、严谨的过程。绩效评估的结果是否具有说服力，直接取决于评价指标体系是否科学。要使评价体系科学合理，就必须按照系统性、有效性、可操作性、可比性和独立性等基本原则，精心遴选评价指标。指标体系包括准则层、具体指标、权重等内容。在评价指标遴选上一般应把握好以下结合关系：①内部指标和外部指标相结合；②数量指标与质量指标相结合；③正向指标与逆向指标相结合；④技术性指标与民主性指标相结合；⑤支出指标与收入指标相结合；⑥客观指标与主观指标相结合；⑦工作指标与业绩指标相结合；⑧行政成本指标与业务成本指标相结合；⑨个体指标与团体指标相结合。笔者将这些目标根据重要性赋以权重，进行绩效预算设定。确定权重系数的方法很多，根据绩效评价理论和方法，可以采用层次分析法和德尔菲法（Delphi法）、主观概率法、RSR 法、层次分析法和多因素分析方法等，但归纳起

来分为两类，即主观赋权法和客观赋权法。主观赋权法充分反映专家的经验，目前使用较多的是德尔菲法（Delphi 法）。客观赋权法是从实际数据出发的方法，如因子分析法和相关系数法等，虽然避免了人为因素的主观影响，但赋权的结果没能客观反映指标的实际重要程度，常导致赋权结果与客观实际存在一定的差距。有学者认为，应采用主客观结合的赋权法确定权重值。这种方法既考虑了人们主观上对各项指标的重视程度，又考虑了各项指标原始数据之间的相互联系及它们对总体评估指标的影响。采用相关分析法、辨别力分析法等多种方法对评价指标进行相关性和隶属度分析，然后再进行实证筛选和修正。在初步建立指标体系后，还要对其进行效度和信度的检验。信度是指测量工具反映被测量对象特征的可靠程度，或者是测量结果在不同条件下的一致性程度的指标，是衡量测量工具可靠性与一致性的基本指标。效度是测量工具反映真实测量特质或目的的有效程度的指标，一般采用计算绩效结果与专家评判内容效度比的方法来反映指标体系的效度。在指标体系形成之后，应通过问卷、表格等形式具体体现。

绩效指标是对资源使用和某些领域内特殊目标达成情况所作的定性陈述，同时也是一种行为的信号或指导，而不是绝对的测量，它并不直接提供对投入、过程和产出的直接测量，也不直接提供综合意义上的评估，但它能够提供与投入有关，对改进管理、提高效率有价值的信息。

在制定文物保护绩效评估指标体系时，指标的选择是决定指标体系是否科学、是否可行的关键环节。下面将对优良绩效指标的“CREAM”标准进行详细介绍。

选择优良指标的“CREAM”（Clear，Relevant，Economic，Adequate，Monitorable）本质上是旨在为一个特殊的计划、项目或政策开发指标的一套标准。绩效指标应该是清晰的、相关的、经济的、足够的和可监控的。“CREAM”相当于一个保险单，因为越精细和连贯的指标，越重视衡量战略是什么。

在五个标准中如果任何一个没有达到，正式的绩效指标都将受到损害且不能发挥应有的作用。绩效指标应该是尽可能清晰的、直接的和明确的，指标可能是定量的和定性的。建立基于结果的 M&E 系统，笔者提倡以一个简单的数量来衡量系统而不是在前面插入质量衡量指标。

定量的评价方法是指运用应用数学、统计学所提供的概念、处理问题

**表 2-1　选择优良指标的“CREAM”**

| | |
|---|---|
| 清晰的 | 精确的和不含糊的（准确的和明确的） |
| 相关的 | 适合于主题 |
| 经济的 | 用一个合理的成本可获得的 |
| 足够的 | 提供一个评估绩效足够的基础 |
| 可监控的 | 服从独立的确证 |

资料来源：Jody Zall Kuse，Ray C. Rist，“Ten Steps to a Results-Based Monitoring and Evaluation System”，THE WORLD BANK，Washington，D. C.，2005.

的方式和技巧，对财政支出绩效进行量的描述，建立与之相适应的数学模型，进而进行计算、分析，以数字来衡量绩效结果。定量方法包括主成分分析方法、层级分析方法、数据包络分析方法、模糊数学分析法、神经网络分析和遗传算法等。实践表明，同样的评价指标和评价数据，若采用不同的定量分析方法进行分析，其评价结果可能会有所差异，有时甚至可能产生显著的差异。因此，为改善地方财政支出绩效评价质量和增强地方财政支出绩效评价结果的可靠性和可信性，选择适当的定量方法十分重要。各种定量方法各有长处和局限性。

文物保护经费绩效评价组织要根据绩效评价目的、评价对象和评价内容选择一种合适的方法，也可以采用不同定量分析方法对评价结果进行相互印证和补充。所谓定性的评价方法，是指运用主观打分的方法，对一些无法量化和无法获得数据的绩效指标作出评价。定性的评价方法包括专家打分、公众调查等。定性分析和定量分析各有优势，也各有局限性。在现有的地方财政支出绩效评价中，一般都采用定性分析和定量分析相结合的方法。

绩效指标应该和预期的结果相关，以及不被其他和结果有关的问题所影响。设置指标的中期经济成本应该对此加以考虑。这意味着指标应该用一个收集和分析数据可以理解的可能支出来设置，并且足够充分。它们不应该是太间接、太多的代理指标，或者太抽象的指标，以至于评估绩效变得复杂和有疑问。指标应该是可监控的，这意味着它们能独立地验证和核实，这是赞成定量指标而反对定性指标的另一个依据。指标应该是可靠的，并且确保对第一次衡量的内容及下一次衡量的内容都有效（有效确定第一次衡量的内容也是下次衡量的内容）。

良好的绩效评估指标体系应同时具有完整性、协调性和比例性的特征。完整性是指各种指标相互补充、扬长避短，共同构成一个完整的整体；协调性是指各种指标之间在相关的质的规定方面相互衔接，相互一致地协调发展；比例性是指各种指标之间存在一定的数量比例关系。良好的绩效评估指标体系应该衡量可靠、内容有效、定义具体、独立、非重叠、全面、易懂、一致、持续更新。基于以上特征，文物保护绩效评估指标的确立应遵循以下基本原则：

（1）目的性与系统性相结合的原则。任何指标体系的设计都要为一定的目的和需要服务，在筛选、确定每一个单项指标时需要考虑该项指标在整个指标体系中的地位和作用，根据它所反映的特定研究主体和研究对象的性质和特征，确定指标的口径、范围和含义。同时，要注意指标体系内部的逻辑关系，不要对指标进行杂乱无章的罗列，而应在指标体系中尽量考虑研究对象之间的有机联系，从而使之综合、全面地反映社会现象之间的数量关系和内在规律。

（2）全面性与精简性相结合的原则。财政支出的范围广、内容复杂，支出的效益涉及多个方面，在设计指标体系时不仅要考虑支出对象的层次性，还要考虑支出内容的多样性；不仅要反映支出的直接效益，还要反映间接效果；不仅要反映支出的短期效益，还要反映其长期效益。因此，指标的设计应尽可能从不同侧面反映事物的全貌。但由于评估工作是一项复杂的工程，指标越多，收集数据的难度越大，成本也越高，因此考虑指标全面性的同时要注重指标体系的精简性，尽可能删除重复的指标，对于意义相似的指标只选择一个主要指标作为同类指标反映评估内容。在设置指标时应考虑数据收集的难易程度和成本的高低，用尽量少的指标或收集成本低的指标反映尽量多的信息量。

（3）完整性和导向性相结合的原则。完整性是指评估指标的设置应与经济体制转轨、财政改革的战略目标一致，并能从不同角度反映文物保护经费支出的内涵和特征，要考虑文物保护经费支出的外在性特点，即文物保护经费支出活动对社会发展产生的积极或消极的影响。同时，要注重指标体系的导向作用和激励作用。所谓导向作用是指评估指标的设立和运用可以引导评估主客体重视评估内容，并努力朝评估标准的方向发展；所谓激励作用是指评估的结果会对评估客体产生巨大的影响，从而产生激励效果，使文物保护经费支出工作朝设定的目标发展。

（4）科学性与可操作性相结合的原则。由于文物保护经费支出管理工作是一个长期渐进的完善过程，因此评估指标的设计既要符合目前实际工作情况，通用易懂，具有较强的现实意义和可操作性，同时又要有一定的前瞻性，要体现文物保护经费支出管理改革的方向。

除此之外，还有人提出了绩效评估要遵循 SMART 原则。S 代表 Specific，是指绩效指标要切中特定的工作目标，适度细化，并且随着情境变化而发生变化。M 代表 Measurable，是指绩效指标或者是数量化的，或者是行为化的，验证这些绩效指标的数据或信息是可以获得的。A 代表 Attainable，是指绩效指标在付出努力的情况下是可以实现的，避免设立过高或过低的目标。R 代表 Realistic，是指绩效指标应该与工作高度相关，是实实在在的，是可以通过证明和观察得到的，而非假设的。T 代表 Timebound，是指在绩效指标中要使用一定的时间单位，即要设定完成这些指标的期限，一般以一年为单位，也可设立季度目标或 3~5 年的中长期目标，这是关注效率的一种表现。

## 二、文物保护经费绩效评估概念模型的构建环境与原则

### 1. 概念模型的功能及要素

模型方法在各学科中的广泛应用，形成了人们常说的“科学的模型化”。文物保护经费绩效评价涉及一系列复杂的变量，及其变量与绩效结果的关系，科学的绩效评价模型不仅能体现系统性、可操作性等技术要求，而且能够为改善绩效指引方向。模型的目的在于为建立科学的公共服务提供机制，重在落实责任和持续改进，注重通过整合来提高文物管理各部门、各领域的绩效，并保持协调一致。

简单来说，概念模型具有解释现象、优化选择和预测趋势三大功能。基于地方文物管理的复杂性、多样性和动态性，评价文物保护绩效是一个复杂的系统。比方说，评价要兼顾预设目标、环境条件和操作成本之间的关系；指标体系设计涉及指标结构、层级、数据源以及指标之间关联性等复杂问题；权重系数的确定依赖于专家咨询调查结果；评分标准与指标属性密不可分，增量与存量的关系使评分标准设计具有更多的不确定性；等等。如果没有预设的概念模型，就很难把握绩效与其影响因子的复杂关系，更不能测量这种关系。相反，构建概念模型就是将评价体系中的基本

要素和结构进行模拟简化及逻辑抽象，凸显主要问题和矛盾，使实证方案建立在严谨的理论推导之上。正如托马斯·来福·皮考克（Thomas Love Peacock）在《克洛切物城堡》中所言："凭空立说，没有证据，也不管证据，只从假想出发按照逻辑推演一番，那样所得的结论，定会大谬不然。"

作为绩效管理中最基本的功能活动，绩效评价是指一个组织试图达成某种目标，如何达成以及是否达成目标的系统化过程，包括衡量财政投入所提供公共服务的经济、效率、效果、质量和外部效应，还要将公平、责任、合法性纳入维度。整体绩效是指作为一级特定财政投入的总体绩效，评价模型涉及一系列有形及无形因素，技术方法更加复杂。从方法论的角度来审视，模型提供完整的技术体系，包含四大元素：一是评价技术路径，宛如产品制造的工艺过程由具体"路线"和"节点"所组成，评价技术路径甄别与选择是绩效评价的中心环节；二是指标体系，具体来说是衡量文物保护绩效的指标集，被认为是评价体系中最重要的组成部分；三是权重分配系数，即指标集中各个指标的相对重要程度系数；四是指标评分标准，也就是对指标值进行统一的分类和赋值。对于具体方法的选择，层次分析法、数据包络分析法、主成分分析法等工具和手段被广泛采用，并不断开发新的方法。

2. 概念模型的环境条件

模型是简化了的事物的本质。所谓简化，即对真实的事物原型设置环境条件，作出假设，界定约束性的边界条件，增强模型构建及应用的针对性。文物保护经费绩效评价概念模型并非一般性的数学模型，涉及一系列复杂的变量和不确定因素，对环境条件的界定十分重要。本研究中环境与模型的关系主要体现在以下六个方面：

（1）基于体制外的独立第三方评价。独立第三方评价是此项研究的预设条件，亦是建立概念模型首先要考虑的环境因素。按照组织权的不同，文物保护经费绩效评价可分为体制内评价和体制外评价，体制外评价可再划分为委托第三方评价和独立第三方评价。一般认为，委托第三方评价指由上级政府或其他机构委托专门机构对特定对象进行的评价活动。由于为上级政府委托，评价可较为方便、及时地获取体制内一些尚未公开的资料信息，亦容易得到被评价对象的协助和支持，或者说，从技术操作的层面来看，评价可以兼顾到过程和结果的双重导向。但独立第三方评价则不同，由于其游离于体制之外，在现有的制度环境下，要取得政府运作过程中的数据信息，甚至政府“产出”结果的统计信息相当困难。同时，两类第三方评价都面临着统计数据缺失或失真的问题。

以独立第三方的立场来看，建立政府整体绩效评价模型必然是“结果导向”的模型，同时应预设各种统计数据缺失为常态。或者说，统计数据缺失及失真为独立第三方评价带来了技术性障碍，从而要求评价在技术路径和指标体系方面创新，包括必须考虑研究成本控制（如绩效满意度调查问卷设计、有效样本量控制等）、评价指标选择（主观指标与客观指标匹配）等核心因素。事实上，即使从技术层面来看，独立第三方评价应该是也必然是公众评价，评价主体与模型构建存在技术上的关联性。

（2）针对整体绩效。整体绩效是构建评价模型时需重点考虑的导向性因素。首先，必须面对地方政府的“整体产出”，即所谓政治绩效、文化绩效、社会绩效和经济绩效。基于公共物品的稀缺性和不可逆性，生态环境的保护绩效愈加成为政府“产出绩效”的重要组成部分。其次，整体绩效必须测量政府的投入，所谓政府成本，包括显性成本和隐性成本。最后，整体绩效体现公众满意度导向，即所谓目标绩效。

从概念模型的角度来说，整体绩效的评价要求技术方法能有效识别绩效因子的属性特征，必须将不同质、不同属性的因子置于统一的评价体系中，从而与针对具有特定服务内容的部门绩效评价形成差别。同时，作为“整体政府”，其和政府文物管理部门的差别不是累加或放大、缩小的差别，衡量绩效亦不可简单累加或放大。另外，整体绩效评价置于公众满意度导向之下，满意度测量与公共职能部门的公众满意度评价测量完全不同。基于商业服务评价的 ACSI 模型不可直接移植到整体绩效的满意度评价中，因此评价模型中的满意度测量方案、指标、流程与度量等方面均要进行改良。总体而言，整体绩效概念不仅具有重大的理论导向意义，而且为概念模型构建预设了环境条件。

（3）导入公众满意度绩效因子。导入满意度调查不仅体现现代民主政治的要求，更重要的是从技术层面上使评价指标体系变得操作可行，因为在统计数据普遍缺失或失真，或获取代价不菲的现实条件下，没有什么数据源比公众自身更了解自己需要政府什么样的服务，以及对这些服务的感觉如何。但是，如何在现有条件下借鉴 ACSI 模型是建模必须面对的问题。对此，国内学术界提出了很多解决思路，如盛明科等人提出了“中国政府服务的公众满意度测评模型，CPSI”，将优质服务、高效服务、低廉服务作为“公众期望（结构变量）”的观测变量，将科教服务绩效、文化科学科技卫生服务绩效作为结构变量——服务质量的观测变量；尤建新等人基于层次分析法（AHP）提出四级指标体系，一级指标为公众满意度，定义为对政府工作的认同感，二级指标包括公众安全感、信任感、荣誉感和价值感；等等。这些思路本质上是把政府整体绩效与政府职能部门绩效等同起来，并且简单移植或改良 ACSI 模型所设计的终端（具体）指标，针对的仍旧是“公共服务”。实际上，在现有条件下很难进行操作。因此，必须从技术层面加以改良。

（4）增量与存量关系对文物保护绩效的影响。评分标准设计是概念模型的重要组成内容。文物保护绩效评价具有时段性，是时间的函数，评价应该针对增量，年度绩效应该针对年度增量，但对于大多数指标，增量与存量具有内在的关联性。从文献检索来看，国内少有研究涉及此类问题的探讨，但实证检验表明，增量与存量的贡献力分配对文物保护绩效管理最为敏感，以什么方法来确定两者的比例关系是建模不可忽略的问题。

（5）评价体系的统一性。概念模型隐含着将所有被评价对象置于一致性的评价体系中。事实上，文物保护绩效评价就是比较性评价，没有比较就没有标准，也就无所谓问责，评价便失去意义。因此要求评价模型具有兼容统一性和差异性的功能。本质上，针对“增量”的评价能有效解决问题，概念模型的指标体系应该考虑到替代问题，这种替代性不影响文物保护绩效评价的统一性。

（6）研究资源及操作可行性。实证研究往往是投入昂贵的研究，控制成本是方案设计和构建模型的基本约束条件，独立第三方评价更是如此。从研究的流程和组织来看，以下两项费用构成最重要的直接开支，并影响模型的应用及可操作性：一是专家咨询调查，如果按层次分析法的要求，需要进行 3~4 轮调查，费用不菲。并且，对于涉及指标比较及权重分配等高度专业化的问卷，如何甄别“专家”对象并非一蹴而就。事实上，若严格按要求操作，此项工作的技术流程十分庞杂，非一般机构或个人可作为。二是公众满意度调查，假设依照中国电信满意度调查的操作方案来实施，研究成本将相当高昂，实施主体不堪重负。何况，对文物保护整体满意度测量显然要复杂得多，不可能照搬其他满意度调查的操作方案。因此，不论从投入资源的角度，还是操作可行性的角度，概念模型都应该是成本低廉、操作方便的模型，否则研究只能停留于案头论证，不可能形成执行方案。

3. 概念模型的构建原则

对于评价模型，尤其是指标体系构建，在芬维克（Fenwick，1995）提出的“3E”以及福林（Flynn，1997）将其增加至“4E”的基础上，卡特（Neil Cater，1995）等人通过个案研究，提出了好的绩效评价指标有以下标准：界定清楚且具有一致性，不可依赖外人及环境因素；评价与需求和目标关联，涵盖管理行为的所有方面（广博性）和集中有限数量的指标量；使用的信息正确、广泛以及评价符合组织文化。同时，为了避免组织以个性为由超越或者漠视评价，卡特等人从技术的角度提出了设计指标的比较标准，包括对照目标、比较相同组织的历史记录以及进行单位内部及外部之间的比照。即使如此，文物管理部门的复杂性决定了取得一致性评价指标仍具有难度。对于影响指标设计时应该考虑的因素，卡特认为必须包括所有权、交易状态、竞争程度、政治责任、服务异质化和复杂化程度、自主权等。同时，Kravchuk 和 Schack 提出十条准则，即简明使命、战略与目标；制定具体战略；让重要用户参与；合理化结构；不同对象设计不同体系；兼顾项目和系统顾客；提供充分信息；定期完善体系；认识到复杂性以及避免信息冗余。

我国地方政府文物保护经费绩效整体评价模型构建应该遵循共性原则，体现个性差异。模型及指标体系构建有以下原则：

（1）满足需求条件。评价模型首先应该满足预设条件，其内核在于“整体绩效”和“第三方评价”，前者包含文化绩效、经济绩效、社会绩效、环保绩效、成本绩效的绩效内涵结构，后者设置了公众满意度导向、结果导向以及增量导向等基本条件。自 20 世纪 80 年代以来，在改革开放的背景下，地方文物保护单位的职能发生了重大变化，评价地方绩效的指标设计必须相应地体现这一变化，甚至引导变化方向。同时，在地方文物保护绩效评价指标体系中，控制成本成为不可或缺的指标层。

（2）体现绩效目标。概念模型内置了价值准则。文物保护绩效评价体系所反映的全部信息均与政府目标相关联，更确切地说，与文物保护职能及其实现程度密切相关。比方说，指标体系的设计，首要的步骤是确定绩效目标，体现政府的使命。“绩效目标的设置首先需要对组织的战略进行分析，从而确定组织工作核心，识别组织要测量的核心活动。”目标是战略的灵魂，文物保护绩效评价指标体系以绩效目标和战略规划为基础，反映目标与战略的基本要求，不同层次的目标对应不同层级的指标体系。另外，与绩效目标具有更直接关系的是指标评分标准设计，本质上来说，文物保护绩效评价是比较性评价，对单个指标的评分标准源自绩效目标，但不同属性的指标，其绩效目标可能不同。比方说，人均 GDP 增长率与绩效目标并非简单的线性关系，增长率越高，绩效越好。一般可根据被评价对象区域的发展阶段、经济规模设置不同目标值，而社会绩效、文化绩效的指标则应依据相关法规控制要求设定。实现值与目标值越接近，或越超过目标值，说明绩效越高；反之亦然。

（3）遵循技术标准。在形形色色的文物保护绩效评价模型中，贯穿了一系列共同的技术要求，或者说，构建具有科学依据的评价模型要按照绩效原理，遵循共同的技术准则。例如，美国的文物保护绩效评价指标体系设计，在实践中总结了所谓的“SMART 原则”。“S”（Specific）要求指标具体明确，切中目标；“M”（Measurable）要求指标可以衡量及被评价；“A”（Achievable）意味着指标是“能够实现”的；“R”（Realistic）要求指标是现实的；“T”（Time-Band）意指指标具有有限性。正如西奥多·波伊斯特所言，合格指标的标准是“有效度和信度，有意义及容易理解；全面和综合；有明确的行为导向；有时限及可操作；抵制目标转换；低成本”的。同时，在指标设计的技术层面，可以通过目标分解、时间序列比较、单位之间比较、外部比较等方法来保证其普遍适用性和合理性。又如评价指标的标准化处理，即对指标属性值进行无量纲化。由于指标类型不同，转化成评价值的方法也不同，但绩效评价指标不外乎成本型（越小越好型）、效益型（越大越好型）、适中型三类，对于不同的指标，设其值域为 $d_i = [m_i, M_i]$，其中 $m_i$、$M_i$ 分别表示评价指标 $Z_i$ 的最小值和最大值，定义三种无量纲化标准函数 r，从而形成技术规范。

成本型指标无量纲化标准函数可表达为：

$$r_i = \begin{cases} 1 & X_i \leqslant m_i \\ (M_i - x_i)/(M_i - m_i) & X_i \in d_i \\ 0 & X_i \geqslant M_i \end{cases}$$

效益型指标无量纲化标准函数可表达为：

$$r_i = \begin{cases} 1 & X_i \geqslant m_i \\ (x_i - m_i)/(M_i - m_i) & X_i \in d_i \\ 0 & X_i \leqslant m_i \end{cases}$$

适中型指标无量纲化标准函数可表达为：

$$r_i = \begin{cases} 2(x_i - m_i)/(M_i - m_i) & X_i \in [m_i,\ M(d_i)] \\ 2(M_i - x_i)/(M_i - m_i) & X_i \in [M(d_i),\ M_i]\text{，其中 } M(d_i) = (M_i + m_i/2) \\ 0 & X_i \leqslant m_i \text{ 或 } X_{M_i} \end{cases}$$

另外，模型构建应符合规范流程。一般来说，数学性质的模型构建要历经以下几个步骤：模型准备（了解背景、明确目的）、模型假设（舍弃次要因素、厘清变量关系）、模型建立（使用数学工具、对立函数关系）、模型求解及其验证、完善。绩效概念模型不是简单的数学模型，但建模的流程亦大致如此。

（4）方便实证执行。文物保护的绩效评价作为复杂系统，在模型构建过程中忽略了许多次要因素，这些因素的重要性随环境的变化发生变化，进而对模型的实证过程及效果产生影响。因此，模型构建时应对各类因素的重要程度及变化趋势进行归类分析，尽可能使实证具有良好的操控性。在实操层面上，实证执行的可操作性主要取决于两方面因素：一是基于第三方研究本身的成本，其又是调查及信息收集成本；二是路径的可行性，比方说，专家咨询中“专家”抽样名录甄别及其访问的可得性。当然，环境因素亦制约实证执行，将我国地方文物保护绩效评价系统从必要变成可能、可行，需取得一系列环境支持条件，如通过合法授权产生评估机构，民意调查的配套条件，文物保护理解及支持等。事实上，西方国家均通过立法及成立专门机构来保证绩效评估的合法性和可操作性。

4. 实证研究的模型构建

文物保护绩效评价体系模型是衡量文物保护工作绩效的定量化分析工具，其构建过程必须经过严谨的科学论证与推导。规范概念模型构建一般包括以下五个步骤：内涵界定与结构分析、具体指标选择、权重系数确定、评分标准设计、信度和效度检验。

（1）基于模型构建的文物保护绩效的内涵界定。置于第三方评价地方文物保护整体绩效的范畴中，需要进一步界定概念的内涵结构。根据预设的条件，首先，整体绩效不同于部门绩效，整体绩效评价体现结果导向，而第三方评价也只能关注绩效结果；其次，在地方文物保护职能定位的导向下，社会稳定、经济发展、文化教育、生活质量、公众满意五方面构成文物保护的内涵结构。

（2）评价技术体系构建路径。

第一步：具体指标选择。包括确定指标遴选原则，构建初步指标体系，评价指标隶属度分析、相关分析、鉴别力分析。经过分析之后保留的指标构成可实际应用的文物保护绩效评价指标体系。

第二步：权重系数确定。文物保护绩效评价及其权重确定的定量研究方法很多，主要有主成分分析法、层次分析法、数据包络分析法、模糊数学分析法等。其中，以层次分析法最为常用。

第三步：评分标准设计。评分标准的设计直接影响各指标的绩效结果。通常来说，不同的评价体系所采用的评分标准不同，常见的指标评分方法有指数法和评估法等。指数法一般用来确定定量指标的绩效，当单项指标为正向指标时，指标绩效=实际值/标准值；当单项指标为逆向指标时，指标绩效=标准值/实际值。指数法在现实中应用广泛，对基本原理进行改进和完善的方法也很多，比较有代表性的是“指数增量法”。

第四步：评价指标体系信度与效度检验。绩效评价结果的可信性和评估内容的有效性决定绩效评价的精确性，绩效评价体系的信度与效度检验是衡量其精确性的主要方法。

（3）建模方程。依据上述文物保护绩效评价模型构建的路径和方法，以江苏省市、县两级文物保护为例，建立两级文物保护整体绩效评价指数模型，提出实证的技术方案。评价首先是评估文物保护的成绩和效益，其次还要引导文物保护向现代文物保护转变；此外，还应体现独立第三方立场，强调文物保护管理与服务的结果，不局限文物保护内部运作的状态，充分考虑操作上的可行性。针对增量，兼顾存量，实现主观指标与客观指标的互补及互证，将同级文物保护置于统一的评价体系中，进行横向比较。通常一个设计良好的业绩测评系统应清楚地表达服务的目的和目标、定义服务产出和后果，并指定这些产出和后果所期望的质量等级，还能够整合一系列业绩指标和业绩测评系统。

进而，要选择建模方法。某个地方文物保护整体绩效体现为一定时期内文物保护行为所带来的具体指标值的变化量之和，因此绩效增量法是建立模型的较好方法。

假设 $V_i^0$ 为第 i 项指标评价的初期值；$V_i^i$ 为该项指标评价的末期值，那么第 i 项指标的绩效增量值 $y_i$ 为 $y_i = V_i^i - V_i^O$

设 $Z_{ij}$ 为第 j 领域层第 i 项指标的权重值，$Y_{ij}$ 为第 j 领域层第 i 项指标的指数值，$W_j$ 为文物保护在第 j 领域层的绩效分值，Q 为文物保护整体绩效的综合评价值，$Z_j$ 为第 j 领域层的权重值，则有：

$$W_j = \sum_j \sum_i Y_{ij} \cdot Z_{ij} \qquad Q = \sum_j^5 Z_j W_j$$

5. 对规范模型构建的路径与方法改良

大致来说，规范意义上的评价模型构建方法简单，流程清晰，体系较为完善，其优点主要体现在以下几个方面：一是系统性。模型将文物保护绩效评价体系作为一个系统，按照层次结构分析、指标选择、权重确定、评分标准设计、信度与效度检验的基本思路进行，结构和流程清晰。二是逻辑性。模型将定性和定量方法结合起来，从体系层次结构分析到指标筛选、权重确定等，都经过严谨的论证与推导，逻辑性强，具有理论上的说服力。三是简洁性。模型层次简洁、清晰，采用的研究方法比较简单，操作者在了解基本原理之后即可熟练操作。同时，计算结果也比较明晰，容易为决策者所理解。但应用于实证研究，却存在着一系列技术性的障碍，主要体现在以下几个方面：

首先，前期准备工作量过大。模型构建采用了纯统计方法，需要在体系成型之前做大量的准备工作，如采集所有备选指标原始数据及专家咨询数据。其次，研究投入过大，花费过高。要求采集所有备选指标原始数据，成本明显过大，且难以操作；如果采集的数据不准确，评价则流于形式。事实上，我国各级文物保护单位均有完善的统计部门，但到地市及县级文物保护单位，现有的统计指标却往往是粗线条的，数据缺失较多，并且取得数据相当困难，大范围采集数据更是如此。再次，评分标准设计过于简单。指标体系采用统一的评分标准，仅将指标分为正向指标和逆向指标，没有针对具体指标的属性进行有效分类。最后，过分依赖统计结果，将绩效评价视为简单的数学问题，忽略了各种现实的约束条件。即使在评价体系构建过程中应用纯统计方法，仍旧有研究者的主观成分。从本质上来说，地方文物保护单位的职能多元性、非交易性决定了评价绩效的复杂性，这绝非简单的数学问题。

改良的理念可以总结为以下几点：首先，理论及逻辑分析是确定指标体系的主要方法。以专家咨询为数据源的数量分析方法本质上仍旧是“主观的”，只能起印证及辅助作用；其次，由于研究之前无法取得所有备选指标的统计数值，不能利用统计方法确定各指标间的相关系数以进行具体指标的遴选，因此必须另辟蹊径，寻求既能达成目的又可方便操作的简单、便捷的方法；再次，由于文物保护单位职能的复杂性、衡量其职能的模糊性以及研究者视角和研究资源的差异性，任何涉及文物保护整体绩效的研究仅仅是一家之言，建立所谓体系标准的最好路径是接受市场及社会检验，从这个角度来说，即使对于同一“文物保护”进行研究，因研究者不同，甚至同一研究者由于使用研究方法的不同，都可能或可以得到不同的绩效指数结果。

基于以上考虑，在现有条件下，作为第三方评价，本书根据指标数据值的可得性，先对指标作初步筛选，然后利用专家咨询问卷一次性得到备选指标的相对重要程度系数，再进一步，在原则上以覆盖全部领域层内涵为立足点确定具体指标总量，进而得到权重系数，一些缺失数据的内涵层采用变通方法以相近指标替代。相应地，要简化指标的相关度、隶属度分析过程，降低其预设条件。如图 2-1 所示是基本思路和工作流程。同时，改良过程中涉及的一些重要环节应采用以下处理方法：

（1）专家问卷量表。采用李克特 5 级量表，将备选指标的重要性由被访专家作出单选评价，经 SPSS 统计后得到全部测量指标的重要程度得分排序，同时可得指标之间的相对重要程度系数排序。

（2）隶属分析。将通过专家咨询问卷得出的备选指标的相对重要程度系数进行排序，即可得出备选指标的隶属度情况。

（3）相关分析。领域层指标按其内涵分类，某种程度上已将关联性较强的指标限定在同一内涵层之内。根据经验，每一内涵层初选若干个指标（每个内涵层至少对应 1 个，但不多于 5 个），然后参考已有的文献或依据统计数据进行相关分析，并以相关性对本内涵层的指标排序遴选出每一内涵层的对应指标（每个内涵层至少对应 1 个，但不多于 2 个）。

（4）权重系数确定。借鉴了层次分析法的思路，两两判别矩阵处理方法如下：以专家问卷量表中的指标相对重要程度系数的比较替代指标间的两两比较。假设忽略层次分析法上一层元素支配下一层元素不超过 9 个的限制，各领域层内指标间的判别矩阵均为一致阵，$Amax2_n$，$CI2_0$，$CR=0$。所以，以专家问卷量表中的指标相对重要程度系数的比较来确定指标权重可视为层次分析法的特例来运用。同样，以专家问卷量表中领域层相对重要程度系数的比较即可确定领域层权重。

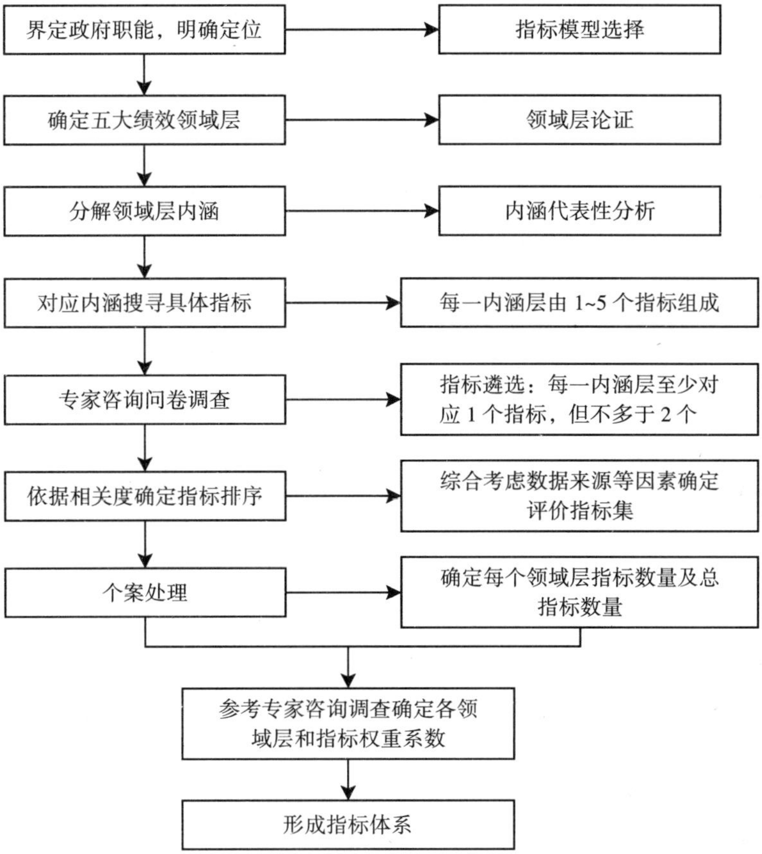


**图 2–1　指标体系设计流程**

6. 指标体系：指标及权重系数确定

首先，设计层次结构及指数模型，确定主客观一体的五大领域层。借鉴层次分析法中的层次结构模型，建立绩效指数方程。兼顾地方文物保护单位现状职能、理想职能以及作为绩效评价可量化的职能的三个维度，确定地方文物保护单位职能定位。简单来说，经济发展和精神文明是人类进步与发展的基础和基石，不论从哪个角度来审视，文物保护单位的核心职能都在于推动社会文化进步和经济发展，对发展中国家和地区更是如此。

从实现职能的过程来看，地方文物保护运作均是投入产出的过程，存在文物保护效益问题，当然，其终极目的是促进经济发展和精神文明进步与发展。因此，基于可反映文物保护行为的本质特征及职能目标，体现真实绩效，方便操作实施等理念，笔者将地方文物保护单位职能定位于促进经济发展、社会稳定、文化教育、生活质量、公众满意5个领域层。

其次，分解领域层内涵，搜寻内涵中的具体指标，作为专家咨询的依据。每一领域层内，可依据不同特质，结合本级文物保护单位的职能，将其内涵进行分解。

再次，设计专家咨询问卷并付诸执行，取得具体指标相对重要程度系数。将经初选的指标置入专家问卷调查的量表中，接受咨询调查。问卷采用李克特5级量表，力求简单、直观，并按既定抽样技术方案执行。设置“专家咨询”是因为调查涉及专业领域，访问对象必须具备相应的知识、经历等背景要求，因此设计三个“专家”抽样框，即文物保护官员、行内专家和社会公众三类对象。这样设置的理由在于，文物保护官员为被评价的主体对象，了解文物保护运作；行内专家具有文物保护绩效评价的专业知识和理性的立场；社会公众是文物保护治理和服务对象，是评价主体。根据专家咨询调查的统计结果，可得到全部测量指标的重要程度、得分排序和相对重要程度系数，推导备选指标的隶属度。进一步，由于领域层指标按其内涵分类，某种程度上已将关联性较强的指标限定在同一内涵层之内，因此指标相关分析变得简单易行。

最后，综合各种因素来确定评价指标总量及相应的权重系数。指标总量会直接影响各指标的权重系数。理论上讲，指标数量越多，越能反映被评价对象的实际状况。但从技术上看，这样操作工作量也会越大，成本也就越高。因此，实际操作中必须在两者之间求得平衡。应综合考虑各方面因素，包括以下几点原则：在各领域层中，每个内涵层的具体指标不少于一个；同一内涵层指标之间相关性较弱的指标选择两个；没有数据源的内涵层力图以满意度调查来补充；等等。

7. 指标评分标准及基础数据信息来源

指标评分标准分为以下五种情况：①“实现公众满意度”领域层，设计无量纲调查量表，自答卷直接取得分值，10分制，各分项得分越高绩效越高；②与存量关联性较强的少数指标，以存量为基础，兼顾年度变化增量，一般以5个等级来评分；③与社会经济发展程度关联密切的指标，按阶段赋予不同的值；④具有双重特质的少数指标，根据国际上的经验值设定最佳（满分）范围值；⑤其他客观类指标，包括上级文物保护单位拥有较明确的考核值的指标，依据全省平均状态、国内外经验系数设计评分标准，分正向指标和逆向指标。在数据信息来源方面，客观类领域层指标的基础数据来源于文物保护统计年鉴或统计公报；文物保护网站绩效得分可引用中国信息化中心的专项报告；另一些衍生指标可根据统计年鉴公布的数据换算取得；满意度指标由抽样调查取得。

# 第二节　文物保护投入指标权重测算

## 一、层次分析法[①]

层次分析法（Analytic Hierarchy Process，AHP 法）是美国运筹学家、匹兹堡大学教授萨蒂（T.L.Saaty）于 20 世纪 70 年代提出的，是一种定性与定量分析相结合的多目标决策分析方法。它常常被运用于多目标、多准则、多要素、多层次的非结构化的复杂决策问题，特别是战略决策问题的研究，具有十分广泛的实用性，因此在实际应用中发展较快。

层次分析法往往用于多层次结构的评估指标系统，对结果可进行一次性检验，以确定计算结果的可靠性。因此，对于含有多层次、多指标的绩效管理评估，在考虑权重时，选择采用层次分析法是较好的，不但可以确定权重，而且可进行绩效综合评估。

AHP 法的核心是通过分析复杂系统的有关要素及其相互关系，将系统简化为有序的递阶层次结构，使这些要素归并为不同的层次。在每一层次，可按其上一层的某一准则或要素，对该层要素进行两两相对比较，建立判断矩阵；通过计算判断矩阵的最大特征根及对应的正交特征向量，得出该层要素对于该准则的权重，最后计算出多层次要素对于总体目标的组合权重；依次计算下去，从而得出不同方案或评估对象的优劣权值，为决策和评选提供依据。

在文物保护投入部门的管理工作中，管理目标具有多层次特征，因此

---

① 参见王莲芬、许树柏：《层次分析法引论》，中国人民大学出版社 1990 年版。

在评估工作中，可应用层次分析方法获得各层次管理指标的权重系数，以满足多层次评估的要求。AHP 法具体实施步骤如下：

1. 明确问题，建立系统的递阶层次结构

利用层次分析法确定各项指标权重的基础是完善的指标体系，按照指标体系从上往下逐层地确定各有关指标的权重。

把问题条理化、层次化，构造出一个有层次的结构模型。一个决策系统大体可以分成以下三个层次：

（1）最高层（目标层）。这一层次中只有一个元素，它一般是分析问题的预定目标或理想结果。

（2）中间层（准则层）。这一层次中包含了为实现目标所涉及的中间环节，它可以由若干个层次组成，包括所需考虑的准则、子准则。

（3）最低层（方案层）。这一层次包括了为实现目标可供选择的各种措施、决策方案等。

本书依据逻辑模型确定绩效指标体系，构造出一个递阶层次结构。

2. 两两比较，构造成对比较判断矩阵和正互反矩阵

在确定了比较准则以及备选的方案后，需要比较若干个因素对同一目标的影响，从而确定它们在目标中占的比重。例如，在旅游问题中，五个准则对于不同决策者在进行决策时肯定会有不同的重要程度，而不同的方案在相同的准则上也有不同的适合程度表现。层次结构反映了因素之间的关系，但准则层中的各准则在目标衡量中所占的比重并不一定相同，在决策者的心目中，它们各占有一定的比例。在确定影响某因素的诸因子在该因素中所占的比重时，遇到的主要困难是这些比重常常不易定量化。此外，当影响某因素的因子较多时，直接考虑各因子对该因素有多大程度的影响时，决策者常会因考虑不周全而提出与其实际认为的重要性程度不相一致的数据，甚至有可能提出一组隐含矛盾的数据。

在每一层的指标之间做两两比较，其比较方法可采用矩阵表的方法。例如，设 n 个物体分别重 $G_1$，$G_2$，…，$G_n$，重量和为 1，则可得比较判断矩阵为：

$$A=\begin{pmatrix} G_1/G_1 & \cdots & G_1/G_n \\ \vdots & \vdots & \vdots \\ G_n/G_1 & \cdots & G_n/G_n \end{pmatrix}$$

确定评分标准。评分工作由主观作出比值的判断，或者采用 Delphi 法

来确定它们。采用两两比较方法，评分时可参照以下原则：业务指标偏重、管理指标偏轻；直接指标偏重、间接指标偏轻；复合指标偏重、单项指标偏轻。评分标准一般可按照 Saaty 的 1~9 值法决定。

**表 2-2　层次分析法的评分标准**

| 对比打分 | 相对重要程度 | 说明 |
|---|---|---|
| 1 | 同等重要 | 两个元素相比，具有同等重要性 |
| 3 | 略为重要 | 两个元素相比，一个元素比另一个元素稍微重要 |
| 5 | 基本重要 | 两个元素相比，一个元素比另一个元素明显重要 |
| 7 | 确实重要 | 两个元素相比，一个元素比另一个元素强烈重要 |
| 9 | 绝对重要 | 两个元素相比，一个元素比另一个元素极端重要 |
| 2，4，6，8 | 两相邻程度的中间值 | 需要折中时采用 |

注：根据实际需要，还可以对分值再进行细分，如可以在 1 与 2 之间插入 1.5 等。

从心理学角度来看，分级太多会超越人们的判断能力，既增加了作出判断的难度，又容易因此而提供虚假数据。Saaty 等人还用实验方法比较了在各种不同标度下人们判断结果的正确性，实验结果也表明，采用1~9标度最为合适。当然，也有其他一些不错的标度方法可供选择。本书采用 Saaty 的 1~9 值法进行分析，因此对其他可行的标度方法不再详细介绍。

3. 层次单排序

即求 A 矩阵最大特征根 $\lambda_{max}$ 及其对应特征向量 $AW = \lambda_{max}W$。可用求和法，即 $\sum a_{1j} = \nu_1$，$\sum a_{2j} = \nu_2$，…，$\sum a_{ij} = \nu_i$，归一化，得 $w_i = \nu_i / \sum \nu_i$，则有 $W = (w_1,\ w_2,\ \cdots,\ w_i)^T$，$\lambda_{max} = \frac{1}{n}\sum_{i=1}^{n}\frac{(AW)_i}{w_i}$。

4. 一致性检验

（1）一致性指标 $C_I = (\lambda_{max} - n)/(n - 1)$。

（2）平均随机一致性指标 RI 与 n 有关，统计可得如下数据。

| 阶数 | 1 | 2 | 3 | 4 | 5 | 6 | 7 | 8 | 9 | 10 | 11 | 12 | 13 | 14 | 15 |
|---|---|---|---|---|---|---|---|---|---|---|---|---|---|---|---|
| RI | 0 | 0 | 0.58 | 0.9 | 1.12 | 1.24 | 1.32 | 1.41 | 1.45 | 1.49 | 1.52 | 1.54 | 1.56 | 1.58 | 1.59 |

(3) 要求随机一致性指标 $CR = C_I/R_I < 0.1$ 时，具有满意的一致性，否则若 $CR > 0.1$，则须重新构造矩阵，以逼近满意的一致性。

*5. 层次总排序及一致性检验*

上面得到的是一组元素对其上一层中某元素的权重向量。要进行方案选择最终要得到各元素，特别是最低层中各方案对于目标的排序权重。总排序权重要自上而下地将单准则下的权重进行合成。

设上一层次（A 层）包含 $A_1$，…，$A_m$ 共 m 个因素，它们的层次总排序权重分别为 $a_1$，…，$a_m$。又设其后的下一层次（B 层）包含 n 个因素 $B_1$，…，$B_m$，它们关于 $A_j$ 的层次单排序权重分别为 $b_{1j}$，…，$b_{nj}$（当 $B_i$ 与 $A_j$ 无关联时，$b_{ij} = 0$）。现求 B 层中各因素关于总目标的权重，即求 B 层各因素的层次总排序权重 $b_1$，…，$b_{nj}$，可按下述方式进行计算：

$$b_i = \sum_{j=1}^{m} b_{ij} a_j \quad i = 1,\ 2,\ \cdots,\ N$$

对层次总排序也需作一致性检验，检验仍像层次总排序那样由高层到低层逐层进行。这是因为虽然各层次均已经过层次单排序的一致性检验，各层对比较判断矩阵都已具有较为满意的一致性。但当综合考察时，各层次的非一致性仍有可能积累起来，引起最终分析结果较严重的非一致性。

## 二、综合判断矩阵的构造

但是，AHP 法在使用工程中往往会出现所得到的排序结果与客观实际偏差太大的情况，其主要原因在于构造判断矩阵时，受单个专家主观偏好影响较大，因而排序权重作为决策依据将出现问题。这时一般有两种处理方法：①要求专家重新对原问题进行判断打分；②对判断矩阵进行调整，使其满足判断一致性。

对于第一种处理方法，当影响问题的因素较多时，要给出满足一致性的判断矩阵是比较困难的，因此即使经过专家多次重复打分，仍然未必能得到满足一致性的判断矩阵。所以目前多采用第二种处理方法，如手工调整法、灵敏度分析法、迭代法、对数最小二乘法、最优传递矩阵法等。但是这些方法都存在着相同的问题，就是不能很好地度量原专家判断矩阵信息在一致性调整后的矩阵中所包含的程度，即不能有效提取出原专家判断矩阵的准确判断信息，并衡量调整后矩阵的可信度（能否代表专家意见），因而造成了这些矩阵一致性调整方法的实用性不够。

为了避免这种情况的发生，选择构造一种综合判断矩阵，把各位专家的主观偏好按照其对结果贡献的大小赋值，拟合成一个矩阵。此判断矩阵该反映的应是专家的群组，可有效地避免单个专家的主观判断所带来的片面性，使之与客观实际相一致。但是这个矩阵也需要进行一致性检验。

设 m 个专家对同一个属性给出的判断矩阵为：$A_K=(a_{ij}^{(k)})$，k = 1，2，…，m。而 $A^*=(a_{ij}^*)$ 表示完全满足一致性要求的理想判断矩阵。一般情况下，由于主客观因素的影响，第 k 个专家给出的判断矩阵 $A_k$ 与理想判断矩阵存在较大的偏差。为了缩小这一偏差，要构造一个综合判断矩阵，不妨设为 $\hat{A}=(\hat{a}_{ij}^*)$，使 $\hat{A}$ 更趋近于 $A^*$，从而可用整个群组所提供的矩阵 $\hat{A}$ 来作为应用 AHP 法时的判断矩阵，$\hat{A}$ 既反映了群组的意愿又与实际相一致。

将第 k 个专家所给的判断矩阵的元素 $a_{ij}^{(k)}$ 与理想判断矩阵元素 $a_{ij}^*$ 之间的偏差记为 $\xi_k$，这里 $\xi_k$ 为一随机误差。一般地，$\xi_k$ 服从 N（0，$\sigma_k^2$）的正态分布，这一点已被许多实际问题中的随机误差分析所证实。这样，第 k 个专家对判断矩阵的元素 $a_{ij}^*$ 的判断值为一随机变量，记其为 $\xi_{ij}^{(k)}$，且 $\xi_{ij}^{(k)}=a_{ij}^*+\varepsilon_k$。显然，$\xi_{ij}^{(k)}$ 服从 $N(a_{ij}^*,\ \sigma_k^2)$ 的正态分布。这说明，对第 k 个专家来说，尽管其判断矩阵元素所给的值是不确定的，但其均值为 $a_{ij}^*$，即：

$$E\xi_{ij}^{(k)}=a_{ij}^* \tag{2-1}$$

由于式（2-1）对 k = 1，2，…，m 都成立，所以在 m 个专家中任何人所给的判断矩阵的估计均是以 $a_{ij}^*$ 为均值的。但值得注意的是，由于每个专家的个人素质、判断能力不同，$\sigma_k$ 的值是不同的，即 $\sigma_1\neq\sigma_2\neq\sigma_3\neq\cdots\neq\sigma_m$，$\sigma_k$ 的大小反映了第 k 个专家判断能力的高低，$\sigma_k$ 值越小说明此专家的判断能力越高，可信赖程度也越大。故下面引入反映专家判断力好坏的量，即权的概念。

**定义 1**　某专家判断力的权为与其判断随机变量的方差成反比的量，即 $P\propto 1/\sigma^2$。

若将以上定义式写成等式，则均方差为 σ 的专家的判断力的权为：

$$P=\frac{K^2}{\sigma^2} \tag{2-2}$$

其中，K 为一比例常数。记数值为 1 的权为单位权，于是当 P = 1 时，有 $K^2=\sigma^2$，可见比例常数的平方即为单位权的方差。

**定义 2** 在一组专家中，如果规定某一专家的判断力权值为 1，则称该专家为单位权专家。

可见，式（2-2）中的比例常数 K 是“单位权专家”判断随机变量的均方根差，那么非“单位权专家”的判断力权值可表示为下式：

$$P_K = \frac{K^2}{\sigma_k^2} = \frac{\sigma^2}{\sigma_k^2} \tag{2-3}$$

判断力权值的确定。第 k 个专家的判断力权值由式（2-3）表达，但通常 $\sigma_k$ 与 $\sigma$ 均未知，因此 $P_k$ 也不好求出，当然也是无法求出的。下面给出一种在实际中非常有效地求取判断力权值的方法，它不需要用到 $\sigma_k$ 与 $\sigma$ 的值。

记 $\lambda_{max}^{(k)}$ 为 $A_k$ 的最大特征值，则 $A_k$ 的一致性指标定义为：

$$\mu_k = \frac{\lambda_{max}^{(k)} - n}{n-1} \quad (k = 1, 2, \cdots, m) \tag{2-4}$$

专家的判断能力与 $\mu_k$ 的大小成反比，所以在求判断力权值时可将 $\mu_k$ 考虑进去。不妨设 $P_k = P(\mu_k)$，由于 $\mu_k$ 的取值是可以连续的，所以只要选取适当的单调递减的连续函数 $P(x)$ 作为的 $\mu_k$ 与 $P_k$ 之间的关系函数，就可得到由 $\mu_k$ 所确定的 $P_k$ 的值。这里选取 $P(x) = e^{-10(m-1)x}$，则可得 $P_k$ 的表达式为：

$$P_k = e^{-10(m-1)}\mu_k \tag{2-5}$$

将其权值规范化，则有：

$$P_k = \frac{e^{-10(m-1)}\mu_k}{\sum_{i=1}^{m} e^{=10(m-1)}\mu_i} \tag{2-6}$$

式（2-6）确定的判断力权值表明，如果某专家给出的判断矩阵的一致性较差，则说明该专家的判断力较差，所得的权值也就较小，它在决策中所起的作用相应地也就变小了。反之，对高水平的专家在决策中的作用也会增大。

下面进一步讨论如何根据 m 个不同专家的判断矩阵来估计 $a_{ij}^*$ 的值。主要结果如定理 1 所示。

**定理 1** 设 m 个不同专家的判断矩阵为 $A_k = (a_{ij}^{(k)})$ $(k=1, 2, \cdots, m)$，其判断力权值分别为 $P_k(k = 1, 2, \cdots, m)$，现构造统计量，即：

$$\hat{a}_{ij}^{*}=\frac{\sum_{k=1}^{m}P_{k}a_{ij}^{(k)}}{\sum_{k=1}^{m}P_{k}} \tag{2-7}$$

则由式（2-4）确定的统计量是理想判断矩阵 A 的元素的极大似然无偏估计。由式（2-4）确定的$\hat{a}_{ij}^{*}$为 $a_{ij}^{*}$ 的极大似然估计和为 $a_{ij}^{*}$ 的无偏估计。

另外，若经判断力权值正规化，即：

$$\sum_{k=1}^{m}P_{k}=1 \tag{2-8}$$

则有：

$$\hat{a}_{ij}^{*}=\sum_{k=1}^{m}P_{k}a_{ij}^{(k)} \tag{2-9}$$

根据定理 1，如果用式（2-9）确定的统计量$\hat{a}_{ij}^{*}$来估计理想判断矩阵 $A^{*}$ 中的元素 $a_{ij}^{*}$，不会存在系统误差，因此该估计量是较好的估计量，或者说$\hat{a}_{ij}^{*}$是 $a_{ij}^{*}$ 的最优估计。与此相对应的判断矩阵$\hat{A}$是群组专家的一个综合判断矩阵，它既克服了单个专家或个人的主观偏好的影响，综合考虑了 m 个专家的不同意愿，又基本反映了事物的客观本质，因而是比较理想的。

## 三、相对重要程度的计算

为了方便使用 MATLAB 处理数据，可以先编一个程序，这个程序可以对层次单排序以及一致性检验进行处理。程序如下：

```
%######  input a  #####
clear
a= [    ]
c=0;
k1=size (a);
k=k1 (1, 1)
for i=1: k
    b=1;
    for j=1: k
```

```
        b=b*a (i, j);
    end
     w1(i)=b^ (1/k );
    c=c+w1(i);
end
c
w1
w=w1/c
    labd=a*w'./w'
    labmax=sum (labd) /k;
CI= (sum (labmax) -k ) /(k-1)
%###### CR=CI/IR #####
if k==3
    m=0.58;
elseif k==4
    m=0.9;
elseif k==5
    m=1.12;
elseif k==6
    m=1.24;
elseif k==7
    m=1.32;
elseif k==8
    m=1.41;
elseif k==9
    m=1.45;
elseif k==10
    m=1.49;
elseif k==11
    m=1.52;
elseif k==12
    m=1.54;
```

```
elseif k==13
    m=1.56
elseif k==14
    m=1.58
elseif k==15
    m=1.59
end
CR=CI/m
```

同时，它建立在专家群体评估的基础上，目的是最大限度地获取信息，不受个别专家的判断力的影响。如果某专家给出的判断矩阵的一致性较差，则说明该专家的判断力较差，所得的权值也就较小，它在决策中所起的作用也就相应地变小了。反之，对高水平的专家在决策中的作用也会增大。本书通过把许多专家的意见“拟合”成一个综合的意见，也就是一个综合的矩阵，这样就克服了以前方法的不足。同样，也将其写成程序，具体如下：

```
%######  input m, F1  denote C. I   #####
clear
m=5
F1= [    ]
pk1 =exp (-10* (m+1) *F1 )
pk= (pk1./sum (pk1)),
a1 = [    ];
a2 = [    ];
a3 = [    ];
a4 = [    ];
a5 = [    ];
A = a1*pk(1)+a2*pk(2)+a3*pk(3)+a4*pk(4)+a5*pk(5)
```

运行结果。笔者通过问卷的形式咨询了无锡市文物局和财政局的专家，其中市文物局三位分别为文物局副局长、博物馆馆长、副馆长，财政局二位分别为：绩效评价处处长和科长，共五位，取一组五名专家对一级指标相对重要性给出的判断，得出判断矩阵 $a_1$，$a_2$，$a_3$，$a_4$，$a_5$，具体如下：

$a_1$ =

| | | | |
|---|---|---|---|
| 1.0000 | 2.0000 | 5.0000 | 6.0000 |
| 0.5000 | 1.0000 | 2.0000 | 3.0000 |
| 0.2000 | 0.5000 | 1.0000 | 2.0000 |
| 0.1667 | 0.3333 | 0.5000 | 1.0000 |

$a_2$ =

| | | | |
|---|---|---|---|
| 1.0000 | 3.0000 | 5.0000 | 7.0000 |
| 0.3333 | 1.0000 | 4.0000 | 5.0000 |
| 0.2000 | 0.2500 | 1.0000 | 3.0000 |
| 0.1429 | 0.2000 | 0.3333 | 1.0000 |

$a_3$ =

| | | | |
|---|---|---|---|
| 1.0000 | 5.0000 | 6.0000 | 7.0000 |
| 0.2000 | 1.0000 | 2.0000 | 4.0000 |
| 0.1667 | 0.5000 | 1.0000 | 2.0000 |
| 0.1429 | 0.2500 | 0.5000 | 1.0000 |

$a_4$ =

| | | | |
|---|---|---|---|
| 1.0000 | 2.0000 | 3.0000 | 5.0000 |
| 0.5000 | 1.0000 | 2.0000 | 3.0000 |
| 0.3333 | 0.5000 | 1.0000 | 2.0000 |
| 0.2000 | 0.3333 | 0.5000 | 1.0000 |

$a_5$ =

| | | | |
|---|---|---|---|
| 1.0000 | 4.0000 | 6.0000 | 7.0000 |
| 0.2500 | 1.0000 | 3.0000 | 5.0000 |
| 0.1429 | 0.3333 | 1.0000 | 2.0000 |
| 0.1250 | 0.2000 | 0.5000 | 1.0000 |

经计算，这5个判断矩阵的一致性指标分别为：

$CI_1 = 0.0082$（CR = 0.7204）

$CI_2 = 0.0569$（CR = 0.1027）

$CI_3 = 0.0348$（CR = 0.2486）

$CI_4 = 0.0048$（CR = 0.8253）

$CI_5 = 0.0118$（CR = 0.6238）

根据式（2-9）得到判断力权值为：

$P_k$ = 0.2858　0.0407　0.0986　0.3274　0.2475

由式（2-6）得到综合判断矩阵为：

| | | | |
|---|---|---|---|
| 1.0000 | 2.8315 | 4.6912 | 6.0594 |
| 0.4018 | 1.0000 | 2.3289 | 3.6750 |
| 0.2262 | 0.4486 | 1.0000 | 2.0407 |
| 0.1640 | 0.2867 | 0.4932 | 1.0000 |

综合判断矩阵 A 的一致性指标为 CI = 0.0355，CR = 0.0395，从整体上说，用本书所提方法，最后得到的满足一致性的判断矩阵反映的是专家的群组意愿，可有效地避免单个专家主观判断力所带来的片面性，提高了结果的实用性。

# 第三节　我国文物保护投入状况的对比分析

上一节的分析呈现这样一个整体面貌：与“十五”计划期间的情况比较，对文物资源事业的财政投入呈上升趋势，但与文物资源日益重要的公益性功能相比，目前的投入仍显不足，存在相当大的缺口。接下来选择按经济发展水平和物质文物资源量的不同将各省（市、区）划分为不同类别，对各省（市、区）2006~2009 年的投入状况进行同类间的财力、人力投入状况比较。

## 一、以文物资源事业机构数为基准的财力投入状况

首先，沿用前两年评估报告的计算方法，用文物资源事业的财力投入总量（财政投入和固定资产增值的总和）除以各省（市、区）文物资源事业机构数得到平均经济投入。由于绝对数值因各省（市、区）经济水平发展差别较大而可比性不强，因此选择用财力投入总量占当地 GDP 的比重来考察各省（市、区）对文物资源事业的相对重视程度。这里追加 2008 年、2009 年的最新数据，并与“十五”计划期间的相应数值进行比较，以反映“十一五”规划以来各省（市、区）重视程度的变化。

**表 2–3　年度分地区按机构数平均所得经济投入**

单位：千元

| 省份 | “十五”期间平均 | 2006 年 | 2007 年 | 2008 年 | 2009 年 | “十一五”期间平均 | “十一五”/“十五” |
|---|---|---|---|---|---|---|---|
| 第一类别 | | | | | | | |
| 江苏 | 889 | 2372 | 2594 | 3738 | 1751 | 2625 | 3.0 |
| 山东 | 910 | 2227 | 2297 | 2657 | 1757 | 2234 | 2.5 |
| 广东 | 1011 | 2385 | 2415 | 2869 | 2163 | 2458 | 2.4 |
| 第二类别 | | | | | | | |
| 天津 | 1163 | 5590 | 5763 | 9167 | 3904 | 6106 | 5.3 |
| 山西 | 518 | 1445 | 2050 | 3272 | 1952 | 2180 | 4.2 |
| 内蒙古 | 441 | 991 | 1321 | 1903 | 1466 | 1420 | 3.2 |
| 吉林 | 532 | 1459 | 1412 | 2198 | 1177 | 1562 | 2.9 |
| 江西 | 242 | 715 | 752 | 1450 | 978 | 974 | 4.0 |
| 广西 | 392 | 1071 | 1174 | 2128 | 747 | 1280 | 3.3 |
| 海南 | 358 | 619 | 807 | 1134 | 1411 | 993 | 2.8 |
| 重庆 | 557 | 2129 | 2333 | 3153 | 2085 | 2425 | 4.4 |
| 贵州 | 219 | 510 | 656 | 1286 | 1038 | 872 | 4.0 |
| 云南 | 408 | 772 | 659 | 986 | 519 | 734 | 1.8 |
| 西藏 | 3878 | 3901 | 7392 | 22352 | 1670 | 8829 | 2.3 |
| 陕西 | 379 | 1354 | 1368 | 1443 | 942 | 1277 | 3.4 |
| 甘肃 | 486 | 1596 | 1922 | 2659 | 1700 | 1969 | 4.1 |
| 青海 | 409 | 737 | 688 | 1069 | 837 | 833 | 2.0 |
| 宁夏 | 490 | 1323 | 1290 | 2686 | 1831 | 1783 | 3.6 |
| 新疆 | 501 | 1069 | 1864 | 1912 | 1624 | 1617 | 3.2 |
| 第三类别 | | | | | | | |
| 河北 | 831 | 1694 | 2815 | 1597 | 1224 | 1832 | 2.2 |
| 浙江 | 2200 | 3782 | 4446 | 5480 | 5000 | 4677 | 2.1 |
| 河南 | 654 | 1702 | 1411 | 2427 | 1848 | 1847 | 2.8 |

续表

| 省份 | "十五"期间平均 | 2006年 | 2007年 | 2008年 | 2009年 | "十一五"期间平均 | "十一五"/"十五" |
|---|---|---|---|---|---|---|---|
| 第四类别 | | | | | | | |
| 北京 | 4469 | 9907 | 5751 | 8925 | 7484 | 8017 | 1.8 |
| 辽宁 | 639 | 1876 | 2020 | 2398 | 2324 | 2154 | 3.4 |
| 黑龙江 | 269 | 610 | 834 | 965 | 753 | 790 | 2.9 |
| 上海 | 4923 | 9826 | 9141 | 12947 | 8473 | 10097 | 2.1 |
| 安徽 | 394 | 726 | 827 | 1395 | 1524 | 1118 | 2.8 |
| 福建 | 439 | 771 | 934 | 1378 | 1572 | 1164 | 2.7 |
| 湖北 | 450 | 1188 | 1915 | 2424 | 1518 | 1761 | 3.9 |
| 湖南 | 414 | 965 | 1190 | 2087 | 1701 | 1486 | 3.6 |
| 四川 | 619 | 1429 | 1376 | 1865 | 1767 | 1609 | 2.6 |
| 平均 | 970 | 2153 | 2304 | 3613 | 2088 | 2539 | 3.1 |

从表2-3可以看出，就全国的情况而言，"十一五"规划期间按文物系统机构数的平均财力投入是253.9万元，与"十五"计划期间平均的97.0万元相比，增长幅度约为162%，其中2008年我国对文物系统的投入达到了一个高峰，平均每个机构得到的财政投入达到361.3万元，是"十五"计划期间平均所得的3.7倍，是2006年平均所得的1.7倍。2009年文物系统机构数由2008年的4427所增至4832所，增加了405所，这是导致平均值下降的主要原因之一。从本节结尾的附表3和附表4中不难发现，2009年的总绝对投入量比2008年有所增加。

从分省（市、区）情况来看，绝大多数省（市、区）的财力投入有显著增加，其中天津、重庆、山西、甘肃、江西、贵州等省市尤为明显，"十一五"规划期间平均每个文物机构所得财政投入是"十五"计划期间的4倍以上。相对而言，云南、北京、青海三省（市、区）的增幅并不显著，这一是与文物系统规模的基数及发展速度有关，二是与之前的投入力度有关。

下面从另一个角度，通过比对三年各省（市、区）财力投入增速的三项指标来进一步分析各省（市、区）对文物事业的投入力度。

**表 2-4 2006~2009 年分地区投入增长率、机构数量增长率及 GDP 增长率比对**

单位：%

| 省份 | 2006~2007 年 | | | 2007~2008 年 | | | 2008~2009 年 | | |
|---|---|---|---|---|---|---|---|---|---|
| | 投入增长率 | 机构增长率 | GDP 年度增长率 | 投入增长率 | 机构增长率 | GDP 年度增长率 | 投入增长率 | 机构增长率 | GDP 年度增长率 |
| 第一类别 | | | | | | | | | |
| 江苏 | 19.3 | 9.1 | 18.9 | 89.9 | 30.2 | 17.8 | –10.3 | 6.8 | 12.4 |
| 山东 | 7.0 | 3.7 | 17.6 | 16.9 | 1.0 | 19.7 | 29.2 | 16.3 | 8.8 |
| 广东 | 4.3 | 3.0 | 18.6 | 15.9 | –2.4 | 14.8 | 29.7 | 2.5 | 9.5 |
| 第二类别 | | | | | | | | | |
| 天津 | –0.6 | –3.6 | 15.9 | 59.1 | 0.0 | 25.8 | –21.3 | 0.0 | 18.0 |
| 山西 | 41.2 | 0.5 | 20.6 | 58.0 | –1.0 | 21.0 | –10.4 | 0.0 | 6.2 |
| 内蒙古 | 40.4 | 5.4 | 27.1 | 44.0 | 0.0 | 27.4 | 35.7 | 12.7 | 25.3 |
| 吉林 | 1.1 | 4.5 | 23.6 | 66.8 | 7.1 | 21.6 | 38.3 | 65.3 | 12.1 |
| 江西 | 11.8 | 6.3 | 17.8 | 91.5 | –0.6 | 17.8 | 9.4 | 4.7 | 17.1 |
| 广西 | 15.2 | 5.1 | 23.3 | 85.6 | 2.4 | 20.4 | –41.7 | 2.4 | 7.4 |
| 海南 | 25.1 | –4.0 | 16.2 | 52.2 | 8.3 | 19.3 | 68.4 | 0.0 | 12.8 |
| 重庆 | 24.2 | 13.3 | 18.1 | 47.1 | 8.8 | 23.6 | 29.3 | 20.3 | 28.1 |
| 贵州 | 32.2 | 2.8 | 20.2 | 99.7 | 1.8 | 21.6 | 48.2 | 22.1 | 16.8 |
| 云南 | –12.4 | 2.6 | 18.3 | 50.7 | 0.6 | 20.2 | 27.7 | 49.1 | 8.2 |
| 西藏 | 3.4 | –45.5 | 17.6 | 26.0 | –58.3 | 15.7 | –28.7 | 380.0 | 11.5 |
| 陕西 | 4.2 | 3.2 | 20.8 | 7.4 | 1.8 | 25.3 | 49.8 | 3.3 | 19.5 |
| 甘肃 | 26.6 | 5.1 | 18.7 | 48.4 | 7.3 | 17.5 | 14.8 | 8.3 | 6.5 |
| 青海 | –6.6 | 0.0 | 22.1 | 59.0 | 2.3 | 22.7 | 36.9 | 4.5 | 12.5 |
| 宁夏 | 16.3 | 19.2 | 25.1 | 94.8 | –6.5 | 23.5 | 13.2 | 3.4 | 21.5 |
| 新疆 | 80.3 | 3.4 | 15.7 | 19.5 | 16.5 | 19.3 | 25.3 | 14.2 | 1.7 |
| 第三类别 | | | | | | | | | |
| 河北 | 75.5 | 5.6 | 17.6 | –40.3 | 5.3 | 18.1 | 55.4 | –1.7 | 5.2 |
| 浙江 | 20.0 | 2.1 | 19.3 | 24.5 | 1.0 | 14.4 | 35.5 | 5.0 | 6.3 |
| 河南 | –13.2 | 4.7 | 20.1 | 83.3 | 6.6 | 22.6 | 29.1 | –0.8 | 5.2 |
| 北京 | –29.5 | 21.4 | 18.8 | 57.0 | 1.2 | 12.1 | 37.2 | 7.0 | 13.1 |

续表

| 省份 | 2006~2007年 | | | 2007~2008年 | | | 2008~2009年 | | |
|---|---|---|---|---|---|---|---|---|---|
| | 投入增长率 | 机构增长率 | GDP年度增长率 | 投入增长率 | 机构增长率 | GDP年度增长率 | 投入增长率 | 机构增长率 | GDP年度增长率 |
| 第三类别 | | | | | | | | | |
| 辽宁 | 6.6 | -1.0 | 19.2 | 44.8 | 22.0 | 22.1 | 73.8 | 9.0 | 11.9 |
| 黑龙江 | 42.6 | 4.3 | 14.2 | 18.1 | 2.1 | 17.6 | 59.3 | 16.1 | -0.3 |
| 上海 | 4.3 | 12.1 | 17.6 | 41.6 | 0.0 | 12.4 | 5.5 | 0.0 | 8.8 |
| 安徽 | 3.8 | -8.8 | 19.8 | 68.7 | 0.0 | 20.5 | 79.1 | 21.5 | 13.3 |
| 福建 | 25.9 | 4.0 | 21.5 | 55.5 | 5.4 | 17.0 | 65.4 | 13.2 | 10.4 |
| 湖北 | 78.5 | 10.7 | 21.8 | 28.9 | 1.8 | 22.7 | 3.3 | 3.0 | 13.2 |
| 湖南 | 27.0 | 3.0 | 21.6 | 77.1 | 1.0 | 21.3 | 18.4 | -1.0 | 15.9 |
| 四川 | 0.9 | 4.9 | 21.6 | 48.1 | 9.3 | 19.0 | 64.3 | -0.4 | 13.2 |
| 平均 | 18.6 | 3.1 | 19.7 | 49.7 | 2.4 | 19.8 | 28.1 | 22.2 | 12.0 |

如表2-4所示，“十一五”规划以来，我国经济高速增长，与之相伴的是我国对文物事业的发展也能够给予更多的经济支持，无论是财政拨款还是固定资产增加值，均保持了较高的增长速度，其幅度甚至超过了当地经济发展的增速。2006~2007年，我国对文物事业的投入增速尚不及经济增速，而2007~2008年，文物事业投入增速达近50%，远远超过了经济增速的19.8%，尽管2009年的文物事业机构数大幅增加，规模日益庞大，但其投入仍未减弱，超过经济增速16个百分点。其他各省（市、区）也可通过上表看出本地区三项指标的增长情况。

下面，沿用“对文物事业财政投入占当地GDP比重”来反映各地对文物事业的重视程度（见表2-5）。

**表2-5 年度分地区按机构数财政投入占当地GDP比重**

单位：PPM

| 省份 | “十五”期间平均 | 2006年 | 2007年 | 2008年 | 2009年 | “十一五”期间平均 | “十一五”/“十五” |
|---|---|---|---|---|---|---|---|
| 第一类别 | | | | | | | |
| 江苏 | 0.67 | 1.93 | 1.94 | 3.12 | 2.49 | 2.37 | 3.5 |
| 山东 | 0.66 | 1.89 | 1.72 | 1.68 | 1.99 | 1.82 | 2.8 |
| 广东 | 0.72 | 1.85 | 1.62 | 1.64 | 1.94 | 1.76 | 2.4 |

续表

| 省份 | “十五”期间平均 | 2006 年 | 2007 年 | 2008 年 | 2009 年 | “十一五”期间平均 | “十一五”/“十五” |
|---|---|---|---|---|---|---|---|
| | | | | 第二类别 | | | |
| 天津 | 4.40 | 3.59 | 3.08 | 3.90 | 2.60 | 3.29 | 0.7 |
| 山西 | 2.06 | 6.32 | 7.40 | 9.67 | 8.16 | 7.89 | 3.8 |
| 内蒙古 | 1.92 | 2.32 | 2.56 | 2.89 | 3.13 | 2.73 | 1.4 |
| 吉林 | 1.97 | 2.29 | 1.87 | 2.57 | 3.17 | 2.47 | 1.3 |
| 江西 | 0.82 | 2.45 | 2.33 | 3.78 | 3.53 | 3.02 | 3.7 |
| 广西 | 1.39 | 2.62 | 2.44 | 3.77 | 2.05 | 2.72 | 2.0 |
| 海南 | 5.18 | 1.47 | 1.58 | 2.02 | 3.01 | 2.02 | 0.4 |
| 重庆 | 2.52 | 3.66 | 3.85 | 4.58 | 4.62 | 4.18 | 1.7 |
| 贵州 | 1.52 | 2.41 | 2.65 | 4.36 | 5.53 | 3.74 | 2.5 |
| 云南 | 1.59 | 2.97 | 2.20 | 2.75 | 3.25 | 2.79 | 1.8 |
| 西藏 | 204.31 | 29.49 | 25.92 | 28.23 | 18.05 | 25.43 | 0.1 |
| 陕西 | 1.57 | 9.49 | 8.18 | 7.01 | 8.79 | 8.37 | 5.3 |
| 甘肃 | 3.54 | 8.27 | 8.82 | 11.14 | 12.01 | 10.06 | 2.8 |
| 青海 | 10.85 | 4.94 | 3.78 | 4.89 | 5.95 | 4.89 | 0.5 |
| 宁夏 | 11.69 | 4.84 | 4.50 | 7.09 | 6.61 | 5.76 | 0.5 |
| 新疆 | 2.36 | 4.11 | 6.40 | 6.41 | 7.90 | 6.21 | 2.6 |
| | | | | 第三类别 | | | |
| 河北 | 1.14 | 3.14 | 4.68 | 2.37 | 3.50 | 3.42 | 3.0 |
| 浙江 | 2.37 | 4.64 | 4.66 | 5.08 | 6.47 | 5.21 | 2.2 |
| 河南 | 0.85 | 3.16 | 2.28 | 3.41 | 4.19 | 3.26 | 3.8 |
| | | | | 第四类别 | | | |
| 北京 | 10.01 | 8.81 | 5.23 | 7.32 | 8.87 | 7.56 | 0.8 |
| 辽宁 | 1.01 | 2.05 | 1.83 | 2.17 | 3.37 | 2.36 | 2.3 |
| 黑龙江 | 0.59 | 1.38 | 1.72 | 1.73 | 2.76 | 1.90 | 3.2 |
| 上海 | 7.60 | 3.13 | 2.77 | 3.50 | 3.39 | 3.20 | 0.4 |
| 安徽 | 0.94 | 1.75 | 1.52 | 2.12 | 3.35 | 2.18 | 2.3 |
| 福建 | 0.81 | 1.26 | 1.30 | 1.73 | 2.59 | 1.72 | 2.1 |

续表

| 省份 | "十五"期间平均 | 2006年 | 2007年 | 2008年 | 2009年 | "十一五"期间平均 | "十一五"/"十五" |
|---|---|---|---|---|---|---|---|
| 第四类别 | | | | | | | |
| 湖北 | 0.81 | 2.34 | 3.42 | 3.59 | 3.28 | 3.16 | 3.9 |
| 湖南 | 0.82 | 2.56 | 2.68 | 3.91 | 4.00 | 3.29 | 4.0 |
| 四川 | 1.08 | 3.74 | 3.10 | 3.86 | 5.61 | 4.08 | 3.8 |
| 平均 | 2.78 | 3.51 | 3.40 | 4.14 | 4.60 | 3.91 | 1.4 |

注：由于文物业统计资料中"西藏"的相关指标统计有误，因此以上均值计算均未含西藏数据。

从对文物事业的财力投入占当地GDP的比重来看，"十一五"规划期间较"十五"计划期间有很大的进步，由2.78PPM上升到了3.91PPM左右，2008年突破了4PPM，并在2009年升至4.6PPM，在一定程度上反映出从全国范围来看对文物资源事业的重视程度普遍上升。在各省市中，陕西、湖南、湖北、四川、河南、山西、江西等省对文物资源事业的投入比重明显加大。投入比重下降的省市分为两类。一类是少数较发达的省市，如北京、上海、天津等，其投入所占比重有所下降，其原因可能有以下两点：其一是当地经济增量超过了对文物资源事业的投入增量；其二是由于"十五"计划期间的财力投入力度较大，显得之后的发展力度不足。另一类则是经济发展较为落后的地区，以青海、宁夏为代表，投入的总量和力度均成为其发展的主要制约因素。

上述指标的排名情况如表2-6所示。

**表2-6 按机构数年度分省市排名状况综合比较排名**

| 省份 | 平均投入排名 | | 占GDP比重排名 | |
|---|---|---|---|---|
| | "十五"期间 | "十一五"期间 | "十五"期间 | "十一五"期间 |
| 第一类别 | | | | |
| 江苏 | 3 | 1 | 2 | 1 |
| 山东 | 2 | 3 | 3 | 2 |
| 广东 | 1 | 2 | 1 | 3 |
| 第二类别 | | | | |
| 天津 | 2 | 2 | 5 | 12 |

续表

| 省份 | 平均投入排名 | | 占 GDP 比重排名 | |
|---|---|---|---|---|
| | "十五"期间 | "十一五"期间 | "十五"期间 | "十一五"期间 |
| 第二类别 | | | | |
| 山西 | 5 | 4 | 9 | 2 |
| 内蒙古 | 9 | 9 | 11 | 10 |
| 吉林 | 4 | 8 | 10 | 11 |
| 江西 | 15 | 13 | 16 | 3 |
| 广西 | 12 | 10 | 15 | 7 |
| 海南 | 14 | 12 | 4 | 15 |
| 重庆 | 3 | 3 | 7 | 9 |
| 贵州 | 16 | 14 | 14 | 6 |
| 云南 | 11 | 16 | 12 | 8 |
| 西藏 | 1 | 1 | 1 | 16 |
| 陕西 | 13 | 11 | 13 | 1 |
| 甘肃 | 8 | 5 | 6 | 4 |
| 青海 | 10 | 15 | 3 | 13 |
| 宁夏 | 7 | 6 | 2 | 13 |
| 新疆 | 6 | 7 | 8 | 5 |
| 第三类别 | | | | |
| 河北 | 2 | 3 | 2 | 2 |
| 浙江 | 1 | 1 | 1 | 3 |
| 河南 | 3 | 2 | 3 | 1 |
| 第四类别 | | | | |
| 北京 | 2 | 2 | 1 | 8 |
| 辽宁 | 3 | 3 | 4 | 7 |
| 黑龙江 | 9 | 9 | 9 | 4 |
| 上海 | 1 | 1 | 2 | 9 |
| 安徽 | 8 | 8 | 5 | 5 |
| 福建 | 6 | 7 | 7 | 6 |
| 湖北 | 5 | 4 | 7 | 2 |
| 湖南 | 7 | 6 | 6 | 1 |
| 四川 | 4 | 5 | 3 | 3 |

## 二、以文物资源事业机构数为基准的平均人力资源状况

文物资源事业不仅需要增加财力投入，也需要提高从业人员的数量和质量。本部分将以平均从业人数及其相对排名来考察 2008~2009 年各省市的人力资源数量状况。对从业人员质量的衡量是以往评估报告中未涉及的，李长春同志在文物资源日署名文章中，对人才队伍建设给予了高度的重视和深切的期望："要加强文物资源工作队伍建设，努力造就一批知识渊博、品质优秀、甘于奉献的专门型人才，一批敢于创新、善于创新的创新型人才，一批熟悉和掌握古代科技知识和传统工艺的专业型人才，一批善于运用现代科技保护和利用文物资源的科技型人才，一批熟悉文物资源工作、懂经营善管理的复合型人才，一批历史文化知识丰富、具有世界眼光、熟悉外语的外向型人才。"然而由于数据所限，笔者只能将获得中高级职称的人视为文物系统里的高质量人才，以此来简单衡量文物系统人员质量。结果如表 2–7 和表 2–8 所示。

**表 2–7　年度分地区按机构数平均从业人数**

单位：人

| 省份 | "十五"期间平均 | 2006 年 | 2007 年 | 2008 年 | 2009 年 | "十一五"期间平均 | "十一五"/"十五" |
|---|---|---|---|---|---|---|---|
| 第一类别 | | | | | | | |
| 江苏 | 14.43 | 16.51 | 16.04 | 16.75 | 17.31 | 16.65 | 1.2 |
| 山东 | 23.36 | 24.85 | 24.79 | 24.63 | 21.54 | 23.95 | 1.0 |
| 广东 | 14.69 | 17.41 | 15.71 | 16.71 | 17.94 | 16.94 | 1.2 |
| 第二类别 | | | | | | | |
| 天津 | 35.47 | 34.07 | 35.59 | 35.30 | 34.63 | 34.90 | 1.0 |
| 山西 | 22.36 | 23.57 | 27.40 | 25.20 | 25.80 | 25.49 | 1.1 |
| 内蒙古 | 13.33 | 13.22 | 13.75 | 13.92 | 13.80 | 13.68 | 1.0 |
| 吉林 | 19.07 | 17.54 | 17.17 | 16.33 | 13.23 | 16.07 | 0.8 |
| 江西 | 13.84 | 14.69 | 13.62 | 15.44 | 14.84 | 14.65 | 1.1 |
| 广西 | 9.33 | 10.14 | 9.65 | 10.09 | 11.26 | 10.29 | 1.1 |

续表

| 省份 | “十五”期间平均 | 2006年 | 2007年 | 2008年 | 2009年 | “十一五”期间平均 | “十一五”/“十五” |
|---|---|---|---|---|---|---|---|
| 第二类别 | | | | | | | |
| 海南 | 11.43 | 12.44 | 10.50 | 11.54 | 11.27 | 11.44 | 1.0 |
| 重庆 | 18.81 | 21.58 | 22.24 | 19.66 | 20.06 | 20.88 | 1.1 |
| 贵州 | 6.54 | 8.55 | 8.82 | 10.03 | 1.62 | 9.50 | 1.5 |
| 云南 | 7.47 | 7.99 | 8.31 | 7.69 | 6.45 | 7.61 | 1.0 |
| 西藏 | 104.90 | 27.45 | 201.83 | 111.20 | 15.42 | 88.98 | 0.8 |
| 陕西 | 22.21 | 20.85 | 22.10 | 21.45 | 23.07 | 21.87 | 1.0 |
| 甘肃 | 17.31 | 18.34 | 18.95 | 18.58 | 21.42 | 19.32 | 1.1 |
| 青海 | 6.77 | 7.23 | 7.37 | 7.75 | 7.96 | 7.58 | 1.1 |
| 宁夏 | 13.63 | 15.69 | 15.58 | 19.14 | 17.30 | 16.93 | 1.2 |
| 新疆 | 9.18 | 11.92 | 12.98 | 10.84 | 9.80 | 11.39 | 1.2 |
| 第三类别 | | | | | | | |
| 河北 | 27.49 | 28.76 | 28.00 | 26.05 | 27.95 | 27.69 | 1.0 |
| 浙江 | 14.72 | 18.46 | 18.70 | 20.58 | 21.08 | 19.70 | 1.3 |
| 河南 | 25.02 | 29.00 | 30.97 | 29.56 | 32.83 | 30.59 | 1.2 |
| 第四类别 | | | | | | | |
| 北京 | 38.10 | 59.43 | 52.38 | 52.27 | 55.46 | 54.88 | 1.4 |
| 辽宁 | 20.29 | 27.56 | 28.99 | 68.10 | 24.21 | 37.22 | 1.8 |
| 黑龙江 | 7.8 | 8.25 | 9.08 | 9.45 | 9.55 | 9.08 | 1.2 |
| 上海 | 47.28 | 37.85 | 35.97 | 32.97 | 33.08 | 34.97 | 0.7 |
| 安徽 | 10.45 | 10.78 | 11.13 | 11.83 | 11.32 | 11.26 | 1.1 |
| 福建 | 8.94 | 10.04 | 9.46 | 10.62 | 9.51 | 9.91 | 1.1 |
| 湖北 | 20.56 | 24.06 | 22.54 | 21.57 | 23.16 | 22.83 | 1.1 |
| 湖南 | 11.77 | 13.98 | 14.34 | 14.81 | 16.86 | 15.00 | 1.3 |
| 四川 | 17.48 | 20.07 | 19.70 | 18.34 | 20.20 | 19.58 | 1.1 |
| 平均 | 20.45 | 19.75 | 25.29 | 23.50 | 19.32 | 21.96 | 1.1 |

**表 2–8　年度地区中高级职称从业人员所占比重**

单位：%

| 省份 | 2006 年 | 2007 年 | 2008 年 | 2009 年 | “十一五”期间平均 |
|---|---|---|---|---|---|
| 第一类别 | | | | | |
| 江苏 | 26.7 | 24.7 | 21.3 | 24.5 | 24.3 |
| 山东 | 28.9 | 25.0 | 27.0 | 29.4 | 27.6 |
| 广东 | 11.7 | 13.6 | 13.6 | 16.8 | 13.9 |
| 第二类别 | | | | | |
| 天津 | 29.7 | 27.8 | 28.9 | 32.9 | 29.8 |
| 山西 | 15.1 | 11.7 | 14.3 | 15.7 | 14.2 |
| 内蒙古 | 28.9 | 24.3 | 28.1 | 29.5 | 27.7 |
| 吉林 | 35.7 | 35.5 | 33.8 | 35.2 | 35.1 |
| 江西 | 16.6 | 18.5 | 14.2 | 17.6 | 16.7 |
| 广西 | 24.8 | 23.6 | 24.7 | 26.2 | 24.8 |
| 海南 | 12.5 | 13.1 | 10.7 | 13.3 | 12.4 |
| 重庆 | 19.0 | 15.7 | 18.0 | 22.2 | 18.7 |
| 贵州 | 13.8 | 13.2 | 13.2 | 12.6 | 13.2 |
| 云南 | 31.5 | 29.6 | 36.0 | 33.4 | 232.6 |
| 西藏 | 5.8 | 1.5 | 7.6 | 15.9 | 7.7 |
| 陕西 | 14.0 | 13.0 | 14.7 | 14.7 | 14.1 |
| 甘肃 | 18.3 | 18.3 | 19.0 | 15.9 | 17.9 |
| 青海 | 31.8 | 37.9 | 30.2 | 35.8 | 33.9 |
| 宁夏 | 25.5 | 17.6 | 16.0 | 22.7 | 20.5 |
| 新疆 | 21.4 | 18.0 | 17.5 | 16.5 | 18.3 |
| 第三类别 | | | | | |
| 河北 | 14.1 | 10.7 | 11.9 | 15.1 | 13.0 |
| 浙江 | 19.7 | 18.6 | 18.7 | 20.8 | 19.5 |
| 河南 | 13.9 | 12.7 | 12.3 | 14.2 | 13.3 |
| 第四类别 | | | | | |
| 北京 | 7.8 | 6.5 | 6.8 | 8.8 | 7.5 |
| 辽宁 | 24.5 | 21.4 | 9.7 | 30.2 | 21.4 |

单位：%

| 省份 | 2006 年 | 2007 年 | 2008 年 | 2009 年 | “十一五”期间平均 |
|---|---|---|---|---|---|
| 第四类别 | | | | | |
| 黑龙江 | 41.6 | 33.0 | 32.6 | 37.7 | 36.2 |
| 上海 | 27.2 | 23.7 | 26.0 | 29.2 | 26.5 |
| 安徽 | 26.4 | 27.0 | 24.7 | 24.3 | 25.6 |
| 福建 | 22.0 | 22.6 | 22.2 | 23.5 | 22.6 |
| 湖北 | 26.2 | 23.2 | 25.3 | 32.9 | 26.9 |
| 湖南 | 17.9 | 13.2 | 13.4 | 16.8 | 15.3 |
| 四川 | 14.0 | 13.5 | 13.4 | 15.3 | 14.1 |
| 平均 | 21.5 | 19.6 | 19.5 | 22.6 | 20.8 |

从表 2-7 可以观察到，各省（市、区）的平均从业人数从“十五”计划末期到2009 年只有小幅增加，变化不大。由此可见，与加大财力投入相对比，改善文物资源事业的人力资源状况并没有引起各省市足够的重视。不过，这只是总体上的情况，局部的亮点还是有的，其中也不乏一些省份增加了相当比例的人员投入。例如，与“十五”计划期间相比，在“十一五”规划期间，辽宁从每个文物机构 20.29 人增加到 37.22 人，平均增加了近 17 人；北京的平均从业人员数从 38.1 上升到 54.88，平均每个机构增加了 16 人还多；另外，贵州、浙江、湖南等省的文物机构从业人员数也呈上升趋势。而上海、吉林这方面略有不同，“十一五”规划期间与“十五”计划末期相比，平均每个机构人数有所减少。

如表 2-8 所示，我国具有中高级职称的人比重大致占整体从业人员队伍的 1/5，该比例近年来并无明显提升。但分省市来看，黑龙江、青海、云南、吉林、天津等省市的人员素质相对较高，中高级职称人数占 1/3 左右。

**附表 1　2006 年分省文物资源事业相关指标统计**

| 省份 | 机构数（个） | 财政拨款（亿元） | 固定资产增加值（亿元） | 总投入 | GDP（亿元） |
|---|---|---|---|---|---|
| 第一类别 | | | | | |
| 江苏 | 176 | 2.304 | 1.872 | 4.175 | 21645.08 |
| 山东 | 187 | 1.123 | 3.042 | 4.164 | 22077.36 |
| 广东 | 203 | 2.780 | 2.061 | 4.841 | 26204.47 |

续表

| 省份 | 机构数（个） | 财政拨款（亿元） | 固定资产增加值（亿元） | 总投入 | GDP（亿元） |
|---|---|---|---|---|---|
| 第二类别 | | | | | |
| 天津 | 28 | 0.807 | 0.758 | 1.565 | 4359.15 |
| 山西 | 208 | 1.324 | 1.681 | 3.006 | 4752.54 |
| 内蒙古 | 112 | 0.734 | 0.376 | 1.110 | 4791.48 |
| 吉林 | 67 | 0.597 | 0.381 | 0.978 | 4275.12 |
| 江西 | 160 | 0.622 | 0.522 | 1.144 | 4670.53 |
| 广西 | 118 | 0.846 | 0.418 | 1.263 | 4828.51 |
| 海南 | 25 | 0.073 | 0.082 | 0.155 | 1052.85 |
| 重庆 | 60 | 0.392 | 0.886 | 1.277 | 3491.57 |
| 贵州 | 108 | 0.300 | 0.250 | 0.551 | 2282.00 |
| 云南 | 154 | 0.761 | 0.428 | 1.189 | 4006.72 |
| 西藏 | 22 | 0.298 | 0.560 | 0.858 | 291.01 |
| 陕西 | 37 | 1.384 | 2.909 | 4.293 | 4523.74 |
| 甘肃 | 118 | 1.022 | 0.861 | 1.883 | 2276.70 |
| 青海 | 43 | 0.224 | 0.092 | 0.317 | 641.58 |
| 宁夏 | 26 | 0.170 | 0.173 | 0.344 | 710.76 |
| 新疆 | 117 | 0.864 | 0.386 | 1.251 | 3045.26 |
| 第三类别 | | | | | |
| 河北 | 216 | 1.961 | 1.698 | 3.658 | 11660.43 |
| 浙江 | 193 | 3.977 | 3.323 | 7.300 | 15742.51 |
| 河南 | 232 | 2.285 | 1.665 | 3.949 | 12495.97 |
| 第四类别 | | | | | |
| 北京 | 70 | 22.215 | 4.714 | 6.935 | 7870.28 |
| 辽宁 | 101 | 8.792 | 1.015 | 1.895 | 9251.15 |
| 黑龙江 | 140 | 4.704 | 0.383 | 0.854 | 6188.90 |
| 上海 | 33 | 18.031 | 1.440 | 3.243 | 10366.37 |
| 安徽 | 148 | 6.513 | 0.424 | 1.075 | 6148.73 |
| 福建 | 124 | 5.828 | 0.374 | 0.957 | 7614.55 |
| 湖北 | 149 | 10.901 | 0.680 | 1.770 | 7581.32 |
| 湖南 | 201 | 11.263 | 0.813 | 1.939 | 7568.89 |
| 四川 | 226 | 11.943 | 2.035 | 3.230 | 8637.81 |

**附表 2　2007 年分省市文物资源事业相关指标统计**

| 省份 | 机构数（个） | 财政拨款（亿元） | 固定资产增加值（亿元） | 总投入 | GDP（亿元） |
|---|---|---|---|---|---|
| 第一类别 | | | | | |
| 江苏 | 192 | 2.898 | 2.083 | 4.981 | 25741.15 |
| 山东 | 194 | 1.917 | 2.539 | 4.456 | 25965.91 |
| 广东 | 209 | 3.094 | 1.954 | 5.048 | 31084.40 |
| 第二类别 | | | | | |
| 天津 | 27 | 0.710 | 0.846 | 1.556 | 5050.40 |
| 山西 | 207 | 2.340 | 1.904 | 4.244 | 5733.35 |
| 内蒙古 | 118 | 1.029 | 0.530 | 1.559 | 6091.12 |
| 吉林 | 70 | 0.550 | 0.439 | 0.989 | 5284.69 |
| 江西 | 170 | 0.767 | 0.512 | 1.279 | 5500.25 |
| 广西 | 124 | 1.026 | 0.430 | 1.456 | 5955.65 |
| 海南 | 24 | 0.117 | 0.076 | 0.194 | 1223.28 |
| 重庆 | 68 | 0.705 | 0.882 | 1.586 | 4122.51 |
| 贵州 | 111 | 0.354 | 0.373 | 0.728 | 2741.90 |
| 云南 | 158 | 0.628 | 0.413 | 1.041 | 4741.31 |
| 西藏 | 12 | 0.221 | 0.666 | 0.887 | 342.19 |
| 陕西 | 327 | 2.025 | 2.448 | 4.473 | 5465.79 |
| 甘肃 | 124 | 1.040 | 1.342 | 2.383 | 2702.40 |
| 青海 | 43 | 0.160 | 0.136 | 0.296 | 783.61 |
| 宁夏 | 31 | 0.216 | 0.184 | 0.400 | 889.20 |
| 新疆 | 121 | 1.457 | 0.798 | 2.255 | 3523.16 |
| 第三类别 | | | | | |
| 河北 | 228 | 2.873 | 3.546 | 6.418 | 13709.50 |
| 浙江 | 197 | 5.041 | 3.718 | 8.759 | 18780.44 |
| 河南 | 243 | 2.534 | 0.896 | 3.430 | 15012.46 |
| 第四类别 | | | | | |
| 北京 | 85 | 2.027 | 2.861 | 4.888 | 9353.32 |
| 辽宁 | 100 | 1.039 | 0.982 | 2.020 | 11023.49 |
| 黑龙江 | 146 | 0.719 | 0.499 | 1.217 | 7065.00 |

续表

| 省份 | 机构数（个） | 财政拨款（亿元） | 固定资产增加值（亿元） | 总投入 | GDP（亿元） |
|---|---|---|---|---|---|
| 第四类别 | | | | | |
| 上海 | 37 | 2.005 | 1.377 | 3.382 | 12188.85 |
| 安徽 | 135 | 0.642 | 0.474 | 1.116 | 7364.18 |
| 福建 | 129 | 0.781 | 0.423 | 1.205 | 9249.13 |
| 湖北 | 165 | 2.046 | 1.114 | 3.160 | 9230.68 |
| 湖南 | 207 | 1.532 | 0.932 | 2.464 | 9200.00 |
| 四川 | 237 | 1.758 | 1.502 | 3.260 | 10505.30 |

**附表 3　2008 年分省市文物资源事业相关指标统计**

| 省份 | 机构数（个） | 财政拨款（亿元） | 固定资产增加值（亿元） | 总投入 | GDP（亿元） |
|---|---|---|---|---|---|
| 第一类别 | | | | | |
| 江苏 | 250 | 4.908 | 4.550 | 9.458 | 30312.61 |
| 山东 | 196 | 2.617 | 2.591 | 5.208 | 31072.06 |
| 广东 | 204 | 3.010 | 2.847 | 5.852 | 35696.46 |
| 第二类别 | | | | | |
| 天津 | 27 | 0.989 | 1.486 | 2.475 | 6354.38 |
| 山西 | 205 | 4.313 | 2.395 | 6.708 | 6938.73 |
| 内蒙古 | 118 | 1.447 | 0.799 | 2.246 | 7761.73 |
| 吉林 | 75 | 0.955 | 0.694 | 1.649 | 6424.06 |
| 江西 | 169 | 1.615 | 0.835 | 2.450 | 6480.33 |
| 广西 | 127 | 2.143 | 0.599 | 2.702 | 7171.58 |
| 海南 | 26 | 0.190 | 0.105 | 0.295 | 1459.23 |
| 重庆 | 74 | 1.481 | 0.852 | 2.333 | 5096.66 |
| 贵州 | 113 | 1.041 | 0.412 | 1.453 | 3333.40 |
| 云南 | 159 | 1.012 | 0.557 | 1.568 | 5700.10 |
| 西藏 | 5 | 0.430 | 0.688 | 1.118 | 395.91 |
| 陕西 | 333 | 2.703 | 2.101 | 4.804 | 6851.32 |
| 甘肃 | 133 | 2.272 | 1.265 | 3.537 | 3176.11 |
| 青海 | 44 | 0.221 | 0.249 | 0.470 | 961.53 |

续表

| 省份 | 机构数（个） | 财政拨款（亿元） | 固定资产增加值（亿元） | 总投入 | GDP（亿元） |
|---|---|---|---|---|---|
| 第二类别 | | | | | |
| 宁夏 | 29 | 0.550 | 0.0229 | 0.779 | 1098.51 |
| 新疆 | 141 | 1.814 | 0.882 | 2.695 | 4203.41 |
| 第三类别 | | | | | |
| 河北 | 240 | 1.769 | 2.063 | 3.832 | 16188.61 |
| 浙江 | 199 | 6.728 | 4.178 | 10.906 | 21486.92 |
| 河南 | 259 | 3.478 | 2.807 | 6.285 | 18407.78 |
| 第四类别 | | | | | |
| 北京 | 86 | 4.374 | 3.301 | 7.675 | 10488.03 |
| 辽宁 | 122 | 1.634 | 1.292 | 2.926 | 13461.57 |
| 黑龙江 | 149 | 0.905 | 0.532 | 1.437 | 8310.00 |
| 上海 | 37 | 2.497 | 2.293 | 4.791 | 13698.15 |
| 安徽 | 135 | 1.075 | 0.807 | 1.883 | 8874.17 |
| 福建 | 136 | 1.187 | 0.686 | 1.874 | 10823.11 |
| 湖北 | 168 | 2.004 | 2.069 | 4.072 | 11330.38 |
| 湖南 | 209 | 2.973 | 1.390 | 4.363 | 11156.64 |
| 四川 | 259 | 2.708 | 2.122 | 4.830 | 12506.25 |

**附表4　2009年分省市文物资源事业相关指标统计**

| 省份 | 机构数（个） | 财政拨款（亿元） | 固定资产增加值（亿元） | 总投入 | GDP（亿元） |
|---|---|---|---|---|---|
| 第一类别 | | | | | |
| 江苏 | 267 | 4.672 | 3.808 | 8.480 | 34061.19 |
| 山东 | 228 | 4.003 | 2.726 | 6.729 | 33805.30 |
| 广东 | 209 | 4.520 | 3.071 | 7.591 | 39081.59 |
| 第二类别 | | | | | |
| 天津 | 27 | 1.054 | 0.894 | 1.948 | 7500.80 |
| 山西 | 205 | 4.000 | 2.007 | 6.007 | 7365.74 |
| 内蒙古 | 133 | 1.948 | 1.100 | 3.048 | 9725.78 |
| 吉林 | 124 | 1.458 | 0.823 | 2.281 | 7203.18 |

续表

| 省份 | 机构数（个） | 财政拨款（亿元） | 固定资产增加值（亿元） | 总投入 | GDP（亿元） |
|---|---|---|---|---|---|
| 第二类别 | | | | | |
| 江西 | 177 | 1.729 | 0.952 | 2.681 | 7589.22 |
| 广西 | 130 | 0.970 | 0.605 | 1.575 | 7700.36 |
| 海南 | 26 | 0.367 | 0.130 | 0.496 | 1646.60 |
| 重庆 | 89 | 1.854 | 1.162 | 3.017 | 6528.72 |
| 贵州 | 138 | 1.430 | 0.724 | 2.154 | 3893.51 |
| 云南 | 237 | 1.227 | 0.776 | 2.003 | 6168.23 |
| 西藏 | 24 | 0.401 | 0.396 | 0.797 | 441.36 |
| 陕西 | 344 | 3.238 | 3.960 | 7.198 | 8186.65 |
| 甘肃 | 144 | 2.447 | 1.614 | 4.061 | 3382.35 |
| 青海 | 46 | 0.385 | 0.259 | 0.644 | 1081.27 |
| 宁夏 | 30 | 0.549 | 0.333 | 0.882 | 1334.56 |
| 新疆 | 161 | 2.612 | 0.765 | 3.378 | 4273.58 |
| 第三类别 | | | | | |
| 河北 | 236 | 2.886 | 3.071 | 5.956 | 17026.60 |
| 浙江 | 209 | 10.448 | 4.329 | 14.777 | 22832.43 |
| 河南 | 257 | 4.748 | 3.367 | 8.115 | 19367.28 |
| 第四类别 | | | | | |
| 北京 | 92 | 6.885 | 3.644 | 10.529 | 11865.93 |
| 辽宁 | 133 | 3.089 | 1.995 | 5.084 | 15065.57 |
| 黑龙江 | 173 | 1.301 | 0.998 | 2.290 | 8288.00 |
| 上海 | 37 | 3.135 | 1.918 | 3.053 | 14900.93 |
| 安徽 | 164 | 2.498 | 0.873 | 3.371 | 10052.86 |
| 福建 | 154 | 2.419 | 0.680 | 3.099 | 11949.53 |
| 湖北 | 173 | 2.624 | 1.584 | 4.207 | 12831.52 |
| 湖南 | 207 | 3.519 | 1.648 | 5.167 | 12930.69 |
| 四川 | 258 | 4.557 | 3.376 | 7.933 | 14151.28 |

# 第四节 结论

本章介绍了文物保护投入的绩效评估方法，提供了绩效目标的指标来源、构成和将绩效目标指标化的思路，论述了通过数学工具将调查指标结果量化等方法。

本章涉及指标评估标准的选取，根据评估目的确定评估指标在对某事物评估中的相对重要性，根据评估目的、数据特征选择适当的综合评估方法以及数据采集方法等问题。由此，首先对文物保护投入指标确定的方法——逻辑模型进行研究，绩效逻辑分析法是用于绩效指标分析的重要方法。其主要功能是用于绩效指标的相关性分析。其次，本章全面介绍了逻辑模型的类别、作用以及对我国文物保护投入逻辑模型的设计。再次，按照逻辑模型介绍了绩效指标的类型、绩效指标的设计方法，以及文物绩效评估指标的选择标准及影响因素。最后，根据调查，并结合我国文物保护投入实际，设计出了我国文物保护投入绩效指标体系。根据多目标量化管理的思路，对绩效指标进行赋权，采用层次分析法，结合调查中专家对各个指标的赋值情况，利用 MATLAB 对专家打分的数据权重进行了处理。

# 第三章　文物保护经费绩效管理机制分析

## 第一节　文物保护经费绩效管理机制变化分析

### 一、文物保护绩效管理制度环境改善

国家颁布多项法律法规和工作指导文件，对文物保护工作加大政策保护力度，如《中华人民共和国文物保护法》《国家考古遗址公园管理办法(试行)》《中华人民共和国文物保护法实施条例》《长城保护条例》《中华人民共和国文物保护法》《中华人民共和国文物保护法实施条例》《文物保护工程管理办法》等。2004 年，我国加入联合国教科文组织《保护非物质文物保护公约》；2005 年，国务院办公厅下发《关于加强我国非物质文化遗产保护工作的意见》，国务院下发《关于加强文化遗产保护的通知》，明确了非物质文化遗产保护的方针和政策。近几年来，文化部按照“保护为主、抢救第一、合理利用、传承发展”的方针，已逐步建立起比较完备的有中国特色的非物质文化遗产的保护体系；2011 年 7 月，《国家文物博物馆事业发展“十二五”规划》正式印发。这些都表明，我国文物保护事业进入了加速发展的黄金机遇期，但随着文物保护资源价值不断提升，保护对象范围不断扩大，保护领域不断拓展，保护任务越来越繁重，“老问题”和“新任务”相互交织，文物保护管理部门和保护机构的人员队伍及其能力建设尚无法完全满足文物保护事业发展的迫切需要。在过去的“十二五”时期，文物保护部门把提高质量作为文物保护事业加速发展的核心任

务，使文物保护逐渐趋于规范化和标准化。

## 二、文物保护绩效管理运行机制分析

1. 资金机制的变化

首先，对文物保护事业给予财政支持。2005 年，中央财政安排文物保护专项资金 5.87 亿元，2006 年为 7.2 亿元，2007 年超过 15 亿元，2008 年超过 25 亿元，2009 年达到 48.6 亿元。

其次，公益捐赠制度的环境发生较大转变。税收减免政策的改革鼓励了社会和个人的公益性捐赠，这在一定程度上拓展了文物保护事业的社会融资渠道。例如，2008 年 1 月 1 日起开始实施的新《企业所得税法》从两个方面提高了企业公益性捐赠的扣除额度：一是将扣除基数从应纳税额调整到利润总额；二是将扣除比例从 3%提高到 12%，即企业（包括事业单位、社会团体以及民办非企业单位）在年度利润总额 12%以内的公益性捐赠部分（除特别规定外），准予在计算应纳税所得额时扣除。另外，《个人所得税法》及其实施条例规定，个人公益性捐赠未超过申报应纳税所得额 30%的部分（除特别规定外），可以从其应纳税所得额中扣除，而超出当期应纳税所得额 30%的部分，则不允许在以后扣除。税收减免政策的变革提高了个人进行公益性捐赠的积极性，鼓励了公益性捐赠行为。

最后，市场融资渠道也得到规范。许多地方出台了相关政策，确保在依托文物保护资源开展经营活动的过程中，文物保护单位的公益性质得以保持，经营收入能足额反哺保护工作。

2. 监督机制的变革

“十一五”规划以来，文物系统的督察机制不断完善，不仅成立了有关机构，还建立了年度专项督察、重点案件督办、执法人员培训、案卷评比等执法督察制度，初步形成了一套较为有效的督察体系。

首先，成立了国家文物局督察司，使得这项工作在全国层面上有了统领和协调机构。其次，建立了全国文物安全工作部际联席会议制度，这使相关部委间有望形成文物安全工作的合力。最后，开展了各种专项检查和打击文物犯罪专项行动。国家文物局对重点地区和单位进行专项检查，检查的重点是破坏文物的各类违法行为，特别是将文物作为或变相作为企业资产经营的违法行为，重点追究因决策失误、玩忽职守，造成文物保护破坏、被盗或流失的责任人的法律责任。例如，2005 年，为加大文物保护力度，加强监控，严肃处理各类文物违法案件，国家文物局依据《文物保护法》和国务院办公厅转发文化部、建设部、文物局等部门《关于加强我国世界文化遗产保护管理工作意见的通知》（国办发〔2004〕18 号）的有关规定，发布了《关于开展文物行政执法专项督察的通知》（文物办函〔2005〕219 号），在全国范围内进行文物行政执法专项督察。又如，2005 年以来，国家文物局派出近 20 个督察组赴全国 29 个省市对近 400 个世界文物保护地、全国重点文物保护单位、重点博物馆进行了专项督察，对一批在全国有重大影响的文物行政违法案件进行挂牌督办。再如，国家文物局与公安部联合开展了打击文物犯罪专项行动，不仅成果显著（在重点地区仅珍贵文物就查缴 500 余件），还对此类犯罪起到了明显的震慑作用。

3. 经营机制的变革

从经营机制上看，为进一步贯彻中共十六大提出的“按照政事分开的原则，改革事业单位管理体制”和十六届三中全会提出的“继续推进事业单位改革”的精神，以进一步完善我国事业单位的管理体制，国家颁布《关于进一步深化事业单位改革的决定》（以下简称《决定》）。根据《决定》，文物保护管理机构属公益性事业单位，要根据其资源特点和单位性质进行相关的体制改革，以在确保公益性的同时提高效率和收益。因此，在改革过程中，文博单位要科学把握市场化和非市场化之间的“度”，依照国家规定，科学、合理地进行改革。

4. 存在的问题

虽然文物系统内部的体制机制改革不断深入，但系统的整体地位依然不高。在资金方面，财政支持力度虽有增强，但依旧停留在保障性财政支持层面；在监督方面虽有改进，也未形成全面高效的全国性监督体系①；在经营机制方面，在实际操作中仍存在较大问题，离“统一、规范、高效”的行业管理差距较大。相关法律的相互交叉和管理机构的职能重叠，

① 我国公众监督机制仍旧滞后、匮乏。在监督机制上，美国做到了依法监督和公众参与。美国的遗产保护建立在完善的法律体系上，几乎每一个国家级别的公园都有专门立法，国家公园管理局的各项政策也都以联邦法律为依据。同时，遗产管理部门的重大举措必须向公众征询意见乃至进行一定范围的全民公决，这使主管部门的决策不得不考虑大多数人的利益最大化，而非部门利益最大化，也使管理机构本身几乎没有以权谋私的空间。

使管理不能很好地“统一”和“规范”。例如，在《自然文物保护法（征求意见稿）》中已经涉及大量文物保护内容，相关征求意见稿有诸多提法质疑《文物保护法》，使文物保护事业不能用统一的法规管理。关于风景名胜区的若干行业标准，有诸多要求与文物系统的标准不一致，使文物保护事业不能用统一的标准管理。在这些方面“统一”遇到了极大阻碍，尤其在风景名胜区的主管部门住房和城乡建设部属于国务院组成部门、议事和统筹协调能力高于国家文物局的情况下。

近年来，在国家的大力支持下，文物保护事业发展的内外环境得到重大改善。下面通过成员—规则—机制框架总结近年来文物保护事业发展环境的变化，以便有更清晰的认识（见表 3–1）。

**表 3–1 我国文物保护事业发展环境的变化**

| 特征 | 管理体系：成员 | | |
|---|---|---|---|
| 分部门管理（基本没有变化） | 相关部门各司其职，但在全国范围尚没有形成文物部门综合管理、其他部门分部门管理的局面 | | |
| 特征 | 管理制度：规则 | | |
| 颁布各项法律、法规，加大政策保障力度 | 新的法规使文物的保护利用更加科学和规范；管理办法和行业标准使文物保护事业的日常管理更加规范；相关规划逐步成为文物系统向其他系统申请各种支持、指导地方工作以及开展各项职能内工作（如文物安全大检查）的依据 | | |
| 特征 | 运行机制：机制 | | |
| 对文物保护大力支持，逐步完善各项运行机制，促使体制改革的深化 | 资金机制 | 监督机制 | 经营机制 |
| | 财政渠道和社会渠道兼备：事业经费主要来自国家财政和地方财政。国家的财政支持力度明显增大，且呈继续快速增长趋势。部分资金来自国内外的营利性社会力量和非营利性社会力量，且国家政策鼓励社会公益捐赠，社会融资渠道逐渐打开 | 多层次、多方面、逐步公开化的监督机制。发布《国家文物局主要职责内设机构和人员编制规定》，其中强调文物部门在机构改革中要“加强文物行政执法督察职责”。但我国文物保护监督机制还不健全，需要继续改进 | 鼓励文物保护单位改革经营机制，创造良好的政策环境和监管环境，使文博单位可以科学、合理地改革。经营机制改革的关键在于把握市场化和非市场化之间的“度” |

# 第二节 文物保护事业的新问题及新认识

## 一、文物保护事业的新问题

我国文物保护管理中的问题主要体现在未能充分发挥文物保护事业的基本功能。文物保护事业具有教育、科研和经济三大功能。其中，教育功能和科研功能是基础，充分体现文物保护的公益性质①；经济功能的发挥依赖于教育和科研功能，充分发挥经济功能能够促进教育和科研功能的全面发挥。三种功能相辅相成、互相促进。

尽管“十一五”规划期间文物保护事业发展与时俱进，但仍不能满足人民群众日益增长的需求。所以相形之下，我国文物保护管理中公益功能发挥不足、经济功能发挥无序、管理矛盾处理乏力的三个问题仍然没有得到根本改观。

1. 公益功能发挥不足

教育功能、科研功能和经济功能是文物保护事业的三大功能，其中教育和科研功能体现了文物保护事业的公益性。有一些文博单位开放程度不够、服务的广度和深度不够、科研和科普的结合度不够，社会大众难以在一些文博单位充分感受到其教育、科研功能。文博单位的科普尤其是青少年科普以及文物商店的文物搜集功能等也在一定程度上今不如昔。与此同时，还经常传出作为旅游景区的文物保护地通过各种方式提高票价的消息。因此，文物保护事业公益性发挥不足依然是文物系统管理体制中存在的重要问题。

文物保护事业的三项功能相辅相成，既可相互促进，也能相互掣肘。在文物保护管理中，公益功能发挥不足的问题会影响经济功能的发挥，而

① 文物保护事业的公益性主要表现在教育和科研功能中，经济功能中的一些部分也体现出一定的正外部性。这种正外部性包括两个方面：一是“输血”，即文物保护管理单位经营产生的利润不用于分红，而是上缴国库、用于事业发展的再投入或者带动当地经济社会发展；二是“活血”，即有利于文物保护事业发展的文物流通经营。

经济功能的发挥无序，反过来更阻碍了公益功能的充分发挥。近年来，虽然国家政策和法规有利于文物保护事业公益功能的发挥，但经济功能的发挥无序在一定程度上影响了政策效果。所以，深入剖析经济功能的发挥无序问题，对我国文物保护事业的发展有着深远意义。

2. 经济功能发挥无序

文物保护管理中经济功能发挥无序的问题，主要有两方面表现：文物保护事业没有发展好、没有与相关产业结合好。

（1）文物保护事业没有发展好。主要体现在文化遗产事业发展过程中没有统一的规划，文物保护事业发展不规范。在全国层面，缺少统一的规划机构，规划权力分属于多个系统。与此同时，文物保护单位开发过程也不规范，经常会面临着旅游业超载、错位开发的严重威胁，导致过度开发而忽视保护的现象。例如“水洗三孔”，原本是一件并不复杂的文物被毁事件，却由于人为的因素、利益的驱动、权力的干预，演绎成了为探求真相而进行的一场艰难交锋。文物保护地的人工化、商业化和城市化，逐渐改变了文物保护的真实性和完整性，如八达岭长城、张家界锣鼓塔等。另外，文物保护过程中也会出现开发利用不足导致文物保护单位艰难维持的现象（如机制创新前的重庆“红岩联线”相关文物保护资源）。

文物保护事业没有发展好还体现在文物保护服务的效率低下，不能为游客提供高质量、低价格的配套服务。长期以来，文物保护单位属事业编制，缺乏有效的竞争和激励。事业经营的非市场化导致相关产品与服务质量低下；单位收益和员工收入与经营状况脱钩，使提高工作积极性和改善服务质量的内在激励不足。竞争和激励的缺失减少了创新行为和降低成本的努力，引发“高价低效”现象，不能为游客提供高效、满意的服务。

（2）文物保护事业没有与相关产业结合好。这一点主要体现在没能形成与资源属性相吻合的新业态。文物保护经济价值的开发，要以旅游、文化等相关产业为依托。然而，我国多数文物保护单位在管理上比较保守，没能将资源与产业结合，没能建立文物保护经营的产业链，没能做大、做强文物保护事业。在市场经济的大环境下，只要依法合规，文物保护单位完全可从自身资源属性出发，与饮食业、住宿业、零售商业、旅游业、广告业、影视业和出版业等相结合，形成若干在保护的前提下体现现实资源经济价值和品牌效应的新业态。

3. 管理矛盾处理乏力

文物保护的管理矛盾处理乏力问题主要体现在以下两个方面：

首先，在经济建设与文物保护产生矛盾时，往往是文物保护为经济建设与旅游产业让路。在诸多利益相关者中未能构建起一个和谐共处的机制，不能很好地解决公益价值和经济价值冲突时所产生的一系列问题。

其次，文物保护的建设和利益相关者的权益发生矛盾时处理不当。文物保护建设及其开发过程中，主要涉及的利益相关者是直接管理机构、文物保护旅游产业经营者和周边社区（见图 3-1）。

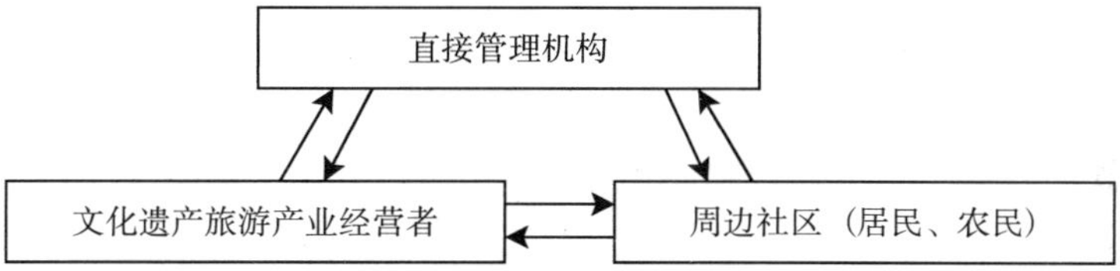


**图 3-1 文物保护核心圈利益相关者关系示意**

注：该图主要表现文物保护核心圈内各个利益集团的相互关系。核心圈外，还包括中央文物保护、地方文物保护、职能管理部门、旅游者等相关产业消费者，文物保护的关注、参与者和相关建设者等利益相关者。

文物保护建设和开发过程中，直接管理机构和经营机构会对周边社区产生巨大影响。此类矛盾一旦产生，往往是居民受到损害，且其经济损失往往难以得到补偿。而直接管理机构和经营者发生矛盾时，管理机构往往片面追求经济效益而纵容经营者的行为，导致违法经营等诸多问题。

此外，文物保护资源的开发具有风险小、收益大的特点。因此，利益相关者纷纷向文物保护资源“伸手”，在监管不利的情况下，出现过度市场化现象，影响了文物的保护和公益功能的发挥。

## 二、对文物保护事业的新认识和热点问题

1.对文物保护管理问题的新认识

李长春同志在 2010 年中国文物保护日发表署名文章，强调了文物保护管理体制改革中的问题，并提出了发展的方向。这篇重要讲话对文物保护事业的现状和发展方向进行了更加深入的阐释。

第一，要大力推进观念创新。转变理念是文物保护管理中的重要环

节。在文物保护过程中，要增强创新理念，在科学理论和现实状况的基础上，对文物保护管理体制进行有效的改革和创新，增强文物保护事业的活力。

第二，妥善处理文物保护和利用的关系。文物的保护和利用是相辅相成、不可割裂的整体。一方面，保护与利用相统一，既要保护好文物，又要利用好其价值；另一方面，保护与利用并不矛盾，在保护的基础上对其充分利用，通过利用进一步促进文物保护，相辅相成，推动文物保护事业的发展。

第三，要大力推进科技创新。科学技术在文物的保护和利用中起着巨大作用。在文物保护方面，现代科学技术能够更加有效地保护和修缮文物；在文物利用方面，现代科学技术能够推动展示方式、宣传方式的创新，使文物得到更加科学有效的开发。

第四，要大力推进展示方法创新。通过现代科学技术，创造新的文物展示方式，如文物展示数字化、开设网上展览，特别是借助全国文化信息资源共享工程、校园网络和远程教育网络等方式进行宣传与展示。通过创新提高文物展示的震撼力和视觉效果，注重增强参与性、互动性、体验性和趣味性，充分发挥文物保护资源的公益性价值和经济价值。

第五，要推进文物保护资源的保护与利用和城市化建设的有机结合。文物系统要在国家政策的指导下制定相关规定，促进文物保护事业的发展与地区经济建设、政治建设、文化建设、社会建设紧密地结合起来。

第六，要合理把握文物保护管理的市场化改革程度。根据文物不同的资源属性进行区分：对于有市场前景的，鼓励在国家政策支持下进入市场，特别是和发展旅游业紧密结合在一起，开发文化产品，拓展服务项目；对于不能市场化的文物保护资源或相关业务，由文物保护单位提供，保证文物保护资源的公益性。

2. 文物保护事业管理体制机制改革创新的热点问题和基本认识

在新的形势下，加快体制改革和创新是解决我国文物保护管理突出问题的重要方式。管理体制改革和机制创新的关键是根据各类文物保护资源在保护上的不同要求和在利用上的不同属性，在保护和利用之间寻求平衡点，建立一套能够克服管理工作中的主要发展约束并更全面地发挥其功能的体制环境。近年来，国家相关单位积极进行管理体制改革和机制创新的尝试，以构建“最积极、最有效、最有利于文物保护可持续发展的保护和传承方式”。随着改革的深入，人们的关注点也随之变化，引发许多关于改革的热点话题，深化了对其的基本认识。

热点问题1：如何区别文物保护资源的公益性和非公益性及如何制度化。在改革过程中，要先明确文物保护资源的公益性与非公益性。在此基础上，建立相应的人、财、物及管理绩效评价机制，以最大限度满足人民群众的需求，充分发挥文物保护资源的公益价值。而文物保护资源公益性与非公益性的划分，必须依赖于一套稳定、科学的制度。怎样建立这样的制度，是改革过程中必然遇到的问题。

热点问题2：文物保护单位和市场的职能边界在哪里。市场化是文物保护体制改革的关键环节。市场化能够有效地提高单位的经营效率，增加经济效益，促进文物保护单位的长远发展。但市场化也需重视“度”的把握，过度的市场化会导致文物保护事业的缺失和公益性地位的丧失，如“水洗三孔”事件。同时，文物保护单位在文物保护资源的保护和利用中，也有不可替代的重要作用。文物保护单位管什么、怎么管、怎样划定文物保护单位和市场各自掌管的范围，是文物保护管理体制改革中必须面对的问题。

热点问题3：经营如何和保护统一起来，达到经营为保护所用的目的。文物系统一直坚持“保护为主、抢救第一、合理利用、加强管理”的工作方针。然而，在实际工作中，怎样才能落实文物保护工作方针，切实做到保护和管理的统一，是文物保护事业面临的重要问题。实践证明，经营收益的增加能够反哺文物保护，反过来，保护力度的增强又能促进经营收益进一步增加，形成良性循环。另一些实践证明，文物保护事业能够通过规模的扩大实现全面、协同以及低成本保护，并提高经营收益。因此，不同文物保护地怎样通过改革实现经营为保护所用的目的，是一个值得长期探讨的问题。

## 第三节　改革的分类和案例的代表性分析

为了更完整地反映文物保护事业的管理体制改革与机制创新状况，并能给文物系统的管理者提供更系统的经验，本部分将改革中的资源属性、管理模式进行分类，并根据热点问题，挑选出北京事业体制改革、敦煌研究院、“红岩联线”和大明宫国家考古遗址公园的案例进行简要分析。

## 一、改革的分类

1. 资源属性的分类

从文物保护资源品质的角度，可将文物保护资源分为高品质文物保护资源和普通品质文物保护资源。

高品质文物保护资源价值高、吸引力强、需求量大且价格弹性相对较小（即价格的变动对需求量的影响较小）。但同时，高品质文物保护资源保护难度大，供给数量（一般表现为游客接待数量）相对有限。因此，高品质文物保护资源的展示易出现供不应求的局面。敦煌石窟、陕西大明宫等均属此类文物保护资源。

普通品质文物保护资源价值普通，吸引力和需求量相对有限，价格弹性相对较大（即价格的变动对需求量的影响较大）。同时，该类文物保护资源的保护难度相对较小，能够保证充足的供给数量。因此，普通品质文物保护资源的展示，易出现“供过于求”的局面。重庆红岩联线文化发展管理中心（以下简称“红岩联线”）等就属此类文物保护资源。

从垄断角度对文物保护资源进行分类，可分为垄断性文物保护资源和非垄断性文物保护资源。垄断性文物保护资源在一定范围和区域内品质独一无二，没有同类竞争，成为价格制定者。在开发过程中，垄断性文物保护资源经营者通过减少资源供应数量，提高相关产品和业务的价格，使利润最大化。敦煌石窟就属于垄断性文物保护资源。

非垄断性文物保护在一定范围和区域内品质无突出特点，存在同类文物保护资源的竞争。非垄断性的文物保护单位在经营过程中需要通过相互竞争来获取更多的需求，以谋求利益最大化。在竞争过程中，非垄断性文物保护单位往往是价格的接受者，而非制定者。这就需要通过提供高质量的服务和创新展示方式，以争取更大的市场份额。陕西大明宫、重庆“红岩联线”等资源均属非垄断性的文物保护资源。

2. 管理模式分类

根据市场化程度的不同，可将我国文物保护单位的管理模式分为三类，即文物保护管理模式、文物保护—市场结合模式、市场化模式。在文物保护管理模式中，各级文物保护下属机构在管理中占主导地位，如敦煌石窟、故宫的世界文物保护管理模式；在文物保护—市场结合模式中，文物保护单位和市场相互配合、各司其职，如广州南越水闸的企业参与公益性文物保护管理改革模式，“红岩联线”的整合同质资源、合理市场化模式等；在文物保护资源的市场化模式中，主要业务交由营利性社会力量经营，如历史上曾有过的曲阜“三孔”的上市公司模式和陕西兵马俑的旅游企业资源整合模式。

不同管理模式下，文物保护单位要发挥不同职能。文物保护单位职能方式可分为综合管理型和支持监督型。综合管理的职能方式指文物保护单位行使所有权和经营权，成为管理、保护和利用文物保护资源的主要实体。支持监督的职能方式指文物系统下放经营权，交由下级文物保护单位自主经营，文物系统在市场化过程中仅扮演规则制定者和监督者的角色。

文物系统必须结合文物保护资源特点，选择合理的管理方式，并发挥适当的文物保护职权，建立“统一、规范、高效”的管理模式。下面将从具体案例出发，介绍说明文物保护事业内部体制改革和机制创新的成功经验。

## 二、案例的代表性分析

近年来，不少文物保护单位进行了管理体制改革和工作机制创新，以“保持我国文物保护事业的生机和活力”。其中，北京文物事业体制改革、甘肃敦煌研究院、重庆“红岩联线”和陕西大明宫国家考古遗址公园四个案例相对成功。并且，从改革的前置条件上看，它们也具有一定的代表性，其成功的经验具有一定的推广性。

北京虽然是我国文化中心，但其管理体制同样面临着“条块分割，多头管理”的问题。北京文物保护事业体制改革通过将文物保护事业纳入国民经济与社会发展总体规划，提高文物系统行政级别，与地方文物保护单位签订责任书等改革，在建立“统一、规范、高效”的行业管理上进了一步。

敦煌石窟属于高品质垄断性的世界文物保护对象，其管理改革的诉求是在严格保护文物保护资源的基础上，满足国民享受文物保护相关公共服务的权利。与同为世界文物保护对象的北京故宫、陕西秦始皇陵和兵马俑等相比，敦煌石窟在资金支持、资源条件、市场化中的招商引资机遇等相关条件上，均不具备得天独厚的优势，其管理体制完善的前置条件具有普遍性，相关经验也就具有一定的普适性和推广性。在此过程中，敦煌研究院与文物保护组织合作，制订科学的规划方案并依法管理，促进了文物保护资源保护和利用的统筹兼顾。

重庆“红岩联线”属于普通的、非垄断性的一般文物保护的文物，其改革的诉求是如何合理利用、充分发挥文物保护资源的经济效益，带动文物保护地经济社会的全面发展。“红岩联线”文物保护资源与其他革命文物保护资源相类似，无明显特色；其获取的财政支持也并不高于其他同属性文物保护资源；重庆市的经济发展环境也没有给其招商引资提供更加优越的条件。因此，“红岩联线”改革的前置条件具有一定普遍性，其改革经验也可以适当推广。在改革过程中，“红岩联线”整合同质性资源，连锁式经营；合理市场化，引入营利性社会力量。对于普通的、非垄断性的一般文物保护资源，文物保护单位可引入竞争性社会力量，合理市场化；文物系统要采用支持监督型方式，掌握所有权，下放经营权，在保护的同时，充分利用文物保护资源。

陕西大明宫属于高品质的非垄断性文物保护资源。其改革的诉求是如何合理利用、充分发挥文物保护资源的经济效益，带动文物保护地经济社会全面发展。从资源属性上看，大明宫与周边的秦始皇陵兵马俑相比没有品质优势，西安市也有大唐芙蓉园等旅游价值与其相似的竞争资源；在资金和政策方面，大明宫没有得到更多的优惠。因此，其改革的前置条件是具有普遍性的，其改革措施也值得推广。在大明宫遗址保护过程中，地方文物保护单位和文物系统合作，指导以国有企业为主体的营利性社会力量，依法、依规划统筹安排周边区域并在核心区域建立了公益性的国家考古遗址公园，解决了大明宫文物保护资源保护和利用的矛盾，同时带动了周边区域的发展，惠及了当地民生。

## 第四节　案例的深入分析

为了更完整地反映文物保护事业的管理体制改革情况，并给文物系统的管理者提供更系统的经验，本部分将承接本书第三章前三节内容，进一步深入分析四个代表案例，以便能够为管理者提供更系统化的经验，帮助其设计科学的体制环境，即能够根据文物保护资源（主要是不可移动文物）的不同属性，在保护和利用之间寻求平衡点，以打破管理工作中的主要发展约束并更全面地发挥文物保护资源的功能。

## 一、北京的事业体制改革案例

1. 改革措施

北京的文物保护事业体制改革的主要措施有以下三项：将文物保护事业发展纳入国民经济和社会发展总体规划，作为评价区域发展水平、衡量发展质量和领导干部工作实绩的重要内容；提高北京文物局行政级别；通过责任书提高管理效率。

本部分重点讨论责任书的改革措施。北京市文物局和基层文物机构签订责任书，将文物保护资源的保护和利用的部分权力和责任交由地方文物机构。其改革的出发点是放权和理顺权责关系：市级文物行政管理部门仅负责大政方针和相关规定的制定，同时承担起监督和评审的任务；地方文物机构则要根据责任书的相关规定，认真行使权利和履行义务，保护和利用好文物保护资源。

2. 组织形式变革的合理性

我国文物保护事业管理中的问题是“条块分割，多头管理”。从组织形式上类似于矩阵管理模式（见图 3-2）。

矩阵管理模式能够加强不同部门之间的配合与信息交流，克服直线职能结构中各部门相互脱节的现象。该模式机动灵活，可随项目的开始或结束进行组织或解散。同一人员可同时参加几个项目小组，大大提高了人员的利用率。此外，由于职能人员直接参与项目，而且在重要决策问题上有发言权，增加了参与者的责任感和积极性。但是，我国文物保护事业又非完全的矩阵管理模式，中央文物保护及文化机构与地方文化机构权责的交点是文物单位，而非某一项目组，因此不能自由组织和解散，一定程度上失去了矩阵管理模式机动灵活的优势。

然而，我国文物保护管理单位受到中央文物保护及相关文物保护部门的管理，同时又要听从地方文物保护及文物保护相关机构的命令，导致多头管理，影响组织的效率和稳定性。另外，交叉管理，会导致管理和监督

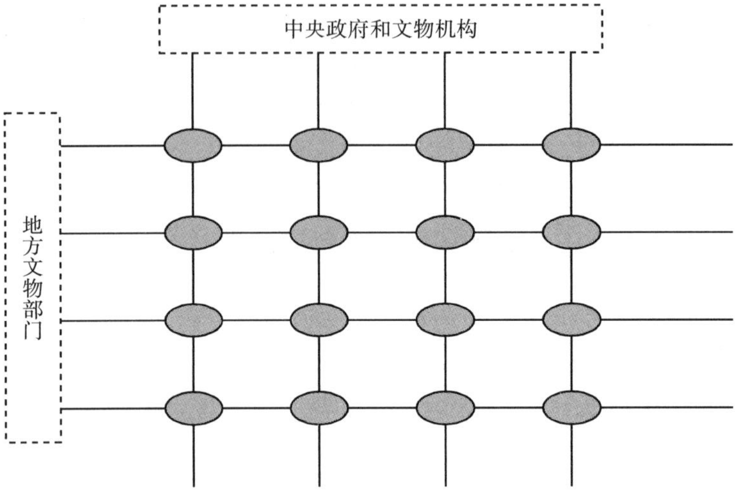


**图 3-2　我国文物保护事业的矩阵管理模式**

的真空，使文物保护经营单位的权力膨胀。监督缺失、权力膨胀，会使文物保护事业的健康发展如履薄冰。

通过责任委托书的形式，北京的文物保护管理体制摒弃了矩阵管理模式，转变为直线职能管理模式（见图 3-3）。

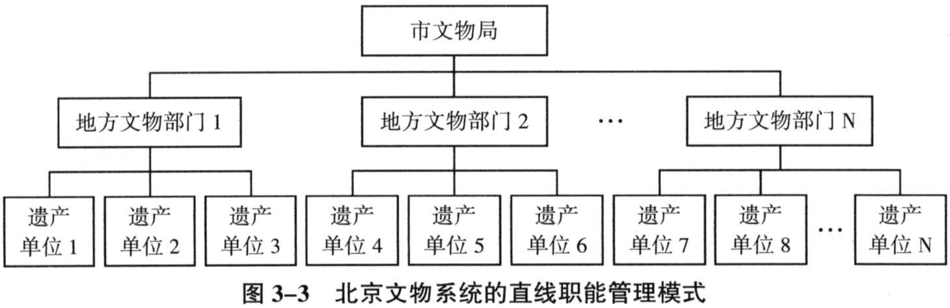


**图 3-3　北京文物系统的直线职能管理模式**

直线职能结构既保持了直线型结构集中统一指挥的优点，又吸收了职能型结构分工细密、注重专业化管理的长处，从而有助于提高管理工作的效率。通过签订责任书，文物保护管理体制权责更加统一，管理层级明晰规范，管理效率大幅提高。

3. 小结

通过文物保护管理体制改革，北京形成了级别高、队伍全的文物职能部门，且实现了一定程度的行业管理，与相关文物保护职能部门的协调、与上位法规和广域政策的衔接都相对较好。按照“统一、规范、高效”的标准来看，北京文物系统已经走在全国前列。

## 二、敦煌研究院完善管理体制的案例分析

在诸多热点中，很多涉及了关于垄断性高品质文物保护资源，尤其是世界文物保护资源的管理问题。怎样才能很好地利用和管理世界文物保护资源，使之能够在传承的同时，发挥世界性的公益和科研功能。在管理过程中，文物行政管理部门又应该起到怎样的作用呢。对于这些问题，本部分将从经济学的视角，通过对敦煌研究院的具体案例的分析，来进行解答。

1. 改革措施

敦煌石窟属世界文物保护资源范畴，其保护和开发具有一定独特性。近年来，作为敦煌石窟管理单位的敦煌研究院针对石窟管理和利用过程中的问题，采取了一系列措施，完善了单位的管理体制，提高了管理效率。

第一，制定法律条文规范管理体制，进行法制化管理。敦煌研究院是国家管理敦煌资源的专属机构，是敦煌文物保护和科研的文博单位，是爱国主义教育基地，也是旅游接待单位。敦煌研究院充分发挥其管理职能，积极配合甘肃省人大制定了《甘肃敦煌莫高窟保护条例》（以下简称《条例》）。该条例的制定进一步强调了“保护为主，抢救第一，加强管理，合理利用”的文物保护方针，明确了研究院的保护对象和保护范围，分清了文物保护单位、社会和保护机构的职责，规范了各方的保护、管理与利用职能，建立了统一的管理规范。

第二，分区、分类管理，合理划分市场与文物保护单位界限。依据《条例》规定，敦煌研究院将办公区和生活区迁至重点保护范围之外，恢复历史上石窟文物保护资源所处的环境面貌。在此基础上，划分了保护区和非保护区：保护区内由研究院直接管理，保护重点文物；保护区外实行市场化经营，提高经营效率。该举措不仅起到了保护石窟的功效，而且带动了周边地区经济的发展。

第三，进行科研方面的管理单位体制改革，促进保护与利用的统一。敦煌研究院重视科研，通过改革和创新科研管理单位体制，提高了遗址地的科研应用水平。建立“古代壁画保护国家文物局重点科研基地”，以促

进敦煌科研功能的发展；与美国梅隆基金会和西北大学合作，成功开展了敦煌壁画数字化储存关键技术的研究和数字档案储存，开拓了保护和保存敦煌壁画历史信息和全部价值的新途径；提出建设游客中心的构想，利用数字展示技术建设洞窟三维实景漫游厅、数字主题电影播放厅和多媒体展示厅，向游客展示高清晰度、高分辨率的洞窟三维实景漫游、数字主题电影和多媒体展示节目，以缓解石窟开放的压力，利于石窟的保护。

综上所述，敦煌研究院在统一的法规指导下，分区、分类管理，并通过科研高效地促进了文物保护资源保护和利用的统一。

2. 文物保护供给模式的必然性

敦煌研究院综合管理石窟资源，充分体现了文物保护供给模式的有效性。敦煌石窟属于垄断性的高品质文物保护资源，其特点有以下三点：一是文物保护难度大且易损坏，对游客数量有限制；二是文物吸引力大，需求数量大，不缺乏游客；三是垄断性经营，最优产量小于社会需求，形成高价格、低供给的局面。

根据以上特点，私人供给该类产品必然导致高定价、低产量，使有效供给不足，导致文物公益性发挥不足。另外，从理性经济人假设出发，市场化模式中的营利主体以利益最大化为最终目标，追求游客数量最大化，导致接待量超过承载力，会对文物造成不可挽回的破坏，具体分析过程如图 3-4 所示。

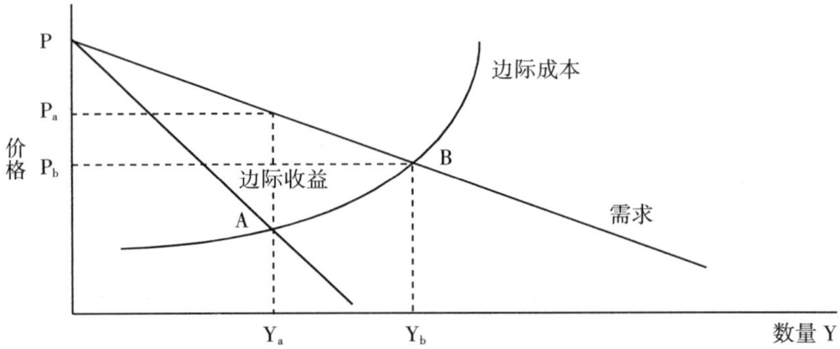


**图 3-4　垄断性文物保护资源的产量和价格关系**

垄断性文物保护单位属垄断厂商范畴。在市场化经营中，其收益最大化的产量位于边际成本曲线和边际收益曲线的交点 A 处，供给量为 $Y_a$，价格为 $P_a$。自由竞争情况下的均衡点位于需求和供给曲线（在图 3-4 中表现为边际成本曲线）的交点处，即点 B 处，供给量为 $Y_b$，价格为 $P_b$。因此，垄断文物保护资源私人经营以收益最大化为目标，必然选择供给量为 $Y_a$，定价为 $P_a$。

敦煌石窟的保护难度大，游客过多会导致文物遭到破坏。因此，存在一个合理的游客接待数量。现在假设合理的游客接待量为 $Y_m$（$Y_m$ 是一个变动值。因为敦煌石窟这类文物保护资源的品质高，需求量大，其接待能力必然小于游客的巨大需求，所以 $Y_m < Y_b$）。该值也等于文物保护资源供给量。$Y_m$ 与经营收益最大化的供给量 $Y_a$ 存在以下三种可能的关系：

其一，$Y_m < Y_a$ 时，石窟合理接待量小于收益最大的供给量。倘若市场化经营，作为营利性管理主体，必然追求收益最大化，会选择供给量 $Y_a$，不利于石窟的保护。

其二，$Y_m > Y_a$ 时，石窟合理接待量大于收益最大的供给量。倘若市场化经营，作为营利性管理主体，必然追求收益最大化，会选择供给量 $Y_a$。在合理保护的前提下，供给量不足，不能满足游客的欣赏权利，即产生了供给缺口（即 $Y_m - Y_a$），未能很好地发挥文物保护的公益性价值。

其三，$Y_m = Y_a$ 时，石窟合理接待量等于单位收益最大的供给量。倘若市场化经营，供给数量合适，但是供给价格为 $P_a$，大于均衡状态的价格 $P_b$。游客利益受损，违背文物保护的公益性目标。

综上所述，针对高品质的垄断性文物保护资源，为使其能得到充分保护，又能保证游客在适当的价格下享受欣赏的权利，不能实行市场化供给，只能选择文物保护单位主导的供给模式。

3. 分区、分类开发的合理性

划分保护区和非保护区，进行分区和分类管理，是保护和利用敦煌石窟的重要方式。在保护区内，旅游接待由文物保护单位供给。保护区内文物众多，且保护难度大。正如上节分析，该类文物保护资源在保护区内，必须交由文物保护单位管理，以保证文物保护资源受到充分保护且能发挥公益性功能。石窟内的壁画、彩绘对温度、湿度、二氧化碳浓度的敏感度极大，一旦有过多游客参观，将会对文物造成不可挽救的破坏。因此，保护区内的文物具有一定排他性，是俱乐部产品，需要一个准入门槛。当需求人数未到达一定限度时，该类产品的边际成本为零，不会产生负外部性；一旦需求人数超过这个界限，边际成本不为零，产生负外部性，且负外部性呈递增趋势。具体来看，敦煌石窟常规日承载力是 2000 人/天，但据统计，“黄金周”一天的游客数量就可以达到4000多人，并曾创下月接待73482人的最高纪录，超出常规接待能力的175%~200%甚至300%。因此，可以断定，若没有准入门槛，敦煌石窟的实际需求远远高于有效供给规模。这可以带来额外收益，却不利于文物保护。因此，该类业务不能让营利性社会力量介入，只能由文物保护单位提供，且要设定准入门槛。在此背景下，敦煌石窟适当制定票价，进行电话预约，并制定最大日均接待人数，可以很好地限制游客数量。

在保护区外，游客的接待属于私人物品，可以面向市场，让市场提供旅游服务。保护区外，各项服务并不危害敦煌石窟的保护。住宿、餐饮、零售等各项生活服务不会影响到石窟的保护工作。因此，引入营利性社会力量，充分利用市场的作用来加强竞争，不仅能够提高旅游服务质量，还能提高居民收益，带动整个地区的经济发展。同时，敦煌研究院还将部分非核心业务（如制作工艺产品、旅游产品等）交由公司经营，既避免了核心业务管理的“政企不分”，又较好地实现了分类管理。

综上所述，敦煌在规划旅游行业时，划分为保护区和非保护区，对其实行分开管理，选择不同管理模式。既利于文物保护，又能增加收益，达到双赢。

4. 科研和科技的重要性

如前文所述，垄断性的高品质文物保护资源存在供给缺口。为了充分发挥文物保护资源的公益性价值，就要尽量满足供需缺口。可通过提供替代品的方式解决该问题，即运用现代科学技术创造文物保护资源的替代品，是发挥文物保护公益性的重要方法。因此，“数字敦煌”应运而生。

“数字敦煌”和敦煌石窟具有相同或相似的功能，属于其替代品，对游客来说，二者择其一即可。替代品的好处有以下三点：其一，能够缓解敦煌石窟的需求压力。“数字敦煌”能够吸引部分游客，在一定程度上减少敦煌石窟的需求压力，利于石窟的保护。其二，利用科学技术扩大了资源供给量。扩大供给利于更加充分和广泛地发挥敦煌石窟的公益性价值。其教育、科研和宣扬中华文化的功效都将加强。其三，“数字敦煌”在一定程度上促进了敦煌地区游客数量的增加。在确保石窟仅接纳合理游客量的前提下，“数字敦煌”的推出对游览需求产生正向激励，促进了需求的增长，在满足更多群众观赏权利的同时，更加充分地发挥了文物保护资源的公益性价值。

5. 小结

综上所述，敦煌研究院的管理体制完善措施为我国垄断性的高品质文物保护资源，尤其是世界文物保护资源的管理提供了以下三点借鉴经验：

第一，该类文物保护资源要以相关业务的文物保护供给为基础，不宜大范围引入市场机制；第二，要对其进行法制化和分区、分类管理；第三，进行科研方面的管理单位体制改革，促进保护与利用的统一。

## 三、工作机制创新的“红岩联线”案例分析

在文物保护单位和部门支持和有效监督下，“红岩联线”依据自身资源属性创新经营机制，并根据具体业务把握市场化程度，形成整合同质资源、合理市场化的模式。

1. 改革措施

“红岩联线”根据自身资源属性和管理问题进行了管理的工作机制创新，具体而言有以下三点：

第一，成立“红岩联线游客接待中心”，整合红色文物保护资源，使之从“散兵游勇”到“连锁经营”，打造红色文化管理集团，把各自为战的红色文化资源集中起来，打造品牌，并且利用规模经济效应、专业化保护，系统开发节省成本、提高收益。

第二，根据其自身资源属性，确定相应的管理模式。分离所有权和管理权，创建三大经营主体，引入营利性社会力量经营，提高效率和经济收入水平。“红岩联线”游客接待中心享有管理权，负责“红岩联线”的主体业务，如资源的整合、博物馆的管理以及解说服务等。在此基础上，分散其他业务的经营权，引入市场机制。建立围绕红岩主体业务开展工作的重庆对外文化交流中心，其业务范围包括内外各种设计、制作业务，新的展示方式和新的技术应用开发研究等，形成革命文化展示设计制作特色明显的专业公司。建立面向市场经营按现代企业制度独立运营的重庆歌乐山文化实业开发公司，其业务范围包括文物维修、销售业务、出租业务、招商业务、园林绿化等除门票以外的经营活动，形成依托主业、挖掘品牌资源附加值的经营公司。建立针对“红岩联线”所有资产进行管理的重庆沁莹文化实业开发公司，其主要的业务活动是展览、展演的巡回演出，以及研究成果的转化应用，形成运作资本能够使资本扩大、增值和利用资本投

资的管理公司。

第三，整合资源，打造红色旅游新业态。“红岩联线”整合当地红色旅游资源，并积极发展文物旅游业。通过科学规划，设计出几套旅游路线，进行“一票式”经营，充分利用并开发红色文物保护资源，提高了整体经济效益。

综上所述，“红岩联线”整合了当地红色文化资源，扩大了红色精神的传播，促进了文物保护资源公益功能的发挥；部分业务市场化，提高了文物保护单位的经营效率，并且获取了极大的经济效益；随着资金的充裕，“红岩联线”加大文物保护资源保护力度，进一步促进了文物保护资源的可持续利用。通过创新经营机制，“红岩联线”实现观众年平均参观人次200多万人、年经济效益1000多万元的惊人成绩。重庆歌乐山革命纪念馆和红岩革命纪念馆成为国家公布的首批爱国主义教育基地。“红岩联线”的经营机制创新措施符合经济学规律，取得了巨大的成绩，提供了科学的、正确的改革经验。

2. 整合资源连锁经营

某一区域内可能存在一定数量的同质性文物保护资源。其经营和管理相互独立，不仅不能有效地降低成本，而且会在相互竞争中影响整体效益。因此，文物保护管理体制改革中，注重区域内的整体效益，整合同质性文物保护资源以综合管理，有助于提升区域内文物保护资源的公益性功能和经济效益。

“红岩联线”属于非垄断性的普通文物保护资源，且地域内存在大量同质文物保护资源的竞争。据此出发，“红岩联线”遵循规模经济理论，整合地区资源，进行连锁经营。

规模经济理论是指在特定时期内，企业产品绝对量增加时，其单位成本下降，即扩大经营规模可以降低平均成本，从而提高利润水平。企业长期平均成本曲线为“U”形。在未达到最优生产规模前，企业扩大生产规模可以降低生产成本。同时，企业在一定空间内形成规模经济，可以充分利用共享外部资源来提高收益。

“红岩联线”整合资源，扩大生产，充分利用规模经济求发展。“红岩联线”以重庆歌乐山革命纪念馆和红岩革命纪念馆为依托，融合周边陈独秀故居、刘伯承纪念馆、赵世炎故居等众多纪念馆，连点为线，扩大规模，形成连锁经营。在整合之前，各纪念馆和遗址各自为战，一方面各单位规模小，经营成本较高；另一方面它们互相竞争，影响整体收益。“红岩联线”将各种资源进行整合，扩大生产规模，文博单位共享基础设施，共同提供专业化服务，避免相互竞争产生的负外部性，极大地降低了成本。另外，整合资源可以汇集分散的资金和技术，进一步扩大宣传、增加广告投入，拓宽销售渠道，促进产品的开发和相关技术的研发，提升业务收入。

“红岩联线”以地区内同质文化元素为基础，进行连锁式经营。在一区域内，同质元素相互竞争会产生负外部性；整合资源则能将外部性内部化。同质性资源属于替代商品，即两种商品可以互相代替满足同一种欲望。互为替代品的商品连锁经营，进行“一票式”管理，利于整体利益最大化。“一票式”经营，具体来说，是将某些文物保护景区合并为一条旅游线路，游客可根据偏好，选择不同的线路。这种经营方式与经济学中的“搭售”现象类似。可以通过一个简单的例子来理解：假定有两类不同消费者以及两个不同的文物保护景点，消费者 1 愿意为文物保护景点 1 支付 A 元，为景点 2 支付 B 元（假设 A > B）；而消费者 2 有着相反的偏好，即愿意为景点 1 支付 B 元，为景点 2 支付 A 元，如表 3–2 所示。

**表 3–2　消费者对文物保护景点的消费意愿**

| | 文物保护景点 1 | 文物保护景点 2 |
|---|---|---|
| 消费者 1 | A 元 | B 元 |
| 消费者 2 | B 元 | A 元 |

若景点 A 和 B 分开经营，收益最大化的条件是景点 1 和景点 2 都定价为 B 元。此种情况下，消费者能够支付两个景点的价格，所以经营收益为 4B 元。现在考虑景点 1 和景点 2 实行“一票式”经营模式。消费者 1 和消费者 2 各自的总支付能力均为（A+B）元。因此，“一票式”经营的定价为（A+B）元，消费者能够支付，且可以同时参观两个景点，经营收益为 2（A+B）元，大于各自经营时的总收益 4B 元（前提假设是 A>B）。此时，消费者的需求得到满足，经营收益又最大化。

红色旅游资源属于文物保护资源，门票价格属公益性质，不能如上述形式定价，但是相关的旅游服务可以按此方式定价，获取最大收益。

综上所述，“整合资源、连锁经营”的模式适用于非垄断性普通文物保护资源的管理与经营。

3. 部分业务市场化

“红岩联线”的工作机制创新，充分尊重经济学规律，遵循公共物品有效供给理论，科学划分资源属性，文物保护资源提供和市场化经营并进。

对公共物品来说，一般是考察其竞争性和排他性。美国经济学家萨缪尔森给出了纯公共物品的经典定义，他指出其有两种特性：一是产权上的非排他性，二是消费上的非竞争性。而私人物品则在产权上有排他性，在消费上有竞争性。现实社会中有许多物品是介于纯公共物品和纯私人物品之间的混合物品。具体来说，混合产品具体又可以分为两类，即具有排他性和一定非竞争性的混合产品和具有外部效应的混合产品。

不同属性的资源有不同的有效供给模式。公共物品需要文物保护单位提供；具有排他性和非竞争性的混合产品需要根据成本收益分析决定其有效供给模式；具有外部效应的混合产品需要文物保护单位和市场共同供给；私人物品需要市场供给。从公共物品有效供给理论出发，对“红岩联线”资源进行分类，并确定其有效供给模式，具体分类如表 3-3 所示。

**表 3-3　“红岩联线”相关业务资源属性和理论有效供给模式**

| 资源属性 | “红岩联线”的相关资源 | 有效供给模式 | 收入形式 | 备注 |
|---|---|---|---|---|
| 公共产品 | a. 整合文物资源<br>b. 文物保护和维修 | 文物保护单位提供 | 财政支持 | — |
| 有排他性和非竞争性的混合产品 | c. 纪念馆、遗址的经营 | 文物保护单位提供 | 财政支持、门票所得 | 该类产品边际拥挤成本不为零 |
| 具有外部效应的混合产品 | d. 游客接待和讲解<br>e. 内外各种设计、制作和研发业<br>f. 巡回演出<br>g. 书籍、音像制品和数字红岩 | 文物保护单位和市场结合，以市场提供为主 | 面向市场的产品收入、部分财政补贴 | 该类业务有极大的教育意义，产生一定正外部性。需要文物保护单位给予一定补贴，才能达到有效供给水平 |
| 私人产品 | h. 相关产品的销售、出租和招商 | 市场提供 | 面向市场的产品收入 | — |

建立“红岩联线”相关产品有效供给模式理论框架，可市场化的业务应该交由营利性社会力量经营，以提高经济效益；不可市场化的部分，应当交由文物保护相关部门或事业单位管理，用以保证文物保护单位的公益性目标。

在实际改革过程中，“红岩联线”将不同业务交由不同性质的单位管理，具有一定的合理性（见表3–4）。

**表3–4　“红岩联线”经营主体、相关业务和市场化程度**

| 经营机构 | 主要业务 | 机构性质 | 市场化程度 |
|---|---|---|---|
| “红岩联线”游客接待中心 | a. 整合文物资源<br>c. 纪念馆、遗址的经营<br>d. 游客接待和讲解 | 事业单位 | 较低 |
| 重庆对外文化交流中心 | e. 内外各种设计、制作和研发业 | 企业 | 较高 |
| 重庆沁莹文化实业开发公司 | f. 巡回演出<br>g. 书籍、音像制品和数字红岩 | 企业 | 较高 |
| 重庆歌乐山文化实业开发公司 | b. 文物保护和维修<br>h. 相关产品的销售、出租和招商 | 企业 | 高 |

通过比较可以发现：第一，属于最基本公益服务的业务不能按照保护和管理成本来定价，其经营权也不能转让，必须由文物保护相关部门或事业单位来管理。例如，整合文物资源，纪念馆、遗址的经营和游客接待、讲解，该类业务具有较强公共物品性质和正外部性，是“红岩联线”核心业务，不能市场化，否则将直接影响文物保护资源的公益性目标和教育性功能。第二，对有较强外部性的混合产品要进行市场化经营，财政也要给予一定支持。该类产品接近于私人产品，但是有较强的正外部性。例如，“红岩联线”内外各种设计、制作和研发业，巡回演出，书籍、音像制品和“数字红岩”等，其资源属性更接近私人物品，但是有着极强的宣传红岩精神、教育观众的功能。该类物品应采用特许经营的方式，让营利性社会力量进入，利于提高物品和产品的质量，降低成本。同时该类产品拥有正外部性，使社会收益高于购买者的边际效用曲线，社会有效供给量高于私人理性供给量。因此，为达到物品的有效供给量，文物保护或相关单位应给予该类业务经营主体相应补贴。第三，资源属性为私人物品的业务，应通过委托—代理模式交由营利性社会力量经营。例如，与“红岩联线”相关产品的销售、出租和招商业务应交由营利性社会力量市场化经营，可提高经济效益。

综上所述，“红岩联线”通过市场化方式，解决了非垄断性普通文物保护资源管理和利用的问题，其经验可以被适度推广。

4. 小结

“红岩联线”对我国文物保护单位的经营机制创新有以下两点启示：第一，要整合周边同质性文化资源，进行连锁经营，打造红色旅游新业态；第二，要根据不同业务的资源属性，确定有效的供给模式，充分利用市场化带来的巨大收益。

## 四、大遗址保护管理体制的大明宫案例分析

1. 基本管理方式

大明宫遗址的保护管理应该分为两个阶段，即建设大遗址保护区阶段以及建成后的管理阶段。在大遗址保护工程建设阶段面临的是文物保护资源的保护和利用与民生、城市发展交织的问题，在日常管理阶段面临的是妥善处理保护与利用关系的问题。目前，大明宫的建设阶段基本完成。通过建设国家考古遗址公园，大明宫将遗址的保护与公园设计相结合，运用保护、修复、展示等方法，将遗址进行重新整合、再生，将已发掘或未发掘的遗址完整保存在公园的范围内。在这个范围内，大明宫准备采用类似故宫博物院的事业单位管理模式（可能由曲江新区管委会下属的大明宫研究院管理），但其日常管理业务由其下属公司承办（相当于这个区域内的物业管理公司）；在这个范围外，规划和建设相关事务是由曲江新区管委会负责，确保相关开发建设能与大明宫遗址公园的保护和利用相协调。

尽管在文物系统内部还存在一些争议，但涉及原住民10万余人的大明宫大遗址从“无法保护”到得到保护、由单体建筑得到保护到整体环境得到恢复和展示的发展道路，按本书前言中提到的文物保护事业发展的标准“四个好”（本体保护好、环境整治好、社会发展好、生活改善好）来看，总体上是成功的。

2. 大明宫与兵马俑的管理体制比较

大明宫和兵马俑都位于我国文物保护资源大省——陕西省。近年来，这两个文物保护资源的管理单位从管理效果来看是有较大区别的：大明宫的管理取得较好的效果，同时惠及民生；兵马俑的改革中止，社会影响不佳。因此，对比两个案例可以总结出一定的经验和教训（两个案例的比较详见表3-5）。

通过比较不难发现，针对高品质、占地面积较广的文物保护资源，建

立考古遗址公园更加合理和科学。该类文物保护资源的特点在于，文物保护资源仍有考古和发掘的巨大价值。同时，文物保护资源与周边城市的结合也容易遇到矛盾。因此，大遗址建设不仅能够保护文物保护资源，保证文物保护资源挖掘和考古的科研功效，还能充分开发文物保护资源的经济价值，带动周边经济的发展，惠及民生，切实做到本体保护好、环境整治好、社会发展好、生活改善好。

**表 3–5　陕西大明宫和兵马俑管理体制改革的案例比较**

| | 陕西大明宫 | 陕西兵马俑 |
|---|---|---|
| 改革模式 | 国家考古遗址公园模式 | 旅游企业资源整合模式 |
| 改革路径 | 首先，依法“五纳入”，且地方文物保护各部门形成合力；其次，在规划统领下，依法分区分类管理；最后引入集团运营模式，提高利用效率 | 将经营权从兵马俑博物馆中剥离出来，专门组建旅游开发有限责任公司，由开发公司负责兵马俑博物馆的门票经营、旅游经营和基建工作；原兵马俑博物馆则承担考古发掘、文物保护、科学研究等工作 |
| 文物保护职能 | 有力的政策支持，直属单位的直接管理，有效监督 | 低效的监管——将文物保护和文物保护商业化经营这二者之间的关系本末倒置 |
| 经验教训总结 | ① 文物保护管理体制改革要充分发挥文物的公益性目标，不能忽视其公益性质，盲目追求经济效益<br>② 文物保护管理体制改革要明确文物保护市场的范围。核心的展示业务和门票管理始终坚持文物保护管理，其余业务可适当市场化<br>③ 文物保护管理体制改革要使经营和保护相统一，不能为了提高经营效益而忽视文物保护 | |

3. 大遗址经营机制的改革方向

通过总结大明宫国家遗址公园建设中的亮点与不足，可以看出，大遗址保护区应依法采用“文物保护主导、管经分离、特许经营、多方参与”的经营机制。对于大遗址保护区的公益类经营项目（如门票等）由大遗址保护区管理机构按照国家相关法律法规的要求进行规范经营（不能整体转让），保证大遗址保护区的公益性。其他商业性服务（大遗址保护区内的餐饮、住宿、购物、交通等服务）应面向社会公开招标，个人、企业和民间组织通过竞争取得特许经营权，接受文物管理机构的监督管理。大遗址保护区的管理机构不直接参与营利性活动，可通过特许经营方式充分调动包括各级文物保护单位、民间组织、国内外机构、开发商、社区、志愿者等在内的社会各界参与相关保护、管理、开发和运营工作的积极性，兼顾多方利益，形成合力，获取最广泛的支持，确保大遗址保护区持续健康发展，实现保护与开发的双赢目标。

4. 大遗址社区机制的完善

大遗址保护区建设的重要目标之一就是促进当地社区的发展和增加当地居民的福祉，惠及民生。因此大遗址保护区的管理和经营也需要周边居民的支持和参与。建立大遗址保护区只有从根本上改善社区居民生产生活条件、提供就业机会、创造直接和间接经济收益，才可能带动遗址周边区域的经济发展。社区发展机制是指通过将社区纳入大遗址保护区的决策和管理过程，实现大遗址保护区和社区的和谐发展。要实现这一目标，需要各级文物保护单位、主管部门给予重点关注，在强调资源保护的同时，尊重和扶持当地社区的发展。

发展和完善社区发展机制的重点包括以下方面：

第一，大遗址保护区内的集体所有土地等资源，应尊重其所有者受益的原则与社区分享利益，帮助社区经济社会发展。

第二，为最大限度惠及民生，文物保护单位除应给予周边受损社区和居民相应补偿外，还应给予其一定的优惠政策。

第三，准许大遗址保护区内的社区在对文物保护资源进行保护的前提下，合理利用保护区内的资源，合理经营，实现社区的可持续发展。

第四，大遗址保护区在管理及经营等方面向当地社区倾斜，优先选择当地居民作为国家考古遗址公园管理人员或经营人员，特许经营项目要优先考虑社区企业和个人。

总之，大明宫国家考古遗址公园的建设是相对成功的，其经验是可以借鉴和学习的。针对大明宫这类地域面积大、历史问题积累较多的非垄断性高品质文物保护资源，可以通过建立类似的以考古遗址公园为核心区的大遗址保护区来统筹保护和利用。

虽然对大明宫国家考古遗址公园的建设也有诸多非议，但从各方反馈来看，从“四个好”的标准来看，大明宫遗址保护绝不是像某些媒体所说的建成了迪士尼式的主题公园，而是城市发展、民生改善和文物保护的统筹之举。所有对其从总体上否定的人，不妨看一看建设前完全是棚户区的大遗址区如何保护文物，不妨听一听这个贫民窟中的 10 万百姓的心声，不妨想一想这个区域为什么多年来成为被文明遗忘的角落。如果有进一步的兴趣，还可以向自身所在地文物保护单位打听一下，在这种规模的城市改造中发生了多少信访事件、原住民都搬到了什么地方；向专家打听一下，相对于从前，大明宫的本体是否得到了保护、周边环境是否得到了改善。

## 五、小结

文物保护管理体制改革和工作机制创新过程中，产生了诸多热点问题。围绕这些问题，许多单位也进行了改革的尝试。其中，北京事业改革案例、敦煌石窟、“红岩联线”和大明宫的案例具有代表性。这些案例不仅涵盖了当下改革的诸多热点，也具有推广的可行性。不论从改革的前置条件，还是具体改革措施来看，这些案例的经验都具有一定普适性，为解答文物保护事业的热点问题提供了较好的经验。

北京文物保护事业体制改革揭示了通过选择提高文物系统级别、规范编制和适度放权的方式可以推动我国文物保护事业向着“统一、规范、高效”的行业管理迈进。

敦煌石窟属于垄断性的高品质世界文物保护资源，其管理应采用文物保护管理模式，而文物保护单位要充分发挥其综合管理的职能。针对该类文物保护资源要坚持文物保护单位主管、保护为主的原则；要实行法制化、分区分类管理，并自主经营；要进行科研方面的管理单位体制改革，促进保护与利用的统一。

“红岩联线”属于非垄断性的普通文物保护资源，其管理应该采用文物保护单位—市场结合模式，而文物保护单位应该充分发挥支持、监督的职能。针对该类文物保护资源，引入市场机制并加之文物保护单位的有效支持和监督，是改革的主要方向。要做到“公益要公、经营要赢”，即文物保护单位和市场各司其职，最后通过市场增强经济实力、完善服务。

大明宫属于非垄断性的高品质文物保护资源。其管理模式应该采取文物保护单位—市场结合的模式，建立大遗址保护区，通过分区、分类管理，在保护和利用好文物保护资源的同时，最大限度地惠及民生。

综上所述，文物保护的体制改革，必须坚持“保护为主、抢救第一、合理利用、加强管理”的文物工作方针，并根据文物保护资源的具体环境和情况，充分利用经济学的相关理论，从资源的属性和文物保护单位相关业务的性质出发，合理界定文物保护单位与市场的职能范围，促进文物保护资源保护与利用的统一。

# 第五节 文物保护事业的发展方向

文物保护事业的管理体制改革与机制创新，是与内部、外部环境密不可分的。内部、外部环境共同决定了文物保护事业的发展方向和途径，也在相当程度上决定了事业的发展速度和水平。因此，找准“十三五”规划发展的主要方向，利于文物保护事业取得更好的发展。

## 一、文物保护事业外部环境的发展方向

第一，要完善管理体系，促进管理成员的专业性和多样性。进一步做好文物系统与宏观政策的衔接，使文物保护事业的发展与国家大趋势形成合力。文物系统应进一步融入大部制改革，通过部门整合，解决“条块分割，多头管理”的体制弊端，提高行政管理效率，做到“专人管专事”。文物系统的工作要继续按照事业单位体制改革的要求逐步调整管理体制，更多但更规范地将营利性社会力量引入事业的管理成员。

第二，完善管理运行机制，促进文物系统形成全面的资金、监督以及经营机制。在资金渠道方面，国家应进一步扩大对文物保护事业的财政支持力度，变保证性财政政策为倾向性的财政政策；通过事业体制改革，规范、科学地引入市场机制，进一步完善市场融资渠道；扩大宣传力度并继续完善公益捐赠制度，鼓励社会对文物保护事业进行公益投资。监督机制层面，建立专门的文物保护监督机构，加强监督人员培训，并积极发动社会进行舆论监督。在经营机制层面，应结合成功案例，加快文物系统内部的体制改革和机制创新的进程。

## 二、文物保护事业内部机制的变化

文物保护事业的外部环境有所改观，内部环境也在不断改善。李长春同志在文物保护日发表的署名文章，使文物保护的发展思路有了与时俱进

的变化。这反映了符合“三贴近”的改革仍是发展方向。因此，要用“三贴近”的标准评判文物保护事业诸多的改革案例，并借鉴学习：对于成功案例，学习其经验，进行科学推广；对于失败案例，汲取教训，防微杜渐。下面对近年来部分文物保护单位改革的案例进行了归纳和总结(见表 3–6)。

**表 3–6　我国部分文物保护单位体制改革总结**

| 模式 | 案例 | 特点 | 效果 |
|---|---|---|---|
| 整合同质资源，以规模化、规范化实现市场化模式 | 重庆“红岩联线” | 整合地区内部同质性红色文化资源，进行连锁经营；充分利用各类产品的经济学属性，合理市场化 | 取得自身经济效益的较大增长，并带动地区经济发展，同时促进文物保护 |
| 世界文物保护管理模式 | 敦煌石窟 | 制定相关管理条例，法制化和分区分类管理；同时进行科研方面的管理单位体制改革，促进保护与利用的统一 | 有效地保护了世界文物保护资源；同时也较全面地发挥了教育、科研、经济三大功能 |
| 上市公司模式 | 黄山风景名胜区 | 文物保护资源的经营主体是股份制上市公司，文物保护资源的所有权与经营权分离、开发权与保护权也完全分离 | 经济收入大幅增长，用于文物保护的资金也保持了相应的大幅增长，还为当地带来了大量的项目投资。但该模式只重视短期收益，却不一定有利于长期发展 |
| 企业参与公益性文物保护管理改革模式 | 广州南越水闸博物馆 | 将光明广场由商住项目改为纯商业项目，汉代水闸原址保留，由发展商负责展馆的建设和维护；建立广州南越水闸博物馆，免费供市民参观 | 理论上可以“经济效益不亏本、社会效益大丰收” |
| 旅游企业资源整合模式 | 陕西兵马俑 | 将经营权从兵马俑博物馆中剥离出来，专门组建旅游开发有限责任公司，由开发公司负责兵马俑博物馆的门票经营、旅游经营和基建工作；原兵马俑博物馆则承担考古发掘、文物保护、科学研究等工作 | 既没有改善文物保护，也没有提高服务效率，反而直接威胁到保护 |
| 企业参股的股份制改革模式 | 曲阜“三孔” | 孔子国际旅游股份有限公司成为“三孔”文物保护及曲阜其他文物保护资源的实际管理者和经营者。而原来负责“三孔”等文物保护管理、经营、保护和监督的曲阜文物管理委员会则只保留监督权 | 尽管初步解决了投入不足和服务效率不高的问题，但却威胁到了文物的保护 |

续表

| 模式 | 案例 | 特点 | 效果 |
|---|---|---|---|
| 大遗址保护区模式 | 陕西大明宫 | 建设国家考古遗址公园，依法“五纳入”，且地方文物保护各部门形成合力；同时，在规划统领下，依法分区分类管理；最后引入集团运营模式，提高利用效率 | 取得较好的经济和社会效益，但是过度经营现象时有发生。另外，作为未来以考古科研作为重要业务的单位（大明宫研究院），自有研究人员比例应加大 |

第一，按照属性和业务性质，将与展示有关的业务划归于公益性范围，其他业务根据自身特点进行区分，如“红岩联线”将爱国主义教育为主且在相关文物保护资源分布区开展的业务划分为公益性服务，将其他餐饮、住宿、交通及衍生服务划分为非公益性服务。也可如大明宫国家考古遗址公园，从功能分区角度将与遗迹展示、挖掘相关的项目划分为公益服务，将配套服务业视为非公益性质。

第二，进一步明确市场和文物保护单位的职能的边界。公益性较强的业务需要文物保护单位管理，公益性较弱的业务可交由市场自行管理。例如，敦煌研究院按资源的地域分布状况划分保护区与非保护区。在保护区内（包括重点保护区和一般保护区），敦煌研究院进行相关管理；在保护区外，相关业务交由营利性社会力量经营。可通过划分业务属性或分区管理两种方式，进一步明确文物保护单位与市场的职能边界。

第三，促进保护和利用的统一。通过创建文物保护事业新业态、促进科研、权责分担等多种模式，建立“保护为利用，利用促保护”的良性循环系统。例如，“红岩联线”通过工作机制调整，整合了文物保护资源，并通过规模化、连锁式经营增加收益，使文物保护更好地和红色旅游产业结合起来，且经营收入反哺了文物保护；又如，敦煌研究院，通过科研和先进技术，促进文物保护单位的公益、科研、经济价值的全面发展；再如，大明宫国家考古遗址公园，通过公司为文物保护资源保护出资，并实行享有一定土地开发权的“集团化经营”模式，实现保护和经营权益的对等。

第四，朝实现“统一、规范、高效”的行业管理目标努力。调整地方文物机构行政级别，整合编制，统一管理。调整、整合各部门权力，构建统一的规划和审批部门，并出台行业规范，促进文物保护行业管理的形成。各级地方文物机构应针对各自问题，明确目标，确定科学方法，努力创建“统一、规范、高效”的行业管理模式。

# 第四章 文物保护对国家发展的贡献

## 第一节 文物保护对经济社会发展的贡献

### 一、基本测算方法说明

从这个总体测算来看，文物资源事业不是财政的包袱，而是社会、经济效益兼备，“投入小、产出大”“利在当代、益及后代”且能拉动关联产业增长的公益性事业。要说明的是，本书认为文物保护事业对社会发展的贡献远远高于其对国民经济的贡献，计量分析文物保护事业的经济贡献，只是用来说明作为文物保护事业主体的文物系统，即便只核算次要的贡献，也不是财政的包袱。另外，近些年来，一些地方的大遗址保护工程在相当大程度上带动了城市发展，如西安大明宫国家遗址公园的建设取得了遗址保护、民生改善和周边区域升值等多重效益，但由于相关数据的外延难以合理划定，所以这部分贡献也难以计量。换个角度看，这也算是测算文物保护事业对国民经济贡献的一种“取下限”。

本书对 2001~2009 年文物流通经营增加值的数据进行了搜集。另外，博物馆全面免费开放后门票收入减少会带来新变化，这些新变化主要表现为门票收入、财政拨款等数量上的显著变化，如表 4-37 所示。博物馆免费开放使其门票平均值下降，为此笔者调整了文物吸引力因子的计算方法，剔除了财政拨款中直接用于补偿门票收入损失的影响，并对文物系统和博物馆的投入产出比进行了相应的修正。

对2007年之后文物吸引力因子的计算作一定调整，并对投入产出比进行了相应的修正，使得测算结果更加科学合理，还增加了对国家级风景名胜区中文物保护资源对国民经济发展贡献的研究。

对2008年和2009年文物旅游吸引力因子的计算方法进行了调整，并对投入产出比进行了相应修正，使得测算结果更加科学合理。首次采用两种不同财政投入口径来计算这种投入产出比例。这里需要明晰“文物系统常规性财政投入”和“文物系统可支配财政资金”的区别。“文物系统可支配财政资金”既包括《全国文物业统计资料》中的“财政拨款”和“上级补助收入”（这两项就是文物系统常规性财政投入，但“上级补助收入”的统计在许多省为空白或数据空白，且金额相对于财政拨款较少），又包括文物系统实际可支配的专项转移投入的真实体现，也可以说并不完全代表各级政府对文物系统的投入，因为这种资金中的“大头”之一（另一个“大头”是中央财政用专项转移支付形式支持对地方文博单位进行修缮或专门建设的资金），即博物馆等的建设资金是作为城市基础设施资金列支的，属于一次性拨款，偶然性较高，不能反映政府对文物保护事业的日常重视程度。尽管许多省（如西藏自治区）相当数量的“财政拨款”也来自中央转移支付，但那是制度化的一般性转移支付，其资金已经纳入了各地财政经常性预算。在此概念辨析的基础上，考虑到文物系统专项转移支付资金和相关基础设施建设资金缺少准确的统计，并且存在跨年度拨付、资金到位滞后的问题，不宜逐年统计并进行纵向比较，因此在投入产出分析中只用“财政拨款”作为投入项（简称小口径）。而在本书中，由于有可靠的中央文物系统专项转移支付资金数据来源，首次尝试了采用可支配财政资金来计算投入产出比例（简称大口径），但仍未包含博物馆等的建设资金。

## 二、文物保护对经济社会发展贡献的表现

我国文物保护事业在促进经济社会发展、改善民生方面有了很大突破，文物资源体系开始更全面地、更大幅度地惠及民众，取得了较好的综合效益。主要表现在以下三点：

第一，带动相关产业的能力增强。我国文物保护事业已对经济发展的促进作用得到较好发挥，并反过来借力于经济发展的成果快速发展。文物保护事业通过机制创新等与相关产业的新业态结合，盘活文物资源存量，

发展衍生产品并扩大配套服务范围，在培育国民经济新的增长点、带动现代服务业发展等方面发挥了不可替代的作用，从而有利于实现公益性事业与相关产业发展的双赢，并对促进经济增长、加快经济发展方式转变有显著贡献。

第二，与民生的关联进一步提高。我国文物保护事业与人民群众生活之间的联系得到加强：博物馆全面免费开放使博物馆的公益性得以无门槛地惠及大众，文物资源不断贴近百姓生活，并逐渐成为人们日常生活的一部分，还通过努力纳入国民教育体系使其与教育民生相关联。此外，还有以下两类区域的民生得到惠及：城市改造、大遗址建设等惠及了文物保护资源所在区域的民生；有的地方发展了依托文物资源的旅游、文化等相关产业，在解决居民就业问题和提高收入上作出了贡献。在这些方面惠及民生，不仅使越来越多的民众能从文物保护事业的社会影响中获益，而且使文物保护事业的发展得到人民群众越来越多的支持。

第三，文物保护事业发展水平提高。文物保护事业发展效率得到了提高，各方面的投入产出比有所改善，精细化管理渐有进展。不仅各级政府的人、财、物投入的广度、深度有所改善，投入的“精确度”也得到改善，文物保护事业的发展效率和科学管理水平不断提高，这使文物保护事业发展能够实现“小投入、大产出”。这种精细化管理往往还以体制机制的改革作为依托，使得这种发展水平的提高能够成为“惯例”。

李长春在 2010 年文物资源日发表的署名文章，诠释了新形势下文物保护事业的发展方向和发展目标——在与产业和市场的结合中实现传承和可持续发展，“使文物资源成为促进经济发展的新亮点”，“对具有重大历史价值的文物资源，都要按照中央的要求，与经济建设、政治建设、文化建设、社会建设紧密地结合起来，对于有市场前景的，鼓励在国家政策支持下进入市场，特别是和发展旅游业紧密结合，开发文化产品，拓展服务项目，在与产业和市场的结合中实现传承和可持续发展，在参与创造物质财富和精神财富的实践中焕发新的生机和活力。这是最积极、最有效、最有利于文物资源可持续发展的保护和传承方式”。李长春还提出了文物保护事业发展的目的是“可持续利用”，并进一步指明了文物保护事业增大对国民经济贡献的方向：“特别是文物资源作为文化产业和旅游产业的重要资源，在培育国民经济新的增长点、带动现代服务业发展等方面发挥着不可替代的作用，对促进经济增长、加快经济发展方式转变的贡献越来越大”，要“从本地区经济社会发展全局出发，理清发展思路，谋划发展战略，实施重大工程，更好地发挥文物保护事业对推动经济社会发展的积极作用……按照属地管理原则，落实文物资源保护和管理责任”。做好文物资源与旅游产业的结合工作，关键是把握好保护与利用的“度”。明确如何从与相关产业（如旅游业）的新业态（如红色旅游）相契合的角度改变文物保护利用方式、盘活文物存量资源，使文物资源的经济功能能够充分发挥。

总之，经济社会发展是保护、发展文物资源的基础和前提，而保护、发展文物资源又是经济社会发展的主要内容和有力支撑。文物保护事业在促进经济社会发展、改善民生方面有了很大突破，对社会发展的贡献不亚于其对国民经济的贡献，只有把文物保护事业的发展与经济建设、人民生活结合起来，并不断提高其发展水平，才可能使文物保护事业对经济社会的贡献持续加大、更大幅度地惠及民众，取得更好的综合效益。

## 第二节　文物保护经费投入对国民经济发展的贡献

文物系统对国民经济贡献的“大头”来自其间接的经济贡献，而这种贡献的“大头”又来自文物旅游。

测算文物系统对国民经济的贡献时，应将其分为直接经济贡献和间接经济贡献两方面，并尽可能地将与文物系统有关的产业都纳入计算，具体如图 4-1 所示（不过，如前所述，尽管大遗址保护工程对国民经济的贡献也很大，但因为有关数据难以区分，所以在间接经济贡献中没有计入这一部分）。

本书在进行文物系统对国民经济贡献的研究时，有两方面新的考虑。首先是突出对贡献测算中文物旅游部分的分析。这是因为在既往的分析中，我们已经发现了文物保护事业的经济贡献主要从其间接经济效益中体现出来，而间接经济效益又主要来自依托文物资源的旅游产业，文物资源作为文化产业和旅游产业的重要资源，在培育国民经济新的增长点、带动现代服务业发展等方面发挥着不可替代的作用，对促进经济增长、加快经

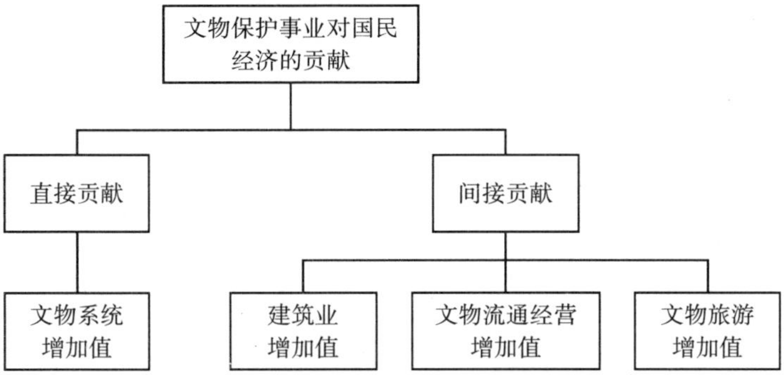


**图 4-1　文物保护对国民经济的贡献**

济发展方式转变的贡献越来越大。

2010 年博鳌亚洲论坛上，刘云山同志发表讲话，他指出："文化是旅游的灵魂，旅游是文化的载体。"这句话生动说明了文物资源与旅游产业之间的密切关系①。2010 年国家文物局和国家旅游局联合签订了《旅游发展与文物保护战略合作框架协议》（以下简称《协议》）。多年来，作为国内观光旅游重要支撑的文物旅游，不仅发挥了重要的经济功能，而且在文物系统对国民经济的贡献中扮演了主要角色。②

其次是在测算方法、相关说明和内容安排上，根据 2010 年 7 月 9 日国家旅游局和国家文物局签署的《协议》，本书不仅对文物系统在"十一五"规划期间的经济贡献尤其是文物旅游的贡献用不变价格进行了总体测算，而且重点关注了实际的部门协作机制。《协议》的签订标志着文物旅游战略合作新局面的开始，同时符合李长春在我国第五个文化文物保护日发表的署名文章中的指示——"围绕中心、服务大局，不断提高文物保护事业对促进经济社会发展的贡献"。

---

① 我国是文物资源大国，据统计，目前我国现有全国重点文物保护单位 2352 处，省级文物保护单位 8831 处，市县级文物保护单位 58371 处；世界文化遗产 28 处，世界文化与自然复合遗产 4 处。这些丰富而珍贵的文化遗产资源是我国旅游业赖以发展的重要物质基础。在当前以观光游为主的旅游市场内，文物旅游在旅游系统中占据重要的地位。据国家文物局测算，"十一五"规划期间，全国文物旅游收入占观光旅游总收入比例保守估计在 6.6%~11.9%波动（见表 4-19）；而以国家风景名胜区为例，2008 年文物吸引力因子高达 0.32，即选择国家级风景名胜区作为旅游目的地的游客中，有 32%的人出游动机来源于文化遗产资源的吸引，相应的旅游花费应算作文化遗产的贡献。

② 据 2010 年国家文物局测算，"十一五"规划期间，全国文物系统观光旅游（文物旅游）经济贡献占文物系统对国民经济总贡献的比例为 77.9%~86.6%。

本书所介绍的基本测算方法用于对文物保护事业和博物馆事业对国民经济发展贡献的计算。下面以文物保护事业对国民经济发展贡献的计算为例进行说明。

## 一、测算范围及时间

目前，文物保护事业尚未统筹，其主体仍是文物系统，加之现有数据来源、统计口径和管理制度的差别，本书定量探讨文物保护事业对国民经济发展的贡献时，只考虑文物系统的情况，研究范围为全国各省（除港、澳、台以外），测算时间范围为“十五”计划期间（2001~2005 年）和“十一五”规划期间的前 4 年（2006~2009 年）。

## 二、数据来源

（1）全国文物业统计资料（2001~2009 年）。
（2）中国文化文物统计年鉴（2001~2009 年）。
（3）中国国内旅游抽样调查资料（2001~2009 年）。
（4）中国旅游统计年鉴（2001~2009 年）。
（5）中华人民共和国统计年鉴（2001~2009 年）。

## 三、测算思路

本书对文物保护事业对国民经济贡献的测算思路框架如图 4-2 所示。

文物保护对国民经济的贡献分为直接贡献（行业内）和间接贡献（行业外）两种，计算间接贡献时需要扣除重复计算的文物系统门票收入增加值。文物系统在“十一五”规划期间的经济贡献是按不变价格核算的结果。不变价格是把按当期价格计算的数值换算成按某个固定期（基期）价格计算的价值，从而使两个不同时期的价值进行比较时，能够剔除价格变化的影响，以反映物量变化，反映生产活动成果的实际变动。以 2001 年为基点，按照中国统计年鉴中历年 GDP 的可比价格，计算出 2001~2009 年数据可比价格缩减系数，依次为 1、0.99、0.97、0.91、0.87、0.84、0.78、0.73、0.71。

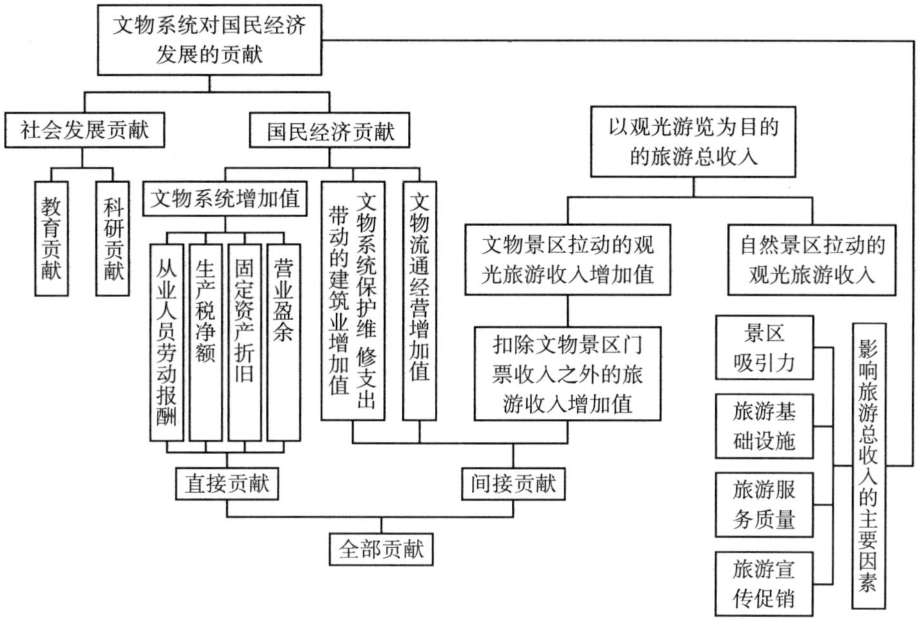


**图 4-2　测算思路框架**

# 四、测算方法

1. 直接贡献

全国文物系统增加值年度构成及变化情况如表 4-1 所示。

**表 4-1　“十五”计划与“十一五”规划期间全国文物系统增加值综合情况**

单位：万元

| 项目 | “十五”计划期间 | | | | | |
|---|---|---|---|---|---|---|
| | 2001 年 | 2002 年 | 2003 年 | 2004 年 | 2005 年 | 合 计 |
| 总产生 | 316129.8 | 363888.1 | 39795.9 | 400230.5 | 478128.5 | 1953172.8 |
| 中间消耗 | 166412.1 | 185435.2 | 229294.1 | 94587.8 | 105041.5 | 780770.7 |
| 增加值 | 149717.7 | 178452.9 | 165501.8 | 305642.7 | 373087.0 | 1172402.1 |
| 其中：劳动者补偿 | 79538.1 | 101060.4 | 107708.9 | 167351.9 | 194506.4 | 650165.7 |
| 生产税金净额 | 4736.7 | 5410.2 | 4932.5 | 9268.7 | 8866.4 | 33214.5 |

续表

| 项目 | "十五"计划期间 | | | | | |
|---|---|---|---|---|---|---|
| | 2001年 | 2002年 | 2003年 | 2004年 | 2005年 | 合计 |
| 固定资产折旧 | 30387.8 | 22988.2 | 26975.3 | 29651.5 | 36583.4 | 146586.2 |
| 营业盈余 | 35055.1 | 48994.1 | 25885.1 | 99370.6 | 133130.8 | 342435.7 |
| 增加值率（%） | 47.1 | 49.0 | 41.9 | 76.4 | 78.0 | 60.0 |

| 项目 | "十一五"规划期间 | | | | |
|---|---|---|---|---|---|
| | 2006年 | 2007年 | 2008年 | 2009年 | 合计 |
| 总产生 | 555672.9 | 797175.9 | 788628.1 | 1088302.6 | 3229779.5 |
| 中间消耗 | 133420.2 | 395816.7 | 351096.2 | 512590.0 | 1392923.1 |
| 增加值 | 422252.7 | 401359.2 | 437531.9 | 575712.6 | 1836856.4 |
| 其中：劳动者补偿 | 225339.4 | 295653.7 | 317045.8 | 420482.3 | 1258521.2 |
| 生产税金净额 | 8511.5 | 7884.6 | 42439.4 | 34536.3 | 93371.8 |
| 固定资产折旧 | 41976.0 | 15074.0 | 44049.8 | 40575.4 | 141675.2 |
| 营业盈余 | 146425.8 | 82746.5 | 33997.0 | 80118.5 | 343287.8 |
| 增加值率（%） | 76.0 | 50.3 | 55.5 | 52.9 | 56.9 |

资料来源：《中国文化文物统计年鉴》（2001~2008年）；2009年增加值数据来源于全国文物业统计资料（2009），其余数据根据近年数据推算。

总体来看，在测算时间范围内，全国文物系统增加值保持了较好的增长势头。从2001年的15.0亿元增长至2009年的57.6亿元，名义上增长了2.8倍（按2001年可比价格计算，实际增长近1.7倍），年均名义增长率为18.3%（实际增长率也高达13.4%）。这9年中，全国文物系统增加值除2003年可能受"非典"疫情影响较上年有所回落、2007年由于营业盈余有明显下滑使得年度增加值较上年略有减少外，其余7个年份均呈不同程度的上升态势。从"十五"计划和"十一五"规划两个时期对比情况来看：绝对数量上，"十一五"规划期间增加值合计为183.7亿元，是"十五"计划期间117.2亿元的1.6倍，按可比价格计算仅为1.3倍；相对增速上，"十一五"规划期间增加值的平均增速要远远低于"十五"计划期间，如"十一五"规划期间的年均名义增长率仅为10.9%（实际增长率为4.7%），而"十五"计划期间的年均名义增长率为25.6%（实际增长率为21.5%）。分析其原因，主要有以下两点：一是2008年在全国范围内开始推行博物馆免费开放，有些博物馆为了适应这个新形势采取了先闭馆整修准备的做法，由此直接或间接带来了博物馆门票收入的大幅减少；二是 2008 年下半年开始的全球金融危机，直接导致了文物系统门票收入的减少。

2. 间接贡献

文物系统支出带动其他行业的增加值。

（1）建筑行业的增加值。“十五”计划期间与“十一五”规划期间全国文物系统各年保护维修支出情况详见表 4–2。需要说明的是，由于前述原因[①]，表 4–2 中统计的保护维修支出费用中并未包括任何国家重点文物保护专项补助经费和相关基础设施建设资金，因此这里所计算的文物系统支出带动建筑业的增加值仅是不完全统计。

**表 4–2 “十五”计划与“十一五”规划期间全国文物系统支出情况**

单位：万元

| 项目 | “十五”计划期间 | | | | | |
|---|---|---|---|---|---|---|
| | 2001 年 | 2002 年 | 2003 年 | 2004 年 | 2005 年 | 合 计 |
| 总支出 | 289016.4 | 327777.4 | 377024.0 | 565735.5 | 675594.8 | 2235148.1 |
| 其中：保护维修支出 | 41878.0 | 51557.6 | 72079.7 | 62898.5 | 64288.2 | 29270.0 |
| 比例（%） | 14.5 | 15.7 | 19.1 | 11.1 | 9.5 | 13.1 |

| 项目 | “十一五”规划期间 | | | | |
|---|---|---|---|---|---|
| | 2006 年 | 2007 年 | 2008 年 | 2009 年 | 合计 |
| 总支出 | 769726.4 | 938166.5 | 1149871.1 | 1280915.6 | 4138679.6 |
| 其中：保护维修支出 | 53258.4 | 89932.3 | 126084.6 | 162584.6 | 431859.9 |
| 比例（%） | 6.9 | 9.6 | 11.0 | 12.7 | 10.4 |

资料来源：《中国文化文物统计年鉴》（2001~2008 年）；2009 年总支出数据来源于全国文物统计资料（2009），其中保护维修支出数据 2009 年未统计，这里按照前三年数据外推得到。

计算时先将全国文物系统保护维修支出近似作为所带动的建筑业的总产值，再乘以历年建筑业增加值（见表 4–3），这样就能近似得到文物系统保护维修支出所带动建筑行业的增加值（见表 4–4）。

① 详见本章基本测算方法说明部分。

**表 4-3 “十五”计划与“十一五”规划期间全国建筑业经济指标**

单位：万元

| 项目 | “十五”计划期间 | | | | | |
|---|---|---|---|---|---|---|
| | 2001 年 | 2002 年 | 2003 年 | 2004 年 | 2005 年 | 合计 |
| 建筑业总产值 | 15361.6 | 18527.2 | 23083.9 | 29021.5 | 34552.1 | 120546.2 |
| 建筑业增加值 | 4023.6 | 4698.3 | 4654.7 | 5615.8 | 6899.7 | 25892.0 |
| 增加值率（%） | 26.2 | 25.4 | 20.2 | 19.4 | 20.0 | 21.5 |

| 项目 | “十一五”规划期间 | | | | |
|---|---|---|---|---|---|
| | 2006 年 | 2007 年 | 2008 年 | 2009 年 | 合计 |
| 建筑业总产值 | 41557.2 | 51043.7 | 62036.8 | 75864.0 | 230501.7 |
| 建筑业增加值 | 8116.4 | 9944.4 | 11911.7 | 22333.0 | 52305.4 |
| 增加值率（%） | 19.5 | 19.5 | 19.2 | 29.4 | 22.7 |

注：建筑业增加值率 = 建筑业增加值建筑业总产值 × 100%。

资料来源：《中国统计年鉴》（2001~2008 年）；2009 年数据来自《中国国民经济和社会发展统计资料汇编 2009–2010》。

**表 4-4 “十五”计划与“十一五”规划期间全国文物系统保护维修带动建筑业增加值**

单位：万元

| 项目 | “十五”计划期间 | | | | | |
|---|---|---|---|---|---|---|
| | 2001 年 | 2002 年 | 2003 年 | 2004 年 | 2005 年 | 合计 |
| 保护维修支出 | 4.2 | 5.2 | 7.2 | 6.3 | 6.4 | 29.3 |
| 带动建筑业增加值 | 1.1 | 1.3 | 1.5 | 1.2 | 1.3 | 6.4 |

| 项目 | “十一五”规划期间 | | | | |
|---|---|---|---|---|---|
| | 2006 年 | 2007 年 | 2008 年 | 2009 年 | 合计 |
| 保护维修支出 | 5.3 | 9.0 | 12.6 | 16.2 | 43.1 |
| 带动建筑业增加值 | 1.0 | 1.8 | 2.4 | 4.8 | 10.0 |

注：带动建筑业增加值 = 保护维修支出 × 建筑业增加值率。

总的来看，“十一五”规划期间全国文物系统保护维修带动建筑业增加值有较快增长。从 2001 年的 1.1 亿元增长至 2009 年的 4.8 亿元，名义上增长了 3.4 倍（按 2001 年可比价格计算，实际增长近 2.1 倍），年均名义增长率为 10.2%（实际增长率也高达 15.2%）。这 9 年中，全国文物系统保护维修带动建筑业增加值除2004年和2006年较上年有所回落外，其余年份均呈上升态势。从“十五”计划和“十一五”规划两个时期对比情况来看，绝对数量上，“十一五”规划期间增加值合计为10.0亿元，是“十五”计划期间6.4亿元的1.6倍，按可比价格计算仅为1.2倍；相对增速上，“十一五”规划期间增加值的平均增速要远远高于“十五”计划期间，如“十一五”规划期间的年均名义增长率为68.7%（实际增长率为59.3%），而“十五”计划期间的年均名义增长率仅为4.3%（实际增长率为0.8%）。而促成这种现象的主要原因是自2008年全国范围开始逐步推行博物馆免费开放政策后，国家和地方财政加大了对免费开放博物馆的财政拨款力度，博物馆在资金使用上也增加了修缮方面的支出，有些博物馆还专门闭馆整修为免费开放做准备，因而直接带动了建筑业增加值的快速增长。

需要说明的是，保护维修支出费用中并未包括任何国家重点文物保护专项补助经费和相关基础设施建设资金，因为这些项目资金不仅数额巨大且具有跨年度拨付、资金到位滞后、数据来源不可靠等特点，不宜进行年度间的纵向比较。不过，这些专项资金数目巨大（如“大遗址”专项资金涉及100个项目和数十亿经费。2005年，中央财政设立“大遗址保护专项经费”。对大遗址保护项目所需资金，采取中央和地方共同筹集的方式解决。其中，中央财政在“十一五”规划期间投入大遗址保护专项资金20亿元，主要用于36处中央文物保护单位主导的大遗址保护示范工程，64处中央文物保护单位引导的大遗址保护工程以及大遗址保护管理体系建设，不能不考虑其实际效益。这里以大遗址保护专项经费为例，从“十一五”规划期间的整体情况来考虑，假设“十一五”规划期间计划投入的20亿元大遗址保护专项资金中的80%用于相应的保护工程，按照“十一五”规划期间建筑业的平均增加值率22.7%计算，那么直接带动建筑业的增加值大约有3.6亿元。相对于“十一五”规划期间全国文物系统保护维修带动建筑业增加值的10亿元来说（为不完全统计，未考虑文物系统实际可支配的专项转移支付资金和相关基础设施建设资金），3.6亿元是一笔不小的数字。

（2）文物流通经营的增加值。参考“十五”计划期间与“十一五”规划期间全国艺术品拍卖公司（不完全统计）增加值率（见表4-5），按照文化部文化市场司统计的同期全国艺术品拍卖市场成交额数据（见图4-3）[①]，粗略估算出同期全国艺术品拍卖企业增加值（见表4-6）。

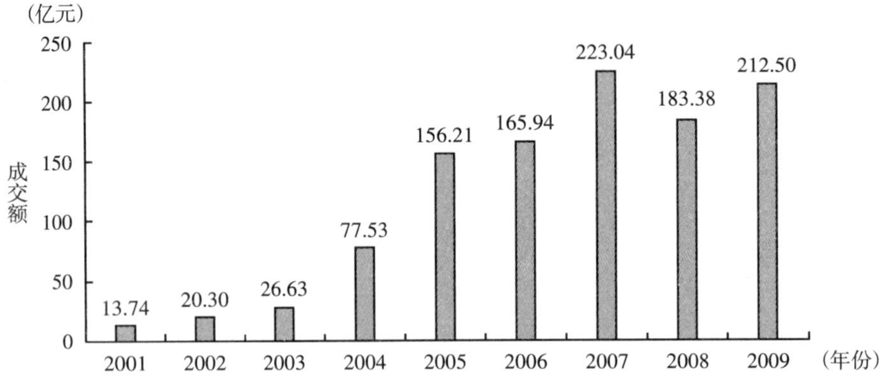


**图4-3 “十五”计划与“十一五”规划期间全国艺术品拍卖市场成交额**

**表4-5 “十五”计划与“十一五”规划期间全国艺术品拍卖公司经济指标**

单位：万元

| 项目 | “十五”计划期间 | | | | | |
|---|---|---|---|---|---|---|
| | 2001年 | 2002年 | 2003年 | 2004年 | 2005年 | 合 计 |
| 营业收入 | 7737.2 | 15543.0 | 2884.9 | 2244.4 | 8965.0 | 37374.5 |
| 增加值 | 2660.6 | 3100.5 | 1577.2 | 1166.7 | 4039.0 | 12544.0 |
| 增加值率（%） | 34.4 | 19.9 | 54.7 | 52.0 | 45.1 | 33.6 |

| 项目 | “十一五”规划期间 | | | | |
|---|---|---|---|---|---|
| | 2006年 | 2007年 | 2008年 | 2009年 | 合计 |
| 营业收入 | 1909.5 | 28767.5 | 36671.7 | 57211.8 | 124560.5 |
| 增加值 | 571.0 | 11002.2 | 16231.1 | 24928.2 | 52732.5 |
| 增加值率（%） | 29.9 | 38.2 | 44.3 | 43.6 | 42.3 |

资料来源：艺术品拍卖公司营业收入和增加值数据来源于《中国文化文物统计年鉴》（2001~2008年）；2009年数据根据近三年数据外推。

① 这个数值因为是不完全统计，所以不同渠道公布的略有不同。但因为差别不大（例如，文物系统统计的文物拍卖企业2009年的拍卖金额为159亿元，2008年的拍卖金额为116亿元），且2008年、2009年蓝皮书均采用文化部文化市场司这个渠道公布的数据，从数据延续性、可比性角度考虑，本书仍然采用这个渠道的数据。

**表 4-6　“十五”计划与“十一五”规划期间全国文物艺术品拍卖企业增加值**

单位：万元

| 项目 | “十五”计划期间 | | | | | |
|---|---|---|---|---|---|---|
| | 2001 年 | 2002 年 | 2003 年 | 2004 年 | 2005 年 | 合 计 |
| 成交额 | 13.74 | 20.30 | 26.63 | 77.53 | 156.21 | 294.41 |
| 营业收入 | 2.75 | 4.06 | 5.33 | 15.51 | 31.24 | 58.88 |
| 增加值 | 0.95 | 0.81 | 2.91 | 8.06 | 14.09 | 26.82 |

| 项目 | “十一五”规划期间 | | | | |
|---|---|---|---|---|---|
| | 2006 年 | 2007 年 | 2008 年 | 2009 年 | 合计 |
| 成交额 | 165.94 | 223.04 | 183.38 | 212.50 | 784.86 |
| 营业收入 | 33.19 | 44.61 | 36.68 | 42.50 | 156.98 |
| 增加值 | 9.92 | 17.04 | 16.25 | 18.52 | 61.73 |

注：营业收入 = 成交额 × 20%，增加值（调整算法之后）= 营业收入 × 增加值率。

在国际复杂金融形势的影响下，2008 年中国文物艺术品市场出现了调整与波动，自 20 世纪 90 年代恢复开展以来首次出现了成交额的负增长，当年拍卖市场的成交总额为 183.38 亿元，与 2007 年的 223.04 亿元相比下降了 17.77%，这也是中国文物艺术品拍卖市场自进入新世纪以来首次呈现负增长。2009 年中国文物艺术品市场在经过前半年的积极调整之后全年有 199495 件拍品上拍，成交 141165 件，成交额达到 212.50 亿元，比 2008 年增收 29.12 亿元，增幅达 15.87%，这是自 2000 年以来我国文物艺术品拍卖市场第二次在年度成交额上突破了 200 亿元的关口，文物艺术品拍卖市场呈现明显的“V”形复苏走势。从结构上来看，2008 年中国书画、瓷器杂项、油画和当代艺术品的成交额分别为 108.32 亿元、79.48 亿元和 24.7 亿元（见图 4-4）。

总的来看，全国文物艺术品拍卖企业增加值在 2001~2009 年保持了高速增长。从 2001 年的 0.95 亿元增长至 2009 年的 18.5 亿元，名义上增长了 18.5 倍（按 2001 年可比价格计算，实际增长近 12.8 倍），年均名义增长率为 45.0%（实际增长率也高达 38.9%）。这 9 年中，全国文物艺术品拍卖企业增加值除 2002 年、2006 年和 2008 年较上年有所回落外，其余年份均呈上升态势。从“十五”计划和“十一五”规划两个时期的对比情况来看，绝对数量上，“十一五”规划期间增加值合计为 61.7 亿元，是“十

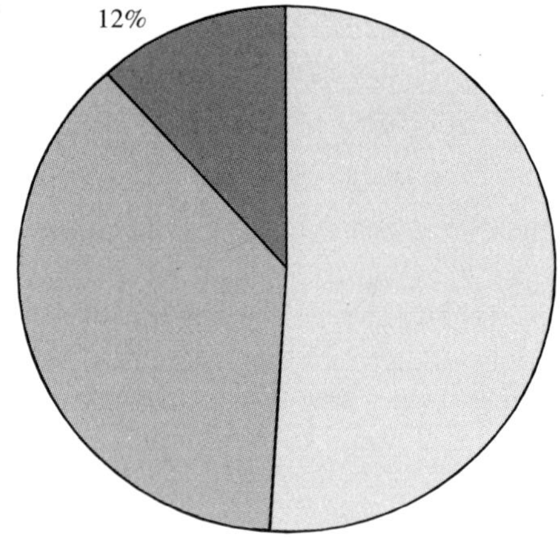


**图 4-4　2009 年艺术品拍卖市场上成交量结构分布**

五”计划期间 26.8 亿元的 2.3 倍，按可比价格计算也高达 1.9 倍；相对增速上，“十五”计划和“十一五”规划期间全国文物艺术品拍卖企业增加值处于快速增长时期，如“十五”计划期间的年均名义增长率高达 96.2%（实际增长率为 89.7%），“十一五”规划期间的年均名义增长率为 23.1%（实际增长率为 16.3%）。这一时期是中国艺术品拍卖市场的黄金时代。除了在经营机构的数量、经营范围的种类、拍卖业绩的提高等诸方面继续保持快速拓展的态势之外，在经营模式上也与全球艺术市场进一步接轨，并以北京、上海为核心形成了所谓中国艺术品拍卖市场的中心化发展态势。

需要说明的是，考虑到文物商店增加值已计入直接贡献中的文物系统增加值，故本书中的文物流通经营增加值只包括了文物拍卖企业的增加值。

（3）文物旅游增加值。可以从观光旅游总收入情况和文物吸引力因子两个方面进行分析。

1）观光旅游总收入情况。“十五”计划与“十一五”规划期间全国观光旅游收入情况如表 4-7 所示。

### 表 4-7 “十五”计划与“十一五”规划期间全国观光旅游收入情况

| 项目 | 分项 | “十五”计划期间 | | | | | | “十一五”规划期间 | | | | |
|---|---|---|---|---|---|---|---|---|---|---|---|---|
| | | 2001 年 | 2002 年 | 2003 年 | 2004 年 | 2005 年 | 合计 | 2006 年 | 2007 年 | 2008 年 | 2009 年 | 合计 |
| 国内城镇观光旅游情况 | 城镇人均观光旅游消费（元/次） | 868.3 | 836.3 | 725.4 | 847.8 | 858.3 | 827.2 | 887.4 | 1037.3 | 1072.7 | 1184.4 | 1045.4 |
| | 城镇旅游人数（亿人次） | 3.74 | 3.85 | 3.51 | 4.59 | 4.96 | 20.70 | 5.76 | 6.12 | 7.03 | 7.57 | 26.48 |
| | 旅游者中以观光浏览为目的的比例（%） | 39.3 | 41.4 | 41.8 | 45.0 | 44.9 | 42.5 | 42.6 | 42.8 | 27.3 | 36.6 | 37.3 |
| | 观光旅游人数（万人次） | 14698.2 | 15939.0 | 14671.8 | 20655.0 | 22270.4 | 88234.4 | 24537.6 | 26193.6 | 19191.9 | 27745.4 | 97668.5 |
| | 以观光浏览为目的的旅游收入合计（亿元） | 1276.2 | 1333.0 | 1064.3 | 1751.1 | 1911.5 | 7336.1 | 2177.5 | 2717.1 | 2058.7 | 3286.3 | 10239.6 |
| 国内农村观光旅游情况 | 农村人均观光旅游消费（元/人次） | 1154.5 | 1111.2 | 1160.6 | 1198.3 | 1319.7 | 1188.9 | 1383.3 | 1487.4 | 1435.4 | 1487.5 | 1448.4 |
| | 农村旅游人数（亿人次） | 4.10 | 4.93 | 5.19 | 6.43 | 7.16 | 27.80 | 8.18 | 9.98 | 10.09 | 11.30 | 39.60 |
| | 旅游者中以观光浏览为目的的比例（%） | 14.3 | 12.1 | 11.4 | 13.3 | 11.1 | 12.4 | 11.5 | 12.5 | 8.0 | 9.4 | 10.3 |
| | 观光旅游人数（万人次） | 5867.1 | 5965.3 | 5916.6 | 8551.9 | 7947.6 | 34248.5 | 9382.5 | 12475.0 | 8082.1 | 10660.4 | 40600.0 |
| | 以观光浏览为目的的旅游收入合计（亿元） | 677.4 | 662.9 | 686.7 | 1024.8 | 1048.8 | 4100.6 | 1297.9 | 1855.5 | 1160.1 | 1585.7 | 5899.2 |
| 入境观光旅游情况 | 国际旅游（外汇）收入（亿美元） | 177.92 | 203.85 | 174.06 | 257.39 | 292.96 | 1106.20 | 339.49 | 419.419 | 408.43 | 424.16 | 1591.30 |
| | 口岸调查入境旅游者中以观光浏览为目的的比例（%） | 33.7 | 28.2 | 28.2 | 30.1 | 28.4 | 29.7 | 28.6 | 25.8 | 26.1 | 25.1 | 26.4 |
| | 以观光浏览为目的的旅游收入合计（亿元） | 496.3 | 475.8 | 406.3 | 641.2 | 681.6 | 2701.2 | 774.0 | 832.2 | 740.3 | 727.8 | 3074.3 |
| 旅游观光收入合计（亿元） | | 2449.9 | 2471.7 | 2157.3 | 3417.1 | 3641.9 | 14137.9 | 4249.4 | 5404.8 | 3959.1 | 5599.7 | 19213.0 |

注：表中观光旅游人数、以观光游览为目的的旅游收入合计为旅游观光收入。

资料来源：合计数据为计算所得，其余数据均来源于 2001~2008 年《中国旅游统计年鉴》；由于 2008 年《中国旅游统计年鉴》缺少农村人均观光旅游消费数据，故以 2006 年、2007 年平均值代替；2009 年数据尚未取得，暂由前几年数据根据平均增长速度外推。

如图 4–5 所示，总的来看，全国以观光游览为目的的旅游收入在 2001~2009 年保持了快速增长。由 2001 年的 2449.9 亿元增长至 2009 年的 55997 亿元，名义上增长了 1.3 倍（按 2001 年可比价格计算，实际增长 0.6 倍），年均名义增长率为 10.9%（实际增长率为 6.2%）。这 9 年中，除 2003 年和 2008 年较上年有所回落外，其余年份均呈上升态势。“十五”计划期间平均增速略高于“十一五”规划期间：“十五”计划期间的年均名义增长率为 10.4%（实际增长率为 6.7%），“十一五”规划期间的年均名义增长率为 9.6%（实际增长率为 3.6%）。

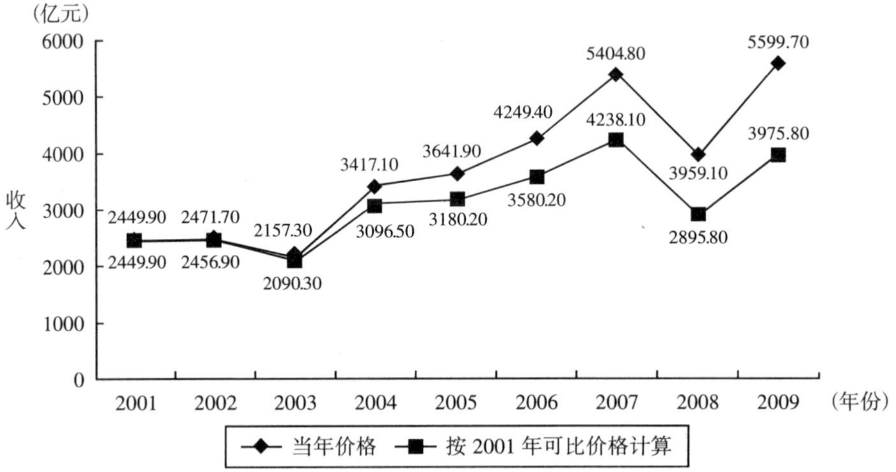


**图 4–5 “十五”计划与“十一五”规划期间全国以观光游览为目的的旅游收入变化情况**

2）文物吸引力因子。文物保护事业对国民经济的贡献在核算中延续了三年。三年的计算结果都表明，这种贡献的“大头”来自文物保护事业的间接经济贡献，而这种贡献的“大头”又来自文物旅游。这种测算的基础是 2008 年提出的基础性概念——“文物吸引力”，也可以叫作“文物旅游吸引力”或“文物保护旅游吸引力”。提出这个概念的意图是将旅游业收入中主要依托文物保护资源的部分剥离出来，以精确衡量文物保护事业在这方面的间接经济贡献。因此，“文物吸引力”在内涵和算法上都与旅游基础理论研究中的一个重要概念——“旅游吸引力”有所区别。[①] 为了搞清楚它们之间的区别，这里先介绍什么是旅游吸引力以及其大小如何衡量。

旅游吸引力是旅游学界研究的常规话题。目前，国内关于旅游吸引力的研究成果较为丰富，但多数停留在对旅游吸引力基本概念和理论模型的多层面研究以及对城市、区域整体旅游吸引力问题的关注上，将其直接用于核算旅游产业对国民经济发展贡献以及这种贡献的结构上的研究却为数寥寥，且基本没有形成业内认可度较高的算法。仅就概念而言，关于旅游吸引力的概念虽然表述上不尽相同，但大同小异，可以归纳为：旅游吸引力是指在旅游目的地的空间范围内，能促使旅游者产生旅游动机、形成旅游需求并最终将潜在旅游者变为现实旅游者的一系列吸引要素的有机融合。旅游吸引力的形成是一个系统的过程，它不但取决于旅游地的资源魅力，而且和旅游地的服务水平及综合环境有着密切的关系，由此而形成的综合吸引力实质上是一种结构性的吸引力。

对于旅游吸引力的构成，国内外也有不同的观点，具体如表 4-8 所示。

**表 4-8 旅游吸引力的构成要素**

| 观点代表人物 | 旅游吸引力的构成要素 |
|---|---|
| Pete | 文化吸引力、传统吸引力、风景吸引力、娱乐吸引力以及其他吸引力等 |
| 保继刚 | 形象吸引、活动吸引、设施吸引、景观与环境吸引、氛围吸引和服务吸引 |
| 彭华 | 自然与文物保护，公务（政务）类（政治中心），经济类，文化类，信息、科技类，环境类，娱乐类，形象类等 |
| 聂献忠 | 自然与人文景观吸引力、运动设施和场地（如狩猎、冬季滑雪）、休闲设施和场地（如钓鱼、高尔夫球场等）、健身与疗养地（如温泉、矿泉和健康胜地等）、城市吸引力（城市与乡村的差异）、落后吸引力（落后城市的原始风光或落后的场地、设施）、事件吸引力（如奥运会、世界杯等）、发达吸引力（如迪士尼等）、向往吸引力（人们心理的追求或渴望） |

旅游吸引力的计算方法通常有两种：一种是结合旅游吸引力构成要素，构建旅游目的地的旅游吸引力评价指标体系，通过确定指标体系因子的权重值，采取专家打分或问卷调查的方法，计算得到旅游吸引力分数；另一种是建立各种吸引力模型，通过引入经济收入水平、人口规模、价格

① 对比分析的结果已经在表 2-1 中进行了集中表达。

水平和距离等变量来分析旅游吸引力。这两种方法最大的缺点是指标权重和模型变量的量纲没有规定，需要主观确定。同时，实际应用起来也非常繁琐，操作性不强。

厘清这两个概念的区别后，笔者认为测算文物保护事业对国民经济的贡献，包括测算未来《全国文物旅游发展报告》中的主要内容，即文物旅游的产值，能且只能采用文物吸引力。为此，本书采用三种方法来确定文物吸引力因子。

方法一：文物吸引力因子 = 文物系统门票收入/观光游览门票总收入。

本书选择通过计算文物系统门票收入占观光游览门票总收入的比例来大致判断游客对文物旅游资源的偏好程度，即文物吸引力因子。“十五”计划与“十一五”规划期间全国文物系统门票收入统计情况和全国观光游览门票总收入统计情况分别如表 4-9 和表 4-10 所示，据此测算的全国文物吸引力因子如表 4-11 所示。

**表 4-9 “十五”计划与“十一五”规划期间全国文物系统门票收入统计情况**

| 项目 | “十五”计划期间 | | | | | |
|---|---|---|---|---|---|---|
| | 2001 年 | 2002 年 | 2003 年 | 2004 年 | 2005 年 | 合计 |
| 文物系统门票收入（千元） | 1118462 | 1355432 | 1093950 | 2010460 | 2412548 | 7990852 |
| 文物系统接待参观人次（万人次） | 11315.5 | 11990.6 | 9446.3 | 14527.4 | 17657.4 | 64937.2 |
| 其中：入境参观人次（万人次） | 768.4 | 873.0 | 379.5 | 617.6 | 1044.2 | 3682.7 |
| 国内参观人次（万人次） | 10547.1 | 11117.6 | 9066.8 | 13909.8 | 16613.2 | 61254.5 |
| 其中：青少年参观人次（万人次） | 2382.7 | 2634.1 | 2022.9 | 3453.5 | 3978.5 | 14471.7 |
| 文物旅游景点平均门票价格（元） | 11.0 | 12.7 | 13.0 | 15.7 | 15.4 | 13.6 |
| 入境游客文物观光游览（门票）消费（亿元） | 0.8 | 1.1 | 0.5 | 1.0 | 1.6 | 5.0 |
| 国内游客文物观光游览（门票）消费（亿元） | 10.3 | 12.5 | 10.4 | 19.1 | 22.5 | 74.8 |

| 项目 | “十一五”规划期间 | | | | |
|---|---|---|---|---|---|
| | 2006 年 | 2007 年 | 2008 年 | 2009 年 | 合计 |
| 文物系统门票收入（千元） | 2627166 | 3229233 | 2232693 | 2406074 | 10495166 |
| 文物系统接待参观人次（万人次） | 18444.3 | 45382.5 | 35733.9 | 42148.2 | 141708.9 |
| 其中：入境参观人次（万人次） | 898.6 | 903.8 | 943.9 | 984.0 | 3730.3 |

续表

| 项目 | "十一五"规划期间 | | | | |
|---|---|---|---|---|---|
| | 2006 年 | 2007 年 | 2008 年 | 2009 年 | 合计 |
| 国内参观人次（万人次） | 17545.7 | 44478.7 | 34790.0 | 41164.2 | 137978.6 |
| 其中：青少年参观人次（万人次） | 4005.3 | 13855.2 | 9126.4 | 11953.4 | 38940.3 |
| 文物旅游景点平均门票价格（元） | 16.0 | 8.4 | 7.2 | 6.7 | 9.6 |
| 入境游客文物观光游览（门票）消费（亿元） | 1.4 | 0.8 | 0.7 | 0.7 | 3.6 |
| 国内游客文物观光游览（门票）消费（亿元） | 24.8 | 31.5 | 21.7 | 23.4 | 101.4 |

注：① 文物系统门票收入及接待参观人次数据来源于《全国文物业统计资料》（2001~2009 年），其中 2007 年、2008 年、2009 年未单独统计入境参观人次，由近年数据外推所得。

② 表中将文物系统接待参观人次全部作为以观光游览为主要目的的旅游者考虑。

③ 文物旅游景点平均门票价格=门票收入/(文物系统接待参观人次–青少年参观人次/2)，青少年订票价格统一按半价计。

④ 入境观光游客门票消费=文物旅游景点平均门票价格×入境游客参观人次。

⑤ 国内观光游客门票消费=文物系统门票收入–入境观光游客门票消费。

**表 4–10　"十五"计划与"十一五"规划期间全国观光游览门票总收入统计情况**

| 项目 | "十五"计划期间 | | | | | |
|---|---|---|---|---|---|---|
| | 2001 年 | 2002 年 | 2003 年 | 2004 年 | 2005 年 | 合 计 |
| 入境以观光游览为目的的旅游收入（亿元） | 496.3 | 475.8 | 406.3 | 641.2 | 681.6 | 2701.2 |
| 游览占国际旅游收入比重（%） | 4.5 | 7.0 | 7.0 | 5.1 | 4.2 | 5.6 |
| 入境观光游览（门票）消费（亿元） | 22.3 | 33.3 | 28.4 | 32.7 | 28.6 | 145.3 |
| 城镇观光游览（门票）消费（元/次出游） | 74.3 | 82.9 | 69.9 | 73.1 | 75.4 | 75.1 |
| 城镇观光旅游人数（万人次） | 14698.2 | 15939.0 | 14671.8 | 20655.0 | 22270.4 | 88234.4 |
| 城镇观光游览（门票）消费（亿元） | 109.2 | 132.1 | 102.6 | 151.0 | 167.9 | 662.8 |
| 农村观光游览（门票）消费（元/次出游） | 104.8 | 104.8 | 96.7 | 102.5 | 145.6 | 110.9 |
| 农村观光旅游人数（万人次） | 5867.1 | 5965.3 | 5916.6 | 8551.9 | 7947.6 | 34248.5 |
| 农村观光游览（门票）消费（亿元） | 61.5 | 62.5 | 57.2 | 87.6 | 115.7 | 384.5 |
| 农国内观光游览（门票）消费合计（亿元） | 170.7 | 194.6 | 159.8 | 238.6 | 283.6 | 1047.3 |

续表

| 项目 | "十一五"规划期间 | | | | |
|---|---|---|---|---|---|
| | 2006年 | 2007年 | 2008年 | 2009年 | 合计 |
| 入境以观光游览为目的的旅游收入(亿元) | 774.0 | 832.2 | 740.3 | 727.8 | 3074.3 |
| 游览占国际旅游收入比重(%) | 2.9 | 4.3 | 5.4 | 4.0 | 4.1 |
| 入境观光游览(门票)消费(亿元) | 22.4 | 35.8 | 40.0 | 28.8 | 127.0 |
| 城镇观光游览(门票)消费(元/次出游) | 79.7 | 89.0 | 97.3 | 92.2 | 89.5 |
| 城镇观光旅游人数(万人次) | 24537.6 | 26193.6 | 19191.9 | 27745.4 | 97668.5 |
| 城镇观光游览(门票)消费(亿元) | 195.6 | 233.1 | 186.7 | 255.7 | 871.1 |
| 农村观光游览(门票)消费(元/次出游) | 108.2 | 138.8 | 123.5 | 135.9 | 126.6 |
| 农村观光旅游人数(万人次) | 9382.5 | 12475.0 | 8082.1 | 10660.4 | 406000.0 |
| 农村观光游览(门票)消费(亿元) | 101.5 | 173.1 | 99.8 | 144.9 | 519.3 |
| 国内观光游览(门票)消费合计(亿元) | 297.1 | 406.2 | 286.5 | 400.6 | 1390.4 |

注：①游览占国际旅游收入比重数据来源于《中国旅游统计年鉴》(2001~2008年)，城镇和农村观光游客游览(门票)消费数据来源于《中国国内旅游抽样调查资料》(2001~2008年)，2009年数据由近年数据外推所得。

②入境以观光游览为目的的旅游收入、城镇和农村观光旅游人次数数据如表4-7所示。

③入境观光游览(门票)消费=入境以观光游览为目的旅游收入×游览占国际旅游收入比重。

④观光游客游览(门票)消费=观光游客单次出游游览(门票)消费×观点旅游人次数。

⑤国内观光游览(门票)消费合计=城镇观光游览(门票)消费+农村观光游览(门票)消费。

**表4-11 "十五"计划与"十一五"规划期间全国文物吸引力因子按照方法一的估算结果**

| 项目 | | "十五"计划期间 | | | | | |
|---|---|---|---|---|---|---|---|
| | | 2001年 | 2002年 | 2003年 | 2004年 | 2005年 | 合计 |
| 文物系统 | 入境观光旅客门票消费(亿元) | 0.8 | 1.1 | 0.5 | 1.0 | 1.6 | 5.0 |
| 门票收入 | 国内观光游客门票消费(亿元) | 10.3 | 12.5 | 10.4 | 19.1 | 22.5 | 74.8 |
| 观光旅游 | 入境观光游览(门票)消费(亿元) | 22.3 | 33.3 | 28.4 | 32.7 | 28.6 | 145.3 |

续表

| 项目 | | "十五"计划期间 | | | | | |
|---|---|---|---|---|---|---|---|
| | | 2001 年 | 2002 年 | 2003 年 | 2004 年 | 2005 年 | 合 计 |
| 门票收入 | 国内观光游览（门票）消费合计（亿元） | 170.7 | 194.6 | 159.8 | 238.6 | 283.6 | 1047.3 |
| 文物吸引力因子 | 文物系统入境游客门票收入占观光游览门票总收入比例（%） | 3.6 | 3.3 | 1.8 | 3.1 | 5.6 | 3.4 |
| | 文物系统国内游客门票收入占观光游览门票总收入比例（%） | 6.0 | 6.4 | 6.5 | 8.0 | 7.9 | 7.1 |

| 项目 | | "十一五"规划期间 | | | | |
|---|---|---|---|---|---|---|
| | | 2006 年 | 2007 年 | 2008 年 | 2009 年 | 合计 |
| 文物系统 | 入境观光旅客门票消费（亿元） | 1.4 | 0.8 | 0.7 | 0.7 | 3.6 |
| 门票收入 | 国内观光游客门票消费（亿元） | 24.8 | 31.5 | 21.7 | 23.4 | 101.4 |
| 观光旅游 | 入境观光游览（门票）消费（亿元） | 22.4 | 35.8 | 40.0 | 28.8 | 127.0 |
| 门票收入 | 国内观光游览（门票）消费合计（亿元） | 297.1 | 406.2 | 286.5 | 400.6 | 1390.4 |
| 文物吸引力因子 | 文物系统入境游客门票收入占观光游览门票总收入比例（%） | 6.3 | 2.2 | 1.8 | 2.4 | 2.8 |
| | 文物系统国内游客门票收入占观光游览门票总收入比例（%） | 8.3 | 7.8 | 7.6 | 5.8 | 7.3 |

注：① 文物系统门票收入数据来源见表 4–9；观光游览门票收入数据来源如表 4–10 所示。
② 文物吸引力因子 = 文物系统门票收入/观光游览门票总收入 × 100%。

方法二：文物吸引力因子=文物系统接待旅游者人次数/观光旅游者总人次数。

本书选择通过计算文物系统接待旅游人数占观光游览总人数的比例来判断文物吸引力因子。

《全国文物业统计资料》中有文物系统接待参观人数的统计数据，但该统计指标没有解决同一旅游者一次出游参观多个文物旅游资源而被重复统计的问题。采用以旅游者是否花费一半以上的时间或消费一半以上的门票费用在文物旅游资源上作为前提，以表明文物旅游资源对旅游者的相对强势吸引，由此判断一个旅游者一次出游可能参观文物旅游资源的数量下限，这样能够保守地估计文物系统接待的旅游者人次数的上限。计算公式如下：

文物系统接待旅游者人次数=文物系统接待参观人数/旅游者一次出游参观文物旅游资源数量

本书选择采用时间尺度估算方法和消费尺度估算方法计算观光游览旅游者一次出游平均参观的文物旅游景点数。

首先，用时间尺度估算方法。通过合理估计游客参观博物馆和文物保护单位平均花费的时间，估计一位观光游客一天之内可能参观的文物旅游景点数，再根据旅游抽样调查统计资料中观光游客的平均停留天数估算一位游客一次出游平均最多参观的文物旅游景点数，结果如表 4-12 所示。

**表 4-12 用时间尺度估算“十五”计划与“十一五”规划期间观光游客参观文物旅游景点数**

| 项目 | “十五”计划期间 | | | | | |
|---|---|---|---|---|---|---|
| | 2001 年 | 2002 年 | 2003 年 | 2004 年 | 2005 年 | 合 计 |
| 入境过夜观光游客平均停留天数（天/次出游） | 6.0 | 5.9 | 5.8 | 5.2 | 5.7 | 5.7 |
| 城镇观光游客平均停留天数（天/次出游） | 2.5 | 2.1 | 3.5 | 3.9 | 3.8 | 3.2 |
| 农村观光游客平均停留天数（天/次出游） | 4.4 | 3.8 | 4.0 | 3.6 | 3.4 | 3.8 |
| 观光者日参观文物旅游景点个数（个/天） | 2~5 | 2~5 | 2~5 | 2~5 | 2~5 | 2~5 |
| 入境观光游客参观文物旅游景点数（个/次出游） | 12~30 | 12~30 | 12~9 | 10~26 | 11~29 | 11~29 |
| 城镇观光游客参观文物旅游景点数（个/次出游） | 5~13 | 4~11 | 7~18 | 8~20 | 8~19 | 6~16 |
| 农村观光游客参观文物旅游景观点数（个/次出游） | 9~22 | 8~19 | 8~20 | 7~18 | 7~17 | 8~19 |

| 项目 | “十一五”规划期间 | | | | |
|---|---|---|---|---|---|
| | 2006 年 | 2007 年 | 2008 年 | 2009 年 | 合计 |
| 入境过夜观光游客平均停留天数（天/次出游） | 6.1 | 5.5 | 6.2 | 6.0 | 6.0 |
| 城镇观光游客平均停留天数（天/次出游） | 3.5 | 3.6 | 3.6 | 3.6 | 3.6 |
| 农村观光游客平均停留天数（天/次出游） | 3.6 | 3.6 | 3.6 | 3.6 | 3.6 |
| 观光者日参观文物旅游景点个数（个/天） | 2~5 | 2~5 | 2~5 | 2~5 | 2~5 |

续表

| 项目 | "十一五"规划期间 | | | | |
|---|---|---|---|---|---|
| | 2006年 | 2007年 | 2008年 | 2009年 | 合计 |
| 入境观光游客参观文物旅游景点数（个/次出游） | 12~31 | 11~28 | 12~31 | 12~30 | 12~30 |
| 城镇观光游客参观文物旅游景点数（个/次出游） | 7~18 | 7~18 | 7~18 | 7~18 | 7~18 |
| 农村观光游客参观文物旅游景观点数（个/次出游） | 7~18 | 7~18 | 7~18 | 7~18 | 7~18 |

注：① 入境游客停留天数数据来源于《中国旅游统计年鉴》（2001~2008年）。
② 城镇和农村观光游客停留天数数据来源于《中国国内旅游抽样调查资料》（2001~2007年），由于2008年、2009年缺少数据，故用已有统计数据外推得到。
③ 观光游客参观文物旅游景点数=观光游客停留天数×观光者日参观文物旅游景点个数。
④ 估计一位观光游客一天之内可能参观的文物旅游景点数，需要有以下几个基本判断：
a. 博物馆和文物保护单位开放时间为08：00~17：00；
b. 游客参观博物馆和文物保护单位平均花费的时间为2~5小时（含景点间的路途时间）；
c. 根据前两个条件可以计算出，一个观光者日参观文物旅游景点（文物保护单位、博物馆）个数为2~5个。

其次，用消费尺度估算方法。通过文物系统关于门票收入和接待参观人数的统计资料，可以估算出文物旅游景点平均门票价格。通过旅游抽样调查数据中城镇和农村观光游客游览（门票）消费，可以估算出其游览（门票）消费可以购买的文物旅游景点门票数，以此估计一个观光者一次出游最多参观的文物旅游景点数，结果如表4-13所示。

**表4-13 用消费尺度估算"十五"计划与"十一五"规划期间观光游客参观文物旅游景点数**

| 项目 | "十五"计划期间 | | | | | |
|---|---|---|---|---|---|---|
| | 2001年 | 2002年 | 2003年 | 2004年 | 2005年 | 合计 |
| 文物旅游景点平均门票价格（元） | 11.0 | 12.7 | 13.0 | 15.7 | 15.4 | 13.6 |
| 入境观光游览（门票）消费(亿元) | 22.3 | 33.3 | 28.4 | 32.7 | 28.6 | 145.3 |
| 入境旅游人数（人次） | 89012924 | 97908252 | 91662082 | 109038218 | 120292255 | 507913731 |
| 口岸调查入境旅游者中以观光游览为目的的比例（%） | 33.7 | 28.2 | 28.2 | 30.1 | 28.4 | 29.7 |

续表

| 项目 | “十五”计划期间 | | | | | |
|---|---|---|---|---|---|---|
| | 2001年 | 2002年 | 2003年 | 2004年 | 2005年 | 合计 |
| 以观光游览为目的的入境旅游人次数（万人次） | 2999.7 | 2761.0 | 2584.9 | 3282.1 | 3416.3 | 15044.0 |
| 入境观光游客游览（门票）消费（元/次出游） | 74.3 | 120.6 | 109.9 | 99.6 | 83.7 | 97.6 |
| 城镇观光游客游览（门票）消费（元/次出游） | 74.3 | 82.9 | 69.9 | 73.1 | 75.4 | 75.1 |
| 农村观光游客游览（门票）消费（元/次出游） | 104.8 | 104.8 | 96.7 | 102.5 | 145.6 | 110.9 |
| 入境观光游客参观文物旅游景点数（个/次出游） | 7 | 9 | 8 | 6 | 5 | 7 |
| 城镇观光游客参观文物旅游景点数（个/次出游） | 7 | 7 | 5 | 5 | 5 | 6 |
| 农村观光游客参观文物旅游景点数（个/次出游） | 10 | 8 | 7 | 7 | 9 | 8 |

| 项目 | “十一五”规划期间 | | | | |
|---|---|---|---|---|---|
| | 2006年 | 2007年 | 2008年 | 2009年 | 合计 |
| 文物旅游景点平均门票价格（元） | 16.0 | 8.4 | 7.2 | 6.7 | 9.6 |
| 入境观光游览（门票）消费（亿元） | 22.4 | 35.8 | 40.0 | 28.8 | 127.0 |
| 入境旅游人数（人次） | 124942096 | 131873287 | 130027393 | 134032889 | 520875665 |
| 口岸调查入境旅游者中以观光游览为目的的比例（%） | 28.6 | 25.8 | 26.1 | 25.1 | 26.4 |
| 以观光游览为目的的入境旅游人次（万人次） | 3573.3 | 3402.3 | 3393.7 | 3366.6 | 13735.9 |
| 入境观光游客游览（门票）消费（元/次出游） | 62.7 | 105.2 | 117.9 | 85.5 | 92.8 |
| 城镇观光游客游览（门票）消费（元/次出游） | 79.7 | 89.0 | 97.3 | 92.2 | 89.5 |
| 农村观光游客游览（门票）消费（元/次出游） | 108.2 | 138.8 | 123.5 | 135.9 | 126.6 |

续表

| 项目 | “十一五”规划期间 | | | | |
|---|---|---|---|---|---|
| | 2006 年 | 2007 年 | 2008 年 | 2009 年 | 合计 |
| 入境观光游客参观文物旅游景点数（个/次出游） | 4 | 13 | 16 | 13 | 11 |
| 城镇观光游客参观文物旅游景点数（个/次出游） | 5 | 11 | 14 | 14 | 11 |
| 农村观光游客参观文物旅游景点数（个/次出游） | 7 | 17 | 17 | 20 | 15 |

注：① 文物旅游景点平均门票价格来自表 4–9；入境观光游客游览（门票）消费（亿元）来自表 4–10。
② 城镇和农村观光游客游览（门票）消费数据来源于《中国国内旅游抽样调查资料》（2001~2008 年），2009 年数据由已有数据外推得到。
③ 以观光游览为目的的入境旅游人次数（万人次）=入境旅游人数（人次）×口岸调查入境旅游中以观光游览为目的的比例（%）。
④ 入境观光游客游览（门票）消费（元/次出游）=入境观光游客游览（门票）消费（亿元）/观光游览为目的的入境旅游人次数（万人次）。
⑤ 观光游客参观文物旅游景点数=观光游客游览（门票）消费/文物旅游景点平均门票价格。

最后，对结果进行比较。时间尺度估算方法和消费尺度估算方法结果比较如表 4–14 所示。

**表 4–14　两种方法估算“十五”计划与“十一五”规划期间观光游客参观文物旅游景点数结果比较**

| 项目 | | “十五”计划期间 | | | | | |
|---|---|---|---|---|---|---|---|
| | | 2001 年 | 2002 年 | 2003 年 | 2004 年 | 2005 年 | 合 计 |
| 时间尺度估算方法 | 入境观光游客参观文物旅游景点数（个/次出游） | 12~30 | 12~30 | 12~29 | 10~26 | 11~29 | 11~29 |
| | 城镇观光游客参观文物旅游景点数（个/次出游） | 5~13 | 4~11 | 7~18 | 8~20 | 8~19 | 6~16 |
| | 农村观光游客参观文物旅游景点数（个/次出游） | 9~22 | 8~19 | 8~20 | 7~18 | 7~17 | 8~19 |
| 消费尺度估算方法 | 入境观光游客参观文物旅游景点数（个/次出游） | 7 | 9 | 8 | 6 | 5 | 7 |
| | 城镇观光游客参观文物旅游景点数（个/次出游） | 7 | 7 | 5 | 5 | 5 | 6 |
| | 农村观光游客参观文物旅游景点数（个/次出游） | 10 | 8 | 7 | 7 | 9 | 8 |

续表

| 项目 | | “十一五”规划期间 | | | | |
|---|---|---|---|---|---|---|
| | | 2006 年 | 2007 年 | 2008 年 | 2009 年 | 合计 |
| 时间尺度估算方法 | 入境观光游客参观文物旅游景点数（个/次出游） | 12~31 | 11~28 | 12~31 | 12~30 | 12~30 |
| | 城镇观光游客参观文物旅游景点数（个/次出游） | 7~18 | 7~18 | 7~18 | 7~18 | 7~18 |
| | 农村观光游客参观文物旅游景点数（个/次出游） | 7~18 | 7~18 | 7~18 | 7~18 | 7~18 |
| 消费尺度估算方法 | 入境观光游客参观文物旅游景点数（个/次出游） | 4 | 13 | 16 | 13 | 11 |
| | 城镇观光游客参观文物旅游景点数（个/次出游） | 5 | 11 | 14 | 14 | 11 |
| | 农村观光游客参观文物旅游景点数（个/次出游） | 7 | 17 | 17 | 20 | 15 |

由表 4-14 可见，时间尺度估算方法和消费尺度估算方法的结果基本吻合，方法之间相互印证，表明了两种估算方法的合理性。时间尺度估算方法从时间的角度列举了旅游者一次出游参观文物旅游景点数的合理区间，而消费尺度估算方法从消费的角度估算了在这个合理的区间范围内可能出现的参观景点数。通过观察可以发现，在 2008 年以前（2001~2007年），消费尺度估算方法估算的游客参观文物旅游景点数往往集中在时间尺度估算方法估算的区间下限附近。表明在这一时期内，消费尺度估算方法相对合理，故作为上限。而 2008 年，全国文化文物系统博物馆开始全面免费开放。执行后相关数据显示这整体拉低了文物系统门票的平均价格，导致了按照消费尺度估算方法计算的“游客参观文物旅游景点数”跳跃式增加，已经接近或远远超过时间尺度估算方法估算的区间上限，如果仍然把消费估算法的结果作为判断一个旅游者一次出游可能参观文物景点数量的上限则明显不合理。因此，2008 年以后开始兼顾这两种估算方法，采用时间尺度估算结果下限和消费尺度中位数的方法进行保守估计。计算时需要注意的是，当消费尺度估算结果超出时间尺度估算结果上限时，直接取时间尺度估算区间的中位数。

将旅游者花费一半以上的时间或消费一半以上的门票费用在文物旅游景点上，作为判断一个旅游者一次出游可能参观文物旅游资源的数量的下限，可以得到“十五”计划与“十一五”规划期间全国观光游客一次出游可能参观的文物旅游景点数区间，该区间上限和下限值如表 4-15 所示。“十五”计划与“十一五”规划期间全国文物吸引力因子方法二估算结果如表 4-16 所示，全国文物吸引力因子汇总结果如表 4-17 所示。

**表 4-15　“十五”计划与“十一五”规划期间全国观光游客一次出游可能参观的文物旅游景点数估算结果**

| 项目 | | “十五”计划期间 | | | | | |
|---|---|---|---|---|---|---|---|
| | | 2001 年 | 2002 年 | 2003 年 | 2004 年 | 2005 年 | 合 计 |
| （1） | 入境观光游客参观文物旅游景点数（个/次出游） | 7 | 9 | 8 | 6 | 5 | 7 |
| | 城镇观光游客参观文物旅游景点数（个/次出游） | 7 | 7 | 5 | 5 | 5 | 6 |
| | 农村观光游客参观文物旅游景点数（个/次出游） | 10 | 8 | 7 | 7 | 9 | 8 |
| | 国内观光游客参观文物旅游景点数（个/次出游） | 9 | 8 | 6 | 6 | 7 | 7 |
| （2） | 入境观光游客参观文物旅游景点数（个/次出游） | 4 | 5 | 4 | 3 | 3 | 4 |
| | 城镇观光游客参观文物旅游景点数（个/次出游） | 4 | 4 | 3 | 3 | 3 | 3 |
| | 农村观光游客参观文物旅游景点数（个/次出游） | 5 | 4 | 4 | 4 | 5 | 4 |
| | 国内观光游客参观文物旅游景点数（个/次出游） | 5 | 4 | 3 | 3 | 4 | 4 |

| 项目 | | “十一五”规划期间 | | | | |
|---|---|---|---|---|---|---|
| | | 2006 年 | 2007 年 | 2008 年 | 2009 年 | 合计 |
| （1） | 入境观光游客参观文物旅游景点数（个/次出游） | 4 | 13 | 14 | 13 | 11 |
| | 城镇观光游客参观文物旅游景点数（个/次出游） | 5 | 11 | 11 | 11 | 10 |
| | 农村观光游客参观文物旅游景点数（个/次出游） | 7 | 17 | 12 | 13 | 12 |
| | 国内观光游客参观文物旅游景点数（个/次出游） | 6 | 14 | 12 | 12 | 11 |

续表

| 项目 | | “十一五”规划期间 | | | | |
|---|---|---|---|---|---|---|
| | | 2006 年 | 2007 年 | 2008 年 | 2009 年 | 合计 |
| （2） | 入境观光游客参观文物旅游景点数（个/次出游） | 2 | 7 | 7 | 7 | 6 |
| | 城镇观光游客参观文物旅游景点数（个/次出游） | 3 | 6 | 6 | 6 | 5 |
| | 农村观光游客参观文物旅游景点数（个/次出游） | 4 | 9 | 6 | 7 | 7 |
| | 国内观光游客参观文物旅游景点数（个/次出游） | 3 | 7 | 6 | 6 | 6 |

注：① 表中数据（1）是假设观光游客用全部的时间和门票花费消费在文物旅游资源上时可能参观的文物旅游景点数，其中国内观光游客参观文物旅游景点数=（城镇观光游客参观文物旅游景点数+农村观光游客参观文物旅游景点数）/2。

② 数据（2）是假设观光游客用一半的时间和一半的门票花费消费在文物旅游资源上时可能参观的文物旅游景点数即数据（2）= 数据（1）/2。

**表 4–16 “十五”计划与“十一五”规划期间全国文物吸引力因子按照方法二的估算结果**

| 项目 | “十五”计划期间 | | | | | |
|---|---|---|---|---|---|---|
| | 2001 年 | 2002 年 | 2003 年 | 2004 年 | 2005 年 | 合 计 |
| 文物系统接待入境参观人次数（万人次） | 768.4 | 873.0 | 379.5 | 617.6 | 1044.2 | 3682.7 |
| 文物系统接待国内参观人次数（万人次） | 10547.1 | 11117.6 | 9066.8 | 13909.8 | 16613.2 | 61254.5 |
| 入境每旅游人次参观文物旅游景点数（个） | 4~7 | 5~9 | 4~8 | 3~6 | 3~5 | 4~7 |
| 国内每旅游人次参观文物旅游景点数（个） | 5~9 | 4~8 | 3~6 | 3~6 | 4~7 | 4~7 |
| 文物系统接待入境旅游人次数（万人次） | 109.8~192.1 | 97.0~174.6 | 47.4~94.9 | 102.9~205.9 | 208.8~348.1 | 526.1~920.7 |
| 以观光游览为目的入境旅游人次数（万人次） | 2999.7 | 2761.0 | 2584.9 | 3282.1 | 3416.3 | 15044.0 |
| 文物系统接待入境观光游客人次数占观光旅游总人次数比例（%） | 3.7~6.4 | 3.5~6.3 | 1.8~3.7 | 3.1~6.3 | 6.1~10.2 | 3.5~6.1 |

续表

| 项目 | "十五"计划期间 | | | | | |
|---|---|---|---|---|---|---|
| | 2001年 | 2002年 | 2003年 | 2004年 | 2005年 | 合计 |
| 文物系统接待国内旅游人次数（万人次） | 1171.9~2109.4 | 1389.7~2779.4 | 1511.1~3022.3 | 2318.3~4636.6 | 2373.3~4153.3 | 8750.6~15313.6 |
| 以观光游览为目的国内旅游人次数（万人次） | 20565.3 | 21904.3 | 20588.4 | 29206.9 | 30218.0 | 122482.9 |
| 文物系统接待国内观光游客人次数占观光旅游总人次数比例（%） | 5.7~10.3 | 6.3~12.7 | 7.3~14.7 | 7.9~15.9 | 7.9~13.7 | 7.1~12.5 |

| 项目 | "十一五"规划期间 | | | | |
|---|---|---|---|---|---|
| | 2006年 | 2007年 | 2008年 | 2009年 | 合计 |
| 文物系统接待入境参观人次数（万人次） | 898.6 | 903.8 | 943.9 | 984.0 | 3730.3 |
| 文物系统接待国内参观人次数（万人次） | 17545.7 | 44478.7 | 34790.0 | 41164.2 | 137978.6 |
| 入境每旅游人次参观文物旅游景点数（个） | 2~4 | 7~13 | 7~13 | 7~13 | 6~11 |
| 国内每旅游人次参观文物旅游景点数（个） | 3~6 | 7~14 | 6~14 | 6~13 | 6~11 |
| 文物系统接待入境旅游人次数（万人次） | 224.7~449.3 | 69.5~129.1 | 72.6~134.8 | 75.7~140.6 | 339.1~621.7 |
| 以观光游览为目的入境旅游人次数（万人次） | 3573.3 | 3402.3 | 3393.7 | 3366.6 | 13735.9 |
| 文物系统接待入境观光游客人次数占观光旅游总人次数比例（%） | 6.3~12.6 | 2.0~3.8 | 2.1~4.0 | 2.3~4.2 | 2.5~4.5 |
| 文物系统接待国内旅游人次数（万人次） | 2924.3~5848.6 | 3177.1~6354.1 | 2485.0~5798.3 | 3166.5~6860.7 | 12543.5~22996.4 |
| 以观光游览为目的国内旅游人次数（万人次） | 33920.1 | 38668.6 | 27274.0 | 38405.8 | 138268.5 |
| 文物系统接待国内观光游客人次数占观光旅游总人次数比例（%） | 8.6~17.2 | 8.2~16.4 | 9.1~21.3 | 8.2~17.9 | 9.1~16.6 |

注：① 文物系统接待入境或国内旅游人次数=文物系统接待入境或国内参观人数/入境或国内每旅游人次参观文物旅游景点数量。

② 每旅游人次参观文物旅游景点数如表4-15所示。

方法三：综合方法一和方法二的估算结果。

由于我国目前文物系统旅游资源相对于其他观光旅游资源市场化程度较低，其门票价格也相对较低，因而使用方法一（利用观光旅游者在文物系统旅游资源门票上的花费占总的观光游览门票花费比例）来判断其对文物系统旅游资源的偏好存在一定程度的低估。而方法二中，以旅游者花费一半以上的时间或消费一半以上的门票费用于文物旅游景点为前提，以此估计文物系统接待入境和国内旅游人次数也相对较少，因此该方法也较为保守。

方法三综合了方法一和方法二，分别取方法一的计算结果作为文物吸引力因子的下限，取方法二取值区间的中间值作为吸引力因子的上限，计算结果如表 4-17 所示。

**表 4-17 “十五”计划与“十一五”规划期间全国文物吸引力因子**

| 项目 | | “十五”计划期间 | | | | | |
|---|---|---|---|---|---|---|---|
| | | 2001 年 | 2002 年 | 2003 年 | 2004 年 | 2005 年 | 合计 |
| 方法一 | 入境观光旅游文物吸引力因子（%） | 3.6 | 3.3 | 1.8 | 3.1 | 5.6 | 3.4 |
| | 国内观光游客文物吸引力因子（%） | 6.0 | 6.4 | 6.5 | 8.0 | 7.9 | 7.1 |
| 方法二 | 入境观光游客文物吸引力因子（%） | 3.7~6.4 | 3.5~6.3 | 2.8~3.7 | 3.1~6.3 | 6.1~10.2 | 3.5~6.1 |
| | 国内观光游客文物吸引力因子（%） | 5.7~10.3 | 6.3~12.7 | 7.3~14.7 | 7.9~15.9 | 7.9~13.7 | 7.1~12.5 |
| 方法三 | 入境观光游客文物吸引力因子（%） | 3.6~5.1 | 3.3~4.9 | 1.8~2.8 | 3.1~4.7 | 5.6~8.2 | 3.4~4.8 |
| | 国内观光游客文物吸引力因子（%） | 6.0~8.0 | 6.4~9.5 | 6.5~11.0 | 8.0~11.9 | 7.9~10.8 | 7.1~9.8 |

| 项目 | | “十一五”规划期间 | | | | |
|---|---|---|---|---|---|---|
| | | 2006 年 | 2007 年 | 2008 年 | 2009 年 | 合计 |
| 方法一 | 入境观光游客文物吸引力因子（%） | 6.3 | 2.2 | 1.8 | 2.4 | 2.8 |
| | 国内观光游客文物吸引力因子（%） | 8.3 | 7.8 | 7.6 | 5.8 | 7.3 |

续表

| 项目 | | "十一五"规划期间 | | | | |
|---|---|---|---|---|---|---|
| | | 2006 年 | 2007 年 | 2008 年 | 2009 年 | 合计 |
| 方法二 | 入境观光游客文物吸引力因子（%） | 6.3 ~ 12.6 | 2.0 ~ 3.8 | 2.1 ~ 4.0 | 2.3 ~ 4.2 | 2.5 ~ 4.5 |
| | 国内观光游客文物吸引力因子（%） | 8.6 ~ 17.2 | 8.2 ~ 16.4 | 9.1 ~ 21.3 | 8.2 ~ 17.9 | 9.1 ~ 16.6 |
| 方法三 | 入境观光游客文物吸引力因子（%） | 6.3 ~ 9.5 | 2.2 ~ 2.9 | 1.8 ~ 3.1 | 2.4 ~ 3.3 | 2.8 ~ 3.5 |
| | 国内观光游客文物吸引力因子（%） | 8.3 ~ 12.9 | 7.8 ~ 12.3 | 7.6 ~ 15.2 | 5.8 ~ 13.1 | 7.3 ~ 12.9 |

注：方法三数据由方法一中结果作为方法三的下限，方法二的平均数作为方法三的上限。

关于文物吸引力的相关研究结果比较如表 4-18 所示。与已有的研究相比，本书的估计是保守的，结果较为合理，也易于被旅游、统计、发改、财政等相关部门接受。①

**表 4-18　关于文物吸引力的相关研究结果比较**

| 项目 | | （本书） | | 四川文物保护事业对国民经济及社会发展贡献的研究（高大伦，四川省文物考古研究院） | 山西文物资源对经济发展的贡献（范霄文，厦门大学） | 文化旅游与文物保护管理（朱路平） |
|---|---|---|---|---|---|---|
| | | 全国"十五"计划期间 | 全国"十一五"规划期间（2006~2009 年） | | | |
| 文物吸引力 | 方法一（门票收入比例） | 3.4%（入境）<br>7.1%（国内） | 2.8%（入境）<br>7.3%（国内） | 40.99% | 60% | — |
| | 方法二（接待人数比例） | 3.5%~6.1%（入境）<br>7.1%~12.5%（国内） | 2.5%~4.5%（入境）<br>9.1%~16.6%（国内） | 26.14% | — | — |

① 国家文物局曾经在 2004~2005 年组织三支队伍对文物系统的经济贡献进行过预研究，其中北京化工大学课题组、中国社会科学院金融研究所文物保护课题组仅对文物系统在国民经济及社会发展上的贡献进行了理论说明和定性分析，只有四川省文物考古研究院课题组以四川省为案例对国民经济的贡献进行了测算，其成果学术水平较高。但由于旅游收入不易以省行政区划分（否则会导致大量重复计算），其计算结果实为四川省文物保护事业对全国的旅游收入贡献，按照其算法分别计算各省的旅游收入贡献会存在重复计算。另外，也没有区分文物景点对国内和入境游客的吸引力差别，未考虑文物景点接待游客中的重复计算问题，这在一定程度上高估了观光旅游收入在旅游总收入中所占的份额。

续表

| 项目 | | （本书） | | 四川文物保护事业对国民经济及社会发展贡献的研究（高大伦，四川省文物考古研究院） | 山西文物资源对经济发展的贡献（范霄文，厦门大学） | 文化旅游与文物保护管理（朱路平） |
|---|---|---|---|---|---|---|
| | | 全国“十五”计划期间 | 全国“十一五”规划期间（2006~2009 年） | | | |
| 文物吸引力 | 方法三（综合） | 3.4%~4.8%（入境）<br>7.1%~9.8%（国内） | 2.8%~3.5%（入境）<br>7.3%~12.9%（国内） | 33.56%（方法一和方法二的平均值）<br>32.00%（方法一和方法二的因子分析方法） | — | — |
| | 抽样调查 | — | — | 50.00%（出游次数）<br>47.70%（不同景观类型的选择）<br>55.35%（不同景点的选择）<br>32.00%（不同景区的花费） | — | 9%（赴欧洲旅游者）<br>12%（赴宾夕法尼亚旅游者）<br>14%（赴香港旅游者） |
| 数据来源 | | 《中国文化文物统计年鉴》<br>《全国文物业统计资料》<br>《中国国内旅游抽样调查资料》<br>《中国旅游统计年鉴》<br>《中国统计年鉴》 | | 1997~2002 年四川省部分文物旅游景区接待人数情况<br>1997~2002 年四川省部分旅游景区门票收入情况 | 山西省旅游局公布 117 处主要旅游景点统计数据，采用专家评估调查得出 | 欧洲旅游休闲教育协会的文化旅游研究项目；美国宾夕法尼亚州自然资源与保护部委托完成的有关文物保护旅游的一项研究；对中国香港文化旅游参与情况的研究中进行的对 2066 名来自 6 个国家和地区的赴中国香港旅游者的调查 |

3）文物系统观光旅游收入及其增加值。文物系统观光旅游收入增加值=旅游观光收入×文物系统的观光旅游吸引力因子×旅游业增加值率。其中，文物系统的观光旅游吸引力因子采用方法一、方法二、方法三的估算结果。为了使旅游业的增加值更加切合实际，又不产生夸大旅游业增加值率的歧义，本书也以 50%作为旅游业的增加值率①。

全国文物旅游增加值总体上保持了较快增长（见表 4-19 和表 4-20）。从 2001 年的 43.3 亿元增长至 2009 年的 152.8 亿元，名义上增长了 2.5 倍。

① 这是一种比较保守的估计，有利于增强计算结果的说服力。50%这个数值不仅是业内共识——许多业内人士对旅游业的物耗率不会超过其总收入的一半的观点持肯定意见，也有调查基础——2004 年，中国社会科学院农村发展研究所李周在其《旅游业对中国农村和农民的影响研究》中就这一问题进行过专题调查，调查分析结论与这一数值相符。

这9年中，全国文物旅游增加值除2003年可能受“非典”疫情影响较上年有所回落、2008年由于金融危机入境和国内旅游收入有明显下滑使得年度增加值较上年略有减少外，其余7个年份均呈不同程度的上升态势。从“十五”计划和“十一五”规划两个时期对比情况来看，绝对数量上，“十一五”规划期间增加值合计为888.2亿元[①]，是“十五”计划期间562.0亿元的1.6倍，按可比价格计算为1.3倍；相对增速上，“十一五”规划期间增加值的平均增速要低于“十五”计划期间，如“十一五”规划期间的年均名义增长率仅为3.9%（实际增长率为-1.8%），而“十五”计划期间的年均名义增长率为19.6%（实际增长率为15.6%）。

分析其原因，主要是受2008年下半年开始的全球金融危机影响，这直接导致了观光旅游收入的减少，从而直接影响了“十一五”规划中后期文物旅游增加值的增速。

① 蓝皮书在计算全国文物系统对国民经济的直接贡献时已经考虑了文物系统门票收入，而在计算文物旅游间接贡献的文物旅游收入中也包括了文物系统门票收入，因此存在重复计算的问题。为此，本书在计算全国文物系统对国民经济全部贡献时，将这部分重复计算在文物旅游增加值中的部分做了统一扣除，以说明文物旅游增加值的间接贡献。需要注意的是，在单独、客观说明文物旅游对国民经济的贡献时，应该从全口径来进行统计，而不应该剔除重复计算部分。例如，“十一五”规划期间，文物旅游增加值扣除重复计算部分后为826.9亿元，全口径统计数为888.2亿元。建议计算关于文物旅游对国民经济贡献数据时选用全口径计算结果。

**表 4–19 “十五”计划与“十一五”规划期间全国文物系统观光旅游收入**

| 项目 | | | “十五”计划期间 | | | | | | “十一五”规划期间 | | | | |
|---|---|---|---|---|---|---|---|---|---|---|---|---|---|
| | | | 2001 年 | 2002 年 | 2003 年 | 2004 年 | 2005 年 | 合计 | 2006 年 | 2007 年 | 2008 年 | 2009 年 | 合计 |
| 入境观光旅游 | 入境观光旅游收入（亿元） | | 496.3 | 475.8 | 406.3 | 641.2 | 681.6 | 2701.2 | 774.0 | 832.2 | 740.3 | 727.8 | 3074.3 |
| | 文物系统入境观光旅游收入（亿元） | 方法一 | 17.9 | 15.7 | 7.3 | 19.9 | 38.2 | 99.0 | 48.8 | 18.3 | 3.3 | 17.5 | 97.9 |
| | | 方法二 | 18.4~31.8 | 16.7~30.0 | 7.3~15.0 | 19.9~40.4 | 41.6~69.5 | 103.9~186.7 | 48,8~97.5 | 16.6~31.6 | 15.5~29.6 | 16.7~30.6 | 97.7~18.3 |
| | | 方法三 | 17.9~25.1 | 15.7~23.3 | 7.3~11.2 | 19.9~30.1 | 38.2~55.6 | 99.0~145.3 | 48.8~73.1 | 18.3~24.1 | 13.3~22.9 | 17.5~24.0 | 97.9~144.2 |
| 国内观光旅游 | 国内观光旅游收入（亿元） | | 1953.6 | 1995.9 | 1751.0 | 2775.9 | 2960.3 | 11436.7 | 3475.4 | 4572.6 | 3218.8 | 4872.0 | 16138.8 |
| | 文物系统入境观光旅游收入（亿元） | 方法一 | 1117.2 | 127.7 | 113.8 | 222.1 | 233.9 | 814.7 | 288.5 | 356.7 | 244.6 | 282.6 | 1172.4 |
| | | 方法二 | 111.4~201.2 | 125.7~189.6 | 127.8~257.4 | 219.3~441.4 | 233.9~405.6 | 818.1~1559.1 | 98.9~597.8 | 375.0~749.9 | 29.9~685.6 | 399.5~872.1 | 1366.3~2905.4 |
| | | 方法三 | 117.2~156.3 | 127.7~189.6 | 113.8~192.6 | 222.1~330.3 | 233.9~319.7 | 814.7~1188.5 | 288.5~448.3 | 356.7~562.4 | 244.6~489.3 | 282.6~638.2 | 1172.4~2138.2 |
| 观光旅游收入合计（亿元） | | | 2449.9 | 2471.7 | 2157.3 | 3417.1 | 3641.9 | 14137.9 | 4249.4 | 5404.8 | 3959.1 | 55.7 | 19213.0 |
| 文物系统观光旅游收入合计（亿元） | | 方法一 | 135.1 | 143.4 | 121.1 | 241.9 | 272.1 | 913.6 | 337.2 | 375.0 | 258.0 | 300.0 | 1270.2 |
| | | 方法二 | 129.7~233.0 | 142.4~283.5 | 135.1~272.4 | 239.~481.8 | 275.4~475.1 | 921.8~1745.8 | 347.6~695.3 | 391.6~781.5 | 308.5~715.2 | 416.2~902.7 | 1464.0~3094.7 |
| | | 方法三 | 135.1~181.4 | 143.4~212.9 | 121.1~203.8 | 241.9~360.4 | 272.0~375.3 | 913.5~1333.8 | 337.2~521.4 | 375.0~586.5 | 258.0~512.2 | 300.0~662.2 | 1270.2~2282.4 |
| 文物系统观光旅游收入占观光旅游收入合计比例（%） | | 方法一 | 5.5 | 5.8 | 5.6 | 7.1 | 7.5 | 6.5 | 7.9 | 6.9 | 6.5 | 5.4 | 6.6 |
| | | 方法二 | 5.3~9.5 | 5.8~11.5 | 6.3~12.6 | 7.0~14.1 | 7.6~13.0 | 6.5~12.3 | 8.2~16.4 | 7.2~14.5 | 7.8~18.1 | 7.4~16.1 | 7.6~16.1 |
| | | 方法三 | 5.5~7.4 | 5.8~8.6 | 5.6~9.4 | 7.1~10.5 | 7.5~10.3 | 6.5~9.4 | 7.9~12.3 | 6.9~10.9 | 6.5~12.9 | 5.4~11.8 | 6.6~11.9 |

**表 4-20 “十五”计划与“十一五”规划期间全国文物系统观光旅游收入增加值**

| 项目 | | | “十五”计划期间 | | | | | | “十一五”规划期间 | | | | |
|---|---|---|---|---|---|---|---|---|---|---|---|---|---|
| | | | 2001 年 | 2002 年 | 2003 年 | 2004 年 | 2005 年 | 合计 | 2006 年 | 2007 年 | 2008 年 | 2009 年 | 合计 |
| 直接贡献 | 文物系统增加值（亿元） | | 15.0 | 17.8 | 16.6 | 30.6 | 37.3 | 117.3 | 42.2 | 40.1 | 43.8 | 57.6 | 183.7 |
| 间接贡献 | 文物系统支出带动建筑业增加值（亿元） | | 1.1 | 1.3 | 1.5 | 1.2 | 1.3 | 6.4 | 1.8 | 1.8 | 2.4 | 4.8 | 10.0 |
| 间接贡献 | 文物流通经营增加值（亿元） | | 1.0 | 0.8 | 2.9 | 8.1 | 14.1 | 26.9 | 17.0 | 17.0 | 16.3 | 18.5 | 61.7 |
| 间接贡献 | 文物系统观光旅游收入增加值（亿元） | 方法一 | 67.6 | 71.7 | 60.6 | 121.0 | 136.0 | 456.8 | 1875 | 187.5 | 129.0 | 150.0 | 635.1 |
| | | 方法二 | 64.9~116.5 | 71.2~141.8 | 67.6~136.2 | 119.6~240.9 | 137.7~237.6 | 460.9~872.9 | 195.8~390.8 | 195.8~390.8 | 154.2~357.6 | 208.1~451.3 | 732.0~1547.3 |
| | | 方法三 | 67.6~90.7 | 71.7~106.5 | 60.6~101.9 | 121.0~180.2 | 136.0~187.7 | 456.8~666.9 | 187.5~293.3 | 187.5~293.3 | 129.0~256.1 | 150.0~331.1 | 635.1~1141.2 |
| 扣除文物系统门票收入增加值（亿元） | | | 5.3 | 6.6 | 4.6 | 15.4 | 18.8 | 50.7 | 16.2 | 16.2 | 12.4 | 12.7 | 61.3 |
| 合计（亿元） | | 方法一 | 79.4 | 85.0 | 77.0 | 77.0 | 169.9 | 556.7 | 230.2 | 230.2 | 179.1 | 218.2 | 829.2 |
| | | 方法二 | 76.7~128.3 | 84.5~155.1 | 84.0~152.6 | 84.0~152.6 | 171.6~271.5 | 560.8~972.8 | 238.5~433.5 | 238.5~43.5 | 204.3~407.7 | 276.3~519.5 | 926.1~1741.4 |
| | | 方法三 | 79.4~102.5 | 77.0~119.8 | 77.0~118.3 | 77.0~118.3 | 169.6~221.5 | 556.7~766.8 | 230.2~336.0 | 230.2~336.0 | 179.1~306.2 | 218.2~399.3 | 829.2~1335.3 |

注：文物系统门票收入增加值率根据文物业增加值率估算；合计 = 直接贡献 + 间接贡献（扣除重复计算部分）。

## 第三节 全国文物系统对国民经济的全部贡献

总的来看，全国文物系统对国民经济的全部贡献保持了较快增长。如图 4-6 所示，全部贡献从 2001 年的 91.0 亿元增长至 2009 年的 308.8 亿元，名义上增长了近 2.4 倍（按 2001 年可比价格计算，实际增长了近 1.4 倍），年均名义增长率为 16.5%（实际增长率也高达 11.6%）。这 9 年中，全国文物系统对国民经济发展的全部贡献除 2003 年和 2008 年较上年有所回落外，其余年份均呈上升态势。从“十五”计划和“十一五”规划两个时期的对比情况来看，绝对数量上，“十一五”规划期间增加值合计为 1082.4 亿元，约为“十五”计划期间 662.0 亿元的 1.6 倍，按可比价格计算为 1.3 倍；相对增速上，“十一五”规划期间增加值的平均增速要远低于“十五”计划期间，如“十一五”规划期间的年均名义增长率仅为 7.6%（实际增长率为 1.6%），而“十五”计划期间的年均名义增长率为 21.1%（实际增长率为 17.1%）。分析其原因，主要是作为文物系统对国民经济全部贡献“大头”的文物旅游受 2008 年下半年开始的全球金融危机影响，导致“十一五”规划中后期全国文物系统对国民经济全部贡献的增速降低。

“十五”计划和“十一五”规划期间全国文物系统对国民经济的全部贡献的构成及变化情况如图 4-6~图 4-10 所示。

如图所示，虽然“十五”计划与“十一五”规划期间全国文物系统对国民经济发展贡献的各项构成均有显著增长，但从各自所占份额来看，基本没有变化。从贡献份额来看，“大头”依然是间接贡献中的文物旅游增加值，其占比约为 76%（扣除重复计算部分），其次是文物系统增加值，占比为 17%左右，再次是文物流通经营增加值，占比为 6%左右，占比最小的是文物系统支出带动的建筑业增加值，仅为 1%左右。

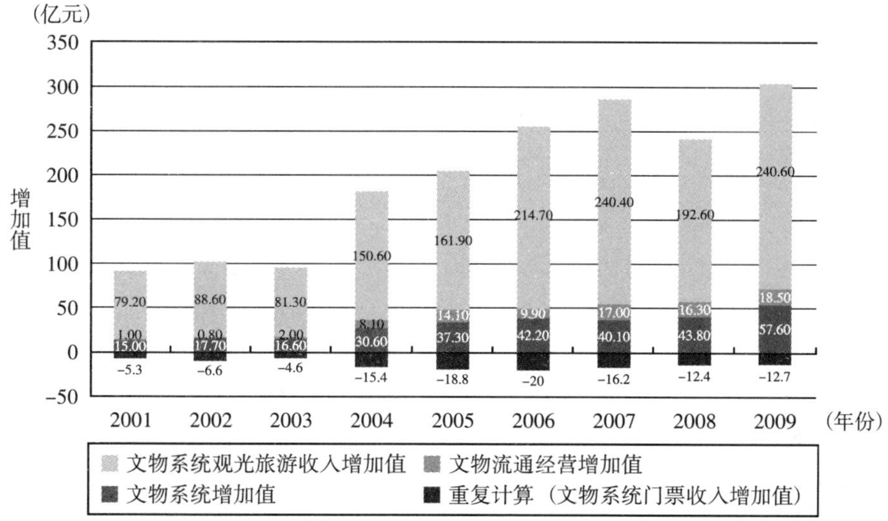


**图 4-6 “十五”计划与“十一五”规划期间全国文物系统对国民经济的全部贡献的构成及变化情况（当年价格）**

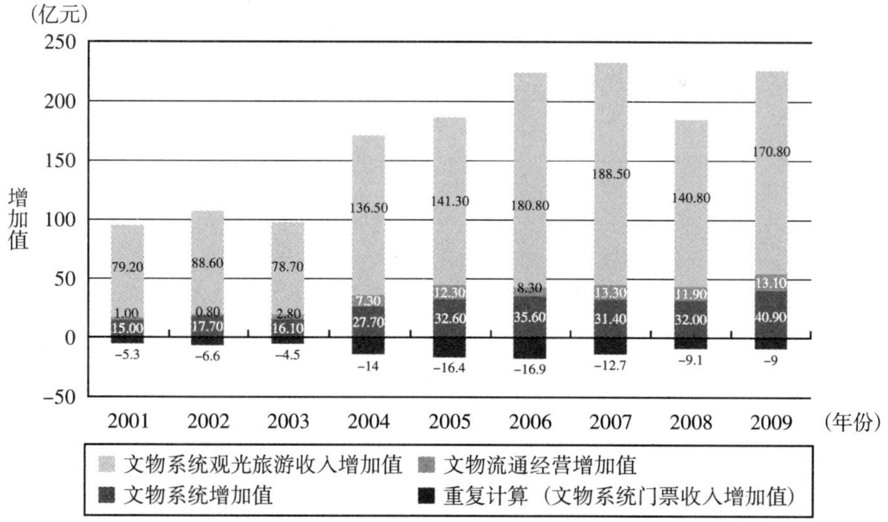


**图 4-7 “十五”计划与“十一五”规划期间全国文物系统对国民经济的全部贡献的构成及变化情况（2001 年可比价格）**

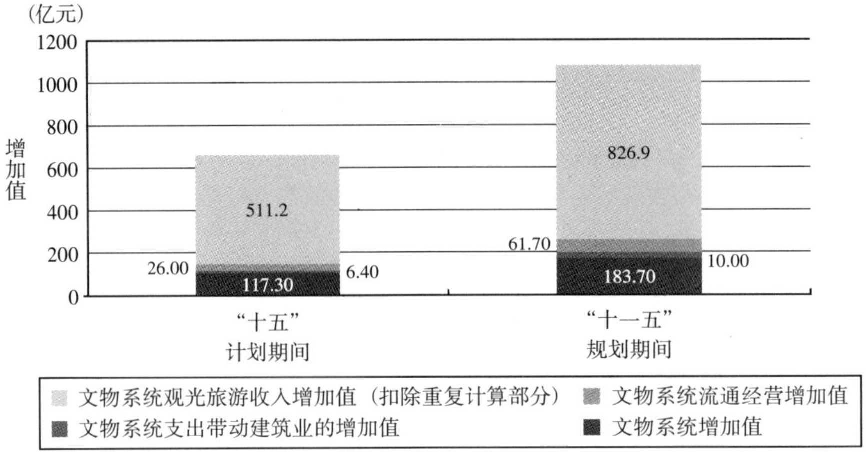


**图 4-8 "十五"计划与"十一五"规划期间全国文物系统对国民经济贡献的对比**

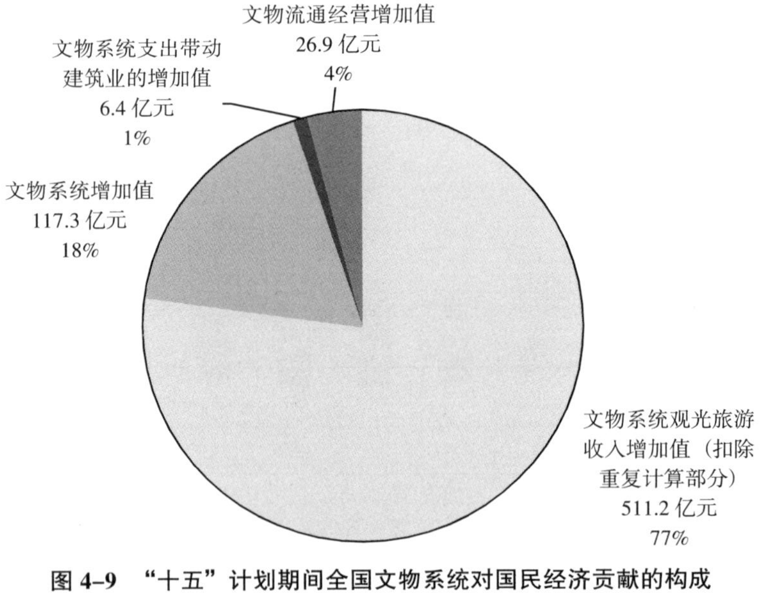


**图 4-9 "十五"计划期间全国文物系统对国民经济贡献的构成**

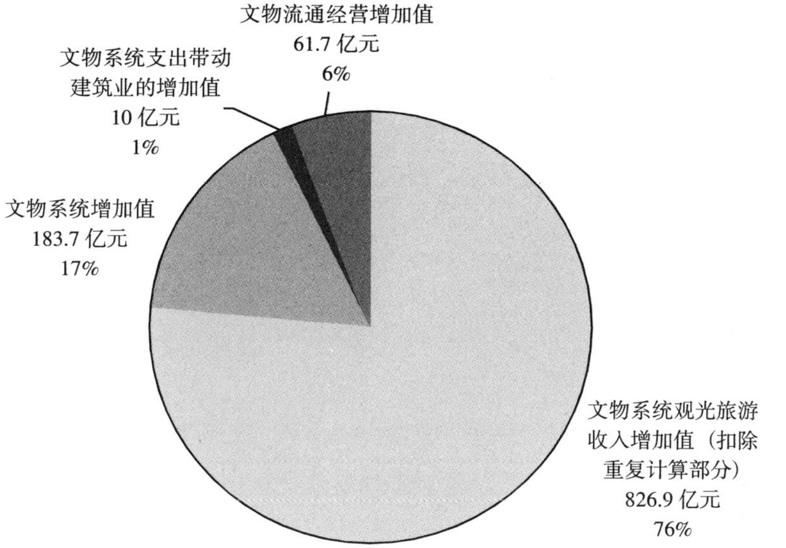


**图 4–10　“十一五”规划期间全国文物系统对国民经济贡献的构成**

# 第四节　投入产出分析

“十五”计划与“十一五”规划期间我国文物系统保护资金来源即文物系统收入构成情况如表 4–21 所示。

**表 4–21　“十五”计划与“十一五”规划期间文物业收入构成**

单位：万元

| 项目 | “十五”计划期间 | | | | | |
|---|---|---|---|---|---|---|
| | 2001 年 | 2002 年 | 2003 年 | 2004 年 | 2005 年 | 合计 |
| 财政拨款 | 206370.5 | 213503.7 | 250996.3 | 274426.5 | 309224.6 | 1254521.6 |
| 上级补助收入 | 10649.8 | 25896.7 | 1823.9 | 24118.4 | 27762.3 | 112059.1 |
| 事业收入 | 14858.7 | 174887.0 | 152551.5 | 261433.3 | 314108.7 | 1051561.2 |
| 其中：门票收入 | 111846.2 | 135543.2 | 109395.0 | 201046.0 | 241254.8 | 799085.2 |
| 经营收入 | 6546.4 | 4598.4 | 7932.0 | 45205.3 | 69686.1 | 133968.2 |

续表

| 项目 | “十五”计划期间 | | | | | |
|---|---|---|---|---|---|---|
| | 2001 年 | 2002 年 | 2003 年 | 2004 年 | 2005 年 | 合计 |
| 其他收入 | 55563.0 | 53097.8 | 72611.47 | 26461.2 | 37611.3 | 245344.7 |
| 当年收入合计 | 433110.4 | 471983.6 | 502323.1 | 631644.7 | 758393.3 | 2797455.1 |

| 项目 | “十一五”规划期间 | | | | |
|---|---|---|---|---|---|
| | 2006 年 | 2007 年 | 2008 年 | 2009 年 | 合计 |
| 财政拨款 | 375934.5 | 481835.8 | 714051.2 | 979455.2 | 2551276.7 |
| 上级补助收入 | 37079.8 | 41837.0 | 51135.0 | 57405.8 | 187457.6 |
| 事业收入 | 345970.6 | 391870.4 | 308965.1 | 279000.4 | 1325806.5 |
| 其中：门票收入 | 262716.6 | 322923.3 | 223269.3 | 240607.4 | 1049516.6 |
| 经营收入 | 75042.0 | 19194.5 | 40617.5 | 31414.4 | 166268.4 |
| 其他收入 | 48826.8 | 41347.9 | 147398.7 | 181190.9 | 418764.3 |
| 当年收入合计 | 882853.7 | 1036917.1 | 1262167.5 | 1528466.7 | 4710405.0 |

资料来源：《全国文物业统计资料》（2001~2009 年）。

总的来看，全国文物系统收入保持了持续稳定的增长。从 2001 年的 20.5 亿元增长至 2009 年的 72.1 亿元，名义上增长了 2.5 倍（按 2001 年可比价格计算，实际增长了近 1.5 倍），年均名义增长率为 17.1%（实际增长率也高达 12.1%）。从“十五”计划和“十一五”规划两个时期对比情况来看，绝对数量上，“十一五”规划期间文物系统收入合计为 225.7 亿元，是“十五”计划期间 132.4 亿元的 1.7 倍，按可比价格计算为 1.4 倍；相对增速上，“十一五”规划期间增加值的平均增速要高于“十五”计划期间，如“十一五”规划期间的年均名义增长率为 20.7%（实际增长率为 14.0%），而“十五”计划期间的年均名义增长率为 13.8%（实际增长率为 10.0%）。这主要得益于“十一五”规划期间各级文物保护单位对文物保护事业的空前重视，使经费投入显著增加。

“十五”计划和“十一五”规划期间全国文物系统收入的构成及变化情况如图 4-11~图 4-15 所示。

如图所示，“十五”计划与“十一五”规划期间全国文物系统收入的各项构成除事业收入和经营收入增长较少外，其余三项均呈现明显增长。但从各自所占份额来看，财政拨款占比有显著增长，而随着博物馆全面免

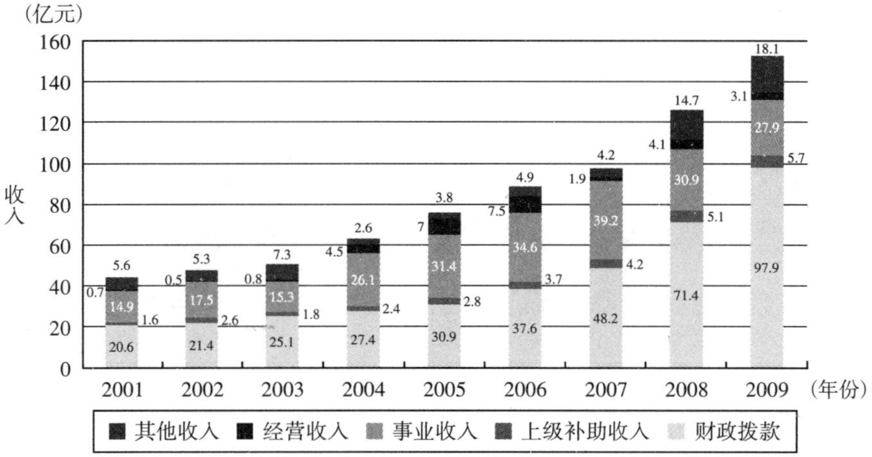


**图 4-11　“十五”计划与“十一五”规划期间全国文物系统收入的构成及变化情况（当年价格）**

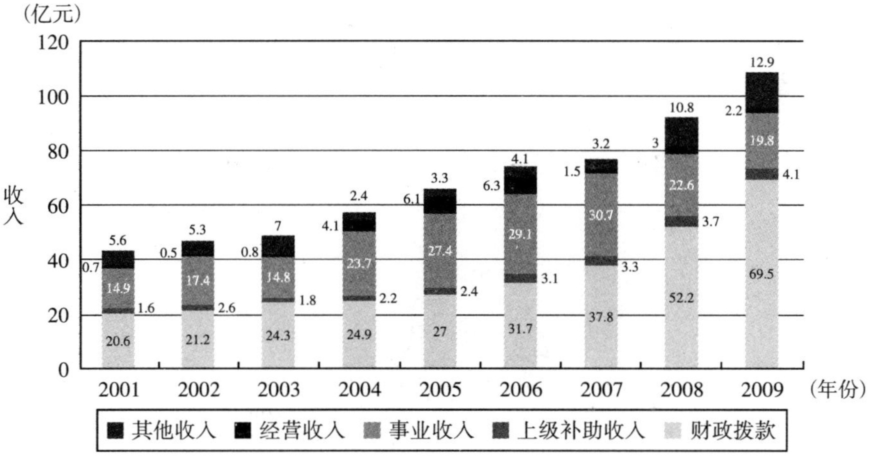


**图 4-12　“十五”计划与“十一五”规划期间全国文物系统收入的构成及变化情况（2001 年可比价格）**

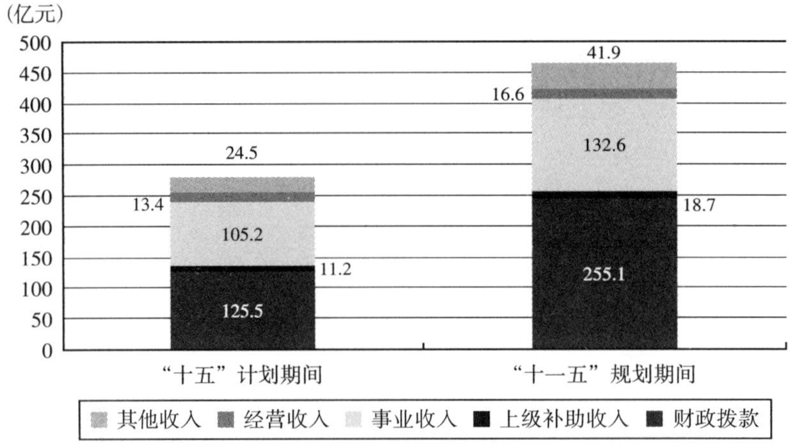


**图 4-13 “十五”计划与“十一五”规划期间全国文物系统收入对比**

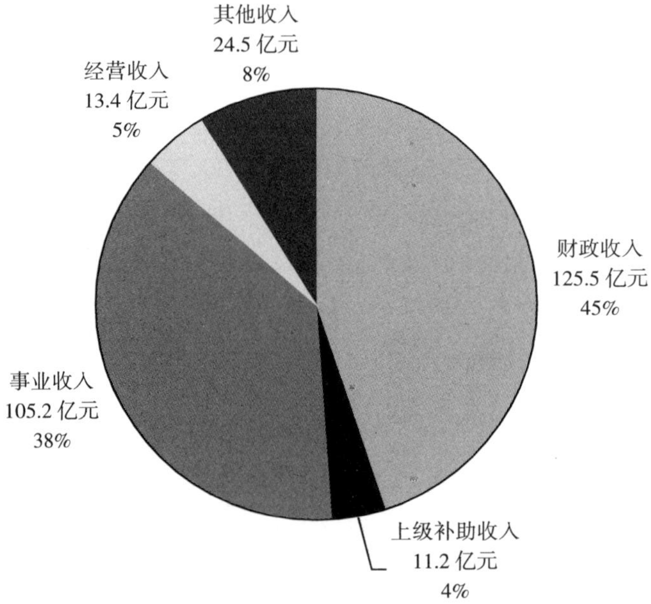


**图 4-14 “十五”计划期间全国文物系统收入构成**

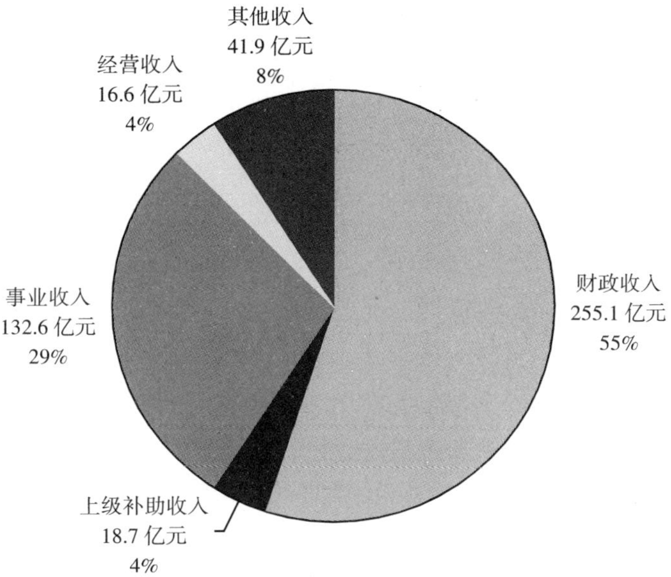


**图 4–15　“十一五”规划期间全国文物系统收入构成**

费开放的推进，事业收入份额明显减少。从“十一五”规划期间的贡献份额来看，“大头”依然是财政拨款，占比达 55%左右，其次是事业收入，占比为 28%左右，再次是其他收入，占比为 9%左右，最少的是上级补助收入和经营收入，占比均为 4%左右。

“十五”计划与“十一五”规划期间全国文物系统和国民经济情况如表 4–22 所示。

**表 4–22　“十五”计划与“十一五”规划期间全国文物系统和国民经济情况**

| 项目 | | | “十五”计划期间 | | | | | |
|---|---|---|---|---|---|---|---|---|
| | | | 2001 年 | 2002 年 | 2003 年 | 2004 年 | 2005 年 | 合计 |
| 文物系统可支配财政资金 | 常规性财政投入 | 财政拨款（万元） | 206370.5 | 213503.7 | 250996.3 | 274426.5 | 309224.6 | 1254521.6 |
| | | 上级补助收入（万元） | 16049.8 | 25896.7 | 18231.9 | 24118.4 | 27762.3 | 112059.1 |
| | 中央财政用专项转移支付（亿元） | | 2.7 | 2.8 | 2.8 | 3.2 | 5.9 | 17.4 |
| | 小计（亿元） | | 24.9 | 26.7 | 29.7 | 33.1 | 39.6 | 154.1 |

续表

| 项目 | “十五”计划期间 | | | | | |
|---|---|---|---|---|---|---|
| | 2001 年 | 2002 年 | 2003 年 | 2004 年 | 2005 年 | 合计 |
| 文物系统对国民经济发展贡献（亿元） | 91.0 | 102.4 | 97.7 | 175.1 | 195.8 | 661.8 |
| 国内生产总值（亿元） | 109655.2 | 120332.7 | 135822.8 | 159878.3 | 184937.4 | 710626.3 |
| 文物系统财政拨款占国内生产总值比例（%） | 0.019 | 0.018 | 0.018 | 0.017 | 0.017 | 0.018 |
| 文物系统可支配财政资金占国内生产总值比例（%） | 0.023 | 0.022 | 0.022 | 0.21 | 0.021 | 0.022 |
| 文物系统对国民经济发展贡献占国内生产总值比例（%） | 0.08 | 0.09 | 0.07 | 0.11 | 0.11 | 0.09 |
| 文物系统对国民经济发展贡献/文物系统财政拨款 | 4.4 | 4.8 | 3.9 | 6.4 | 6.3 | 5.3 |
| 文物系统对国民经济发展贡献/文物系统可支配财政资金 | 3.7 | 3.8 | 3.3 | 5.3 | 4.9 | 4.3 |

| 项目 | | | “十一五”规划期间 | | | | |
|---|---|---|---|---|---|---|---|
| | | | 2006 年 | 2007 年 | 2008 年 | 2009 年 | 合计 |
| 文物系统可支配财政资金 | 常规性财政投入 | 财政拨款（万元） | 375934.5 | 481835.8 | 714051.2 | 979455.2 | 2551276.7 |
| | | 上级补助收入（万元） | 37079.8 | 41837.0 | 51135.0 | 57405.8 | 187457.6 |
| | 中央财政用专项转移支付（亿元） | | 7.2 | 15.1 | 25.0 | 48.6 | 95.9 |
| | 小计（亿元） | | 48.5 | 67.5 | 101.5 | 152.3 | 369.8 |
| 文物系统对国民经济发展贡献（亿元） | | | 247.8 | 283.1 | 242.6 | 308.8 | 1082.4 |
| 国内生产总值（亿元） | | | 216314.4 | 265810.3 | 314045.4 | 340506.9 | 1136677.0 |
| 文物系统财政拨款占国内生产总值比例（%） | | | 0.017 | 0.018 | 0.023 | 0.029 | 0.022 |
| 文物系统可支配财政资金占国内生产总值比例（%） | | | 0.022 | 0.025 | 0.032 | 0.045 | 0.033 |
| 文物系统对国民经济发展贡献占国内生产总值比例（%） | | | 0.11 | 0.11 | 0.08 | 0.09 | 0.10 |

续表

| 项目 | “十一五”规划期间 | | | | |
|---|---|---|---|---|---|
| | 2006 年 | 2007 年 | 2008 年 | 2009 年 | 合计 |
| 文物系统对国民经济发展贡献/文物系统财政拨款 | 6.6 | 5.9 | 3.7* | 3.4* | 4.4* |
| 文物系统对国民经济发展贡献/文物系统可支配财政资金 | 5.1 | 4.2 | 2.5* | 2.1* | 3.0* |

注：文物系统总收入、文物系统财政拨款数据来源于《全国文物业统计资料》(2001~2009 年)；文物系统对国民经济贡献数据来源于表 4-20 方法三的平均值；国内生产总值数据来源于《中国统计年鉴》(2001~2009 年)；* 数据为剔除博物馆免费开放后门票损失影响的修正数据，修正方法详见表 4-36。

为了保证 2010 年的分析结果与 2008 年及 2009 年的可比性，有必要对这三年中关于投入产出比的主要结论进行对比分析，并指出其变化产生的主要原因，结果如表 4-23 所示。

**表 4-23　2008~2010 年关于文物系统投入产出主要结论对比分析**

| 项目 | | 2008 年 | 2009 年 | | 2010 年 | |
|---|---|---|---|---|---|---|
| | | 文物系统对国民经济发展贡献/文物系统财政拨款（小口径） | 文物系统对国民经济发展贡献/文物系统财政拨款（小口径） | 文物系统对国民经济发展贡献/（扣除博物馆门票收入增加值）/文物财政拨款 | 文物系统对国民经济发展贡献/文物系统财政拨款（小口径） | 文物系统对国民经济发展贡献/文物系统支配财政资金（大口径） |
| 计算结果 | 2001 年 | 7.2 | 4.6 | 4.5 | 4.4 | 3.7 |
| | 2002 年 | 7.8 | 5.0 | 4.8 | 4.8 | 3.8 |
| | 2003 年 | 6.6 | 4.3 | 4.2 | 3.9 | 3.3 |
| | 2004 年 | 8.9 | 6.6 | 6.3 | 6.4 | 5.3 |
| | 2005 年 | 8.6 | 6.3 | 6.0 | 6.3 | 4.9 |
| | 2006 年 | — | 6.6 | 6.3 | 6.6 | 5.1 |
| | 2007 年 | — | 5.8 | 5.6 | 5.9 | 4.2 |
| | 2008 年 | — | — | — | 3.7 | 2.5 |
| | 2009 年 | — | — | — | 3.4 | 2.1 |

续表

| 项目 | 2008年 | 2009年 | | 2010年 | |
|---|---|---|---|---|---|
| | 文物系统对国民经济发展贡献/文物系统财政拨款（小口径） | 文物系统对国民经济发展贡献/文物系统财政拨款（小口径） | 文物系统对国民经济发展贡献/（扣除博物馆门票收入增加值）/文物财政拨款 | 文物系统对国民经济发展贡献/文物系统财政拨款（小口径） | 文物系统对国民经济发展贡献/文物系统支配财政资金（大口径） |
| 主要结论及变化 | “十五”计划期间全国文物系统对国民经济发展贡献是同期财政投入的8.1倍 | “十五”计划期间全国文物系统对国民经济发展贡献是同期财政投入的5.4倍<br>2001~2007年，全国文物系统的国民经济发展贡献是同期财政拨款的5.6倍，即便扣除博物馆门票收入，文物系统对国民经济发展贡献仍达到了同期财政投入的5.4倍 | | 小口径：“十五”计划期间全国文物系统对国民经济发展贡献是同期财政投入的5.3倍，“十一五”规划期间为4.4部<br>大口径：“十五”计划期间全国文物系统对国民经济发展贡献是同期可支配财政资金的4.3倍，“十一五”规划期间为3.0倍 | |
| 变化的主要原因 | 2008年中采用了文物流通经营增加值的简单核算方式，即按照文物艺术品拍卖企业经营额（成交额）乘以文物业的增加值率。这种方法存在一定程度的高估，从而导致了全国文物系统的国民经济发展贡献与财政拨款的比值较高 | 为了使核算结果更为科学、更易于被其他行业所认可，对2009年度的经济贡献核算方法做了相应调整，只将文物艺术口拍卖市场成交额中拍卖企业可贡献的增加值纳入统计。这种调整实际上也是一种取下限——在相关数据不能全面准确反映情况时只取毫无争议的产出（营业收入）乘以全国艺术品拍卖公司的增加值率，作为贡献值，以使计算结果更合理、更易于被其他行业所认可 | | 前两年，由于缺少历年准确的统计数据，假设2001~2007年全国文物艺术品拍卖企业经营额按较为保守的10%增长率来计算。现采用了新的数据来源（文化部文化市场司统计的全国艺术品拍卖市场成交额数据），对文物流通经营增加值重新进行了核算，同时考虑到博物馆免费开放后门票收入减少带来的新变化，对投入产出比进行了相应的修正，使得测算结果更加科学合理。另外，首次尝试了计算两种不同口径的投入产出比 | |

2008年的投入产出情况中，笔者算出了“十五”计划期间全国文物系统产出是投入的8.1倍。这种测算得出的结论在计算时进行了两次取下限：一是只考虑了作为目前文物保护事业主体的文物系统的情况，二是只考虑了文物系统的相关经济产出增加值和文物系统可清楚计量的间接贡献。考虑到为了让这个数据公信力更强，更易于被相关部门和公众认可，在2009年进行计算时采取了四次取下限：其一，沿用了2008年的两次取下限；其二，将文物艺术品拍卖市场成交额中拍卖企业可贡献的增加值纳入统计；其三，在当时博物馆免费开放后相关数据未能及时汇总的情况

下，为有说服力地反映文物系统对国民经济的贡献，增添了新的取下限算法——不计博物馆门票收入来测算文物系统的国民经济发展贡献。2010年仍然采取了多次取下限，且采用了新的数据来源对文物流通经营增加值重新进行了核算，同时对投入产出比进行了相应的修正，并首次计算了两种不同口径下的投入产出比。2010年计算结果表明：小口径下，“十五”计划期间全国文物系统对国民经济发展贡献是同期财政投入的5.3倍，“十一五”规划期间为4.4倍；大口径下，“十五”计划期间全国文物系统对国民经济发展贡献是同期可支配财政资金的4.3倍，“十一五”规划期间为3.0倍。

全国文物系统投入（财政拨款）和产出（经济贡献）总体上均保持了较快增长。但从增速来看，这9年中投入的年平均增速要略高于产出5个百分点，如投入的年均名义增长率为21.5%（实际增长率也高达16.4%），而产出的年均名义增长率为16.5%（实际增长率也高达11.6%）。从“十五”计划和“十一五”规划两个时期对比情况来看，“十一五”规划期间投入的增速要高于产出的增速，如投入的年均名义增长率为37.6%（实际增长率也高达30.0%），产出的年均名义增长率仅为7.6%（实际增长率仅为1.6%），而“十五”计划期间投入的增速要低于产出的增速，如投入的年均名义增长率为10.6%（实际增长率为7.0%），产出的年均名义增长率为21.1%（实际增长率为17.1%）。据此，“十一五”规划期间投入与产出增速之间的倒挂，直接导致了投入产出比例逐年走低。分析其原因，主要有以下四点：一是文物旅游收入的非正常减少。主要是博物馆全面免费开放和全球金融危机影响了产出增长。二是旅游产业面临转型升级。旅游产业未来发展的趋势必然是从观光旅游向休闲度假等深度旅游转型，从而分流部分观光旅游人群，当然这对于文物旅游来说既是挑战也是机遇。三是财政拨款相对于经济贡献的快速增长。“十一五”规划期间年均增速高达37.6%，是“十五”计划期间的近4倍。另外，短期内大量财政投入的经济产出往往具有滞后效应。四是在文物系统管理体制机制和管理水平等不少方面还需要创新和提高。可以预计的是，随着博物馆免费开放的全面推进、国内及全球经济的企稳向好发展，文物保护事业将对国民经济做出更大的贡献，届时文物保护事业的乘数效应将进一步放大。

# 第五节　博物馆对国民经济的贡献

“十一五”规划期间，博物馆全面免费开放是我国文物保护事业在民生领域的重大亮点，重点体现了博物馆免费开放带来的新变化。本书参照文物保护事业对国民经济发展贡献的核算框架和主要计算方法，按照没有异议的直接经济贡献和基本没有疑义的间接经济贡献两部分来计算。但有别于文物系统，此处不需要考虑全国文物艺术品拍卖企业的贡献。另外，针对博物馆免费开放带来的一些新变化，在对博物馆吸引力因子的计算和投入产出的计算方法上有一些修正，以使计算结果更加合理和精确。

## 一、直接贡献

“十五”计划与“十一五”规划期间全国博物馆系统增加值情况详见表 4-24。

**表 4-24　“十五”计划与“十一五”规划期间全国博物馆系统增加值情况**

单位：万元

| 项目 | “十五”计划期间 | | | | | |
|---|---|---|---|---|---|---|
| | 2001 年 | 2002 年 | 2003 年 | 2004 年 | 2005 年 | 合计 |
| 增加值 | 89069.7 | 108351.5 | 93552.8 | 171306.7 | 200343.0 | 662623.7 |

| 项目 | “十一五”规划期间 | | | | |
|---|---|---|---|---|---|
| | 2006 年 | 2007 年 | 2008 年 | 2009 年 | 合计 |
| 增加值 | 227387.1 | 187231.0 | 223490.3 | 325290.4 | 963398.8 |

资料来源：《全国文物业统计资料》（2001~2009 年）。

总的来看，全国博物馆增加值保持了较好的增长势头。从 2001 年的 8.9 亿元增长至 2009 年的 32.5 亿元，名义上增长了 2.7 倍（按 2001 年可比价格计算，实际增长近 1.6 倍），年均名义增长率为 17.6%（实际增长率也高达 12.6%）[①]。这 9 年中，全国博物馆增加值除 2003 年和 2007 年较上年有所减少外，其余 7 个年份均呈不同程度的上升态势。从“十五”计划和“十一五”规划两个时期对比情况来看，绝对数量上，“十一五”规划期间增加值合计为 96.3 亿元，是“十五”计划期间 66.3 亿元的 1.5 倍，按可比价格计算仅为 1.2 倍；相对增速上，“十一五”规划期间增加值的平均增速要较低于“十五”计划期间，如“十一五”规划期间的年均名义增长率仅为 12.7%（实际增长率为 6.4%），而“十五”计划期间的年均名义增长率为 22.5%（实际增长率为 18.4%）。究其原因，其一，主要是 2008 年博物馆免费开放直接或间接带来了门票收入的大幅减少；其二，2008 年下半年开始的全球金融危机也导致了门票收入的减少。以上原因综合起来，直接导致了“十一五”规划中后期博物馆增加值的增速较低。但随着博物馆财政投入的加大以及博物馆拓展服务范围、发展博物馆相关产业（如纪念品销售、文物巡展、社会文物鉴定咨询修复服务等）来提高经营收入，未来博物馆的直接经济贡献还有很大的提升空间。

## 二、间接贡献

1. 博物馆修缮费支出带动建筑业增加值

“十五”计划与“十一五”规划期间全国博物馆修缮费支出情况详见表 4-25。

**表 4-25　“十五”计划与“十一五”规划期间全国博物馆修缮费支出带动建筑业增加值**

单位：亿元

| 项目 | “十五”计划期间 | | | | | |
|---|---|---|---|---|---|---|
| | 2001 年 | 2002 年 | 2003 年 | 2004 年 | 2005 年 | 合计 |
| 总支出 | 18.09 | 20.72 | 22.69 | 26.32 | 31.99 | 119.81 |
| 其中：修缮费 | 2.01 | 2.03 | 3.11 | 1.77 | 2.19 | 11.11 |
| 带动建筑业增加值 | 0.53 | 0.52 | 0.63 | 0.34 | 0.44 | 2.46 |

① 名义增长即按照当年价格计算。实际增长即按照 2001 年可比价格计算。年均名义增长率实际就是按数学方法计算出来的增长率，即（今年数-去年数）/去年数。由于在经济中通常有通货膨胀或通货紧缩的情况发生，所以年均实际增长率=年均名义增长率-通胀率。

续表

| 项目 | "十一五"规划期间 | | | | |
|---|---|---|---|---|---|
| | 2006年 | 2007年 | 2008年 | 2009年 | 合计 |
| 总支出 | 36.35 | 47.21 | 58.18 | 70.07 | 211.81 |
| 其中：修缮费 | 2.51 | 1.56 | 4.03 | 4.22 | 12.32 |
| 带动建筑业增加值 | 0.49 | 0.30 | 0.77 | 1.24 | 2.80 |

注：表中数据来源于《全国文物业统计资料》（2001~2009年），其中修缮费数据2009年未统计，这里按照之前三年数据外推得到；带动建筑业增加值=修缮费×建筑业增加值率。

总的来看，"十一五"规划期间全国博物馆修缮费支出带动建筑业增加值增长缓慢。从2001年的0.53亿元增长至2009年的1.24亿元，名义上增长了约1.3倍（按2001年可比价格计算，实际增长了0.7倍），年均名义增长率为11.2%（实际增长率为6.5%）。这9年中，全国博物馆修缮费支出带动建筑业增加值2004年和2007年有明显下降趋势，其余年份均基本保持增长态势。从"十五"计划和"十一五"规划两个时期对比情况来看，绝对数量上，"十一五"规划期间增加值合计为2.8亿元，是"十五"计划期间2.46亿元的约1.1倍，按可比价格计算为0. 9倍；相对增速上，"十一五"规划期间增加值的平均增速要远远高于"十五"计划期间，如"十一五"规划期间的年均名义增长率为36.3%（实际增长率为28.7%），而"十五"计划期间的年均名义增长率为-4.5%（实际增长率为-7.7%）。而促成这种现象的主要原因是2008年开始在全国范围内逐步推行博物馆免费开放政策后，国家和地方财政加大了对免费开放博物馆的财政拨款力度，博物馆在资金使用上也增加了修缮方面的支出，有些博物馆还专门闭馆整修来为免费开放做准备，直接带动了建筑业增加值的快速增长。由于我国博物馆现有规模与博物馆事业对经济社会发展重要性的反差（我国博物馆数量与我国文物保护大国的地位相距甚远），我国的博物馆建设仍会处于高速增长期，未来博物馆建设对我国建筑行业的带动作用不可小觑。

2. 博物馆旅游增加值

（1）博物馆吸引力因子。

方法一：博物馆吸引力因子 = 物馆系统门票收入/观光游览门票总收入。

类似于文物系统吸引力因子的计算方法，本书通过计算博物馆门票收入占观光游览门票总收入的比例来大致判断游客对博物馆的偏好程度，即博物馆吸引力因子。"十五"计划与"十一五"规划期间全国博物馆门票收入统计情况和全国观光游览门票总收入统计情况分别如表 4-26 所示，据此测算的全国博物馆吸引力因子如表 4-27 所示。

**表 4-26　"十五"计划与"十一五"规划期间全国博物馆系统门票收入统计情况**

| 项目 | "十五"计划期间 | | | | | |
| --- | --- | --- | --- | --- | --- | --- |
| | 2001 年 | 2002 年 | 2003 年 | 2004 年 | 2005 年 | 合计 |
| 博物馆门票收入（千元） | 783834 | 876057 | 683198 | 1115716 | 1251812 | 4710617 |
| 博物馆接待参观人次（万人次） | 7955.0 | 7980.0 | 6206.2 | 9736.4 | 11819.1 | 43696.7 |
| 其中：入境参观人次（万人次） | 576.3 | 728.7 | 293.9 | 357.7 | 615.2 | 2571.8 |
| 国内参观人次（万人次） | 7378.7 | 7251.3 | 5912.3 | 9378.7 | 11203.9 | 41124.9 |
| 其中：青少年参观人次（万人次） | 1905.0 | 1940.8 | 687.8 | 2975.7 | 3260.4 | 10589.7 |
| 博物馆平均门票价格（元） | 11.2 | 12.5 | 11.7 | 13.4 | 12.3 | 12.3 |
| 入境观光游客博物馆观光游览（门票）消费（亿元） | 0.6 | 0.9 | 0.3 | 0.5 | 0.8 | 3.1 |
| 国内观光游客博物馆观光游客（门票）消费（亿元） | 7.2 | 7.8 | 6.5 | 10.7 | 11.8 | 44.0 |

| 项目 | "十一五"规划期间 | | | | |
| --- | --- | --- | --- | --- | --- |
| | 2006 年 | 2007 年 | 2008 年 | 2009 年 | 合计 |
| 博物馆门票收入（千元） | 1389080 | 1683075 | 911479 | 990442 | 4974076 |
| 博物馆接待参观人次（万人次） | 12032.4 | 25624.9 | 28566.7 | 32715.6 | 98939.6 |
| 其中：入境参观人次（万人次） | 475.5 | 429.8 | 407.5 | 385.2 | 1698.0 |
| 国内参观人次（万人次） | 11556.9 | 25195.1 | 28159.2 | 32330.4 | 97241.6 |
| 其中：青少年参观人次（万人次） | 3295.0 | 9204.5 | 7198.3 | 9978.4 | 29676.2 |
| 博物馆平均门票价格（元） | 13.4 | 8.0 | 3.7 | 3.6 | 7.2 |
| 入境观光游客博物馆观光游览（门票）消费（亿元） | 0.6 | 0.3 | 0.1 | 0.1 | 1.1 |
| 国内观光游客博物馆观光游客（门票）消费（亿元） | 13.3 | 16.5 | 9.0 | 9.8 | 48.6 |

注：① 博物馆系统门票收入及接待参观人次数据来源于《中国文物统计资料》(2001~2008 年)，其中 2007 年、2008 年《文物统计年鉴》未单独统计入境参观人次，缺失数据由相近年份数据外推所得。
② 博物馆子均门票价格=门票收入/(博物馆系统接待参观人次-青少年参观人次/2)，青少年门票价格统一按半价计。
③ 入境观光游客门票消费=博物馆平均门票价格×入境观光游客参观人次。
④ 国内观光游客门票消费=博物馆系统门票收入-入境观光游客门票消费。

**表 4-27 “十五”计划与“十一五”规划期间全国博物馆吸引力因子按照方法一估算的结果**

| 项目 | | “十五”计划期间 | | | | | |
|---|---|---|---|---|---|---|---|
| | | 2001 年 | 2002 年 | 2003 年 | 2004 年 | 2005 年 | 合计 |
| 博物馆系统门票收入 | 入境观光游客门票消费（亿元） | 0.6 | 0.1 | 0.3 | 0.5 | 0.8 | 3.1 |
| | 国内观光游客门票消费（亿元） | 7.2 | 7.8 | 6.5 | 10.7 | 11.8 | 44.0 |
| 观光旅游门票收入 | 入境观光游览（门票）消费（亿元） | 22.3 | 33.3 | 28.4 | 32.7 | 28.6 | 145.3 |
| | 国内观光旅游（门票）消费合计（亿元） | 170.7 | 194.6 | 159.8 | 238.6 | 283.6 | 1047.3 |
| 博物馆吸引力因子 | 博物馆系统入境游客门票收入占观光游览门票总收入比例（%） | 2.7 | 2.7 | 1.1 | 1.5 | 2.8 | 2.1（平均数） |
| | 博物馆系统国内游客门票收入占观光游览门票总收入比例（%） | 4.2 | 4.0 | 4.1 | 4.5 | 4.1 | 4.2（平均数） |

| 项目 | | “十一五”规划期间 | | | | |
|---|---|---|---|---|---|---|
| | | 2006 年 | 2007 年 | 2008 年 | 2009 年 | 合计 |
| 博物馆系统门票收入 | 入境观光游客门票消费（亿元） | 0.6 | 0.3 | 0.1 | 0.1 | 1.1 |
| | 国内观光游客门票消费（亿元） | 13.3 | 16.5 | 9.0 | 9.8 | 48.6 |
| 观光旅游门票收入 | 入境观光游览（门票）消费（亿元） | 22.4 | 35.8 | 40.0 | 28.8 | 127.0 |
| | 国内观光旅游（门票）消费合计（亿元） | 297.1 | 406.2 | 286.5 | 400.6 | 1390.4 |
| 博物馆吸引力因子 | 博物馆系统入境游客门票收入占观光游览门票总收入比例（%） | 2.7 | 0.8 | 0.3 | 0.3 | 0.9（平均数） |
| | 博物馆系统国内游客门票收入占观光游览门票总收入比例（%） | 4.5 | 4.1 | 3.1 | 2.4 | 3.5（平均数） |

注：① 博物馆系统门票收入数据来源见表 4-26，观光游览门票收入数据来源如表 4-10 所示。
② 博物馆吸引力因子=博物馆系统门票收入/观光游览门票总收入×100%。

方法二：博物馆吸引力因子=博物馆系统接待旅游者人次数/观光旅游者总人次数。

本书选择通过计算博物馆接待旅游人数占观光游览总人数的比例来判断博物馆吸引力因子。通过博物馆关于门票收入和接待参观人数的统计资料，可以估算出博物馆平均门票价格。通过旅游抽样调查数据中城镇和农村观光游客游览（门票）消费，可以估算出其游览（门票）花费可以购买的博物馆门票数，以此估计一个观光者一次出游最多参观的博物馆个数，结果如表 4-28 所示。时间尺度估算方法和消费尺度估算方法结果比较如表 4-29 所示。

**表 4-28　用消费尺度估算“十五”计划与“十一五”规划期间观光游客参观博物馆个数**

| 项目 | “十五”计划期间 | | | | | |
|---|---|---|---|---|---|---|
| | 2001 年 | 2002 年 | 2003 年 | 2004 年 | 2005 年 | 合计 |
| 博物馆平均门票价格（元） | 11.3 | 12.5 | 11.7 | 13.4 | 12.3 | 12.3 |
| 入境观光游客游览（门票）消费（元/次出游） | 74.3 | 120.6 | 109.9 | 99.6 | 83.7 | 97.6 |
| 城镇观光游客游览（门票）消费（元/次出游） | 74.3 | 82.9 | 69.9 | 73.1 | 75.4 | 75.1 |
| 农村观光游客游览（门票）消费（元/次出游） | 104.8 | 104.8 | 96.7 | 102.5 | 145.6 | 110.9 |
| 入境观光游客参观博物馆数（个/次出游） | 7 | 10 | 9 | 7 | 6 | 8 |
| 城镇观光游客参观博物馆数（个/次出游） | 7 | 7 | 6 | 5 | 6 | 6 |
| 农村观光游客参观博物馆数（个/次出游） | 9 | 8 | 8 | 8 | 12 | 9 |

| 项目 | “十一五”规划期间 | | | | |
|---|---|---|---|---|---|
| | 2006 年 | 2007 年 | 2008 年 | 2009 年 | 合计 |
| 博物馆平均门票价格（元） | 13.4 | 8.0 | 3.7 | 3.6 | 7.2 |
| 入境观光游客游览（门票）消费（元/次出游） | 62.7 | 105.2 | 117.9 | 85.5 | 92.8 |
| 城镇观光游客游览（门票）消费（元/次出游） | 79.7 | 89.0 | 97.3 | 92.2 | 89.5 |

续表

| 项目 | "十一五"规划期间 | | | | |
|---|---|---|---|---|---|
| | 2006年 | 2007年 | 2008年 | 2009年 | 合计 |
| 农村观光游客游览（门票）消费（元/次出游） | 108.21 | 138.76 | 123.5 | 135.9 | 12.6 |
| 入境观光游客参观博物馆数（个/次出游） | 5 | 13 | 32 | 24 | 13 |
| 城镇观光游客参观博物馆数（个/次出游） | 6 | 11 | 26 | 26 | 12 |
| 农村观光游客参观博物馆数（个/次出游） | 8 | 7 | 33 | 38 | 18 |

**表4-29 两种方法估算"十五"计划与"十一五"规划期间观光游客参观博物馆数结果比较**

| 项目 | | "十五"计划期间 | | | | | |
|---|---|---|---|---|---|---|---|
| | | 2001年 | 2002年 | 2003年 | 2004年 | 2005年 | 合计 |
| 时间尺度估算方法 | 入境观光游客参观博物馆数（个/次出游） | 12~30 | 12~30 | 12~29 | 10~26 | 11~29 | 11~29 |
| | 城镇观光游客参观博物馆数（个/次出游） | 5~13 | 4~11 | 7~18 | 8~20 | 8~19 | 6~16 |
| | 农村观光游客参观博物馆数（个/次出游） | 9~22 | 8~19 | 8~20 | 7~18 | 7~17 | 8~19 |
| 消费尺度估算方法 | 入境观光游客参观博物馆数（个/次出游） | 7 | 10 | 9 | 7 | 6 | 8 |
| | 城镇观光游客参观博物馆数（个/次出游） | 7 | 7 | 6 | 5 | 6 | 6 |
| | 农村观光游客参观博物馆数（个/次出游） | 9 | 8 | 8 | 8 | 12 | 9 |

| 项目 | | "十一五"规划期间 | | | | |
|---|---|---|---|---|---|---|
| | | 2006年 | 2007年 | 2008年 | 2009年 | 合计 |
| 时间尺度估算方法 | 入境观光游客参观博物馆数（个/次出游） | 12~31 | 11~28 | 12~31 | 12~30 | 12~30 |
| | 城镇观光游客参观博物馆数（个/次出游） | 7~18 | 7~18 | 7~18 | 7~18 | 7~18 |

续表

| 项目 | | "十一五"规划期间 | | | | |
|---|---|---|---|---|---|---|
| | | 2006 年 | 2007 年 | 2008 年 | 2009 年 | 合计 |
| 时间尺度估算方法 | 农村观光游客参观博物馆数（个/次出游） | 7~18 | 7~18 | 7~18 | 7~18 | 7~18 |
| 消费尺度估算方法 | 入境观光游客参观博物馆数（个/次出游） | 5 | 13 | 32 | 24 | 13 |
| | 城镇观光游客参观博物馆数（个/次出游） | 6 | 11 | 26 | 26 | 12 |
| | 农村观光游客参观博物馆数（个/次出游） | 8 | 17 | 33 | 38 | 18 |

由表 4-29 可见，在 2008 年以前（2001~2007 年），消费尺度估算方法估算的游客参观文物旅游景点数往往集中在时间尺度估算方法估算的区间下限附近。表明这一时期内，消费尺度估算方法相对合理，故作为判断一个旅游者一次出游可能参观博物馆数量的上限。而从 2008 年开始，国家旅游局开始推出博物馆免费开放政策，从执行情况来看，政策的实施整体拉低了博物馆门票的平均价格（从 2007 年的 8 元开始逐年迅速降低，2008 年为 3.7 元，2009 年为 3.6 元），这直接导致了按照消费尺度估算方法计算的"游客参观博物馆数"跳跃式增加，已经远远超过了时间尺度估算方法估算的区间上限，如果仍然把消费估算法的结果作为判断一个旅游者一次出游可能参观博物馆数量的上限则明显不合理。因此，2008 年以后兼顾这两种估算方法，采用求时间尺度估算结果下限和消费尺度中位数的方法进行保守估计。计算时需要注意的是，当消费尺度估算结果超出时间尺度估算结果上限时，应直接取时间尺度估算区间的中位数。这种折中的估算方法也符合博物馆旅游降低或取消门票后，增加了对游客的吸引力，促使游览数量增加的事实。

若将旅游者花费一半以上的时间或消费一半以上的门票费用在博物馆旅游上，作为判断一个旅游者一次出游可能参观博物馆数量的下限，则可以得到"十五"计划与"十一五"规划期间全国观光游客一次出游可能参观的博物馆数量区间，该区间上限和下限值如表 4-30 所示。

"十五"计划与"十一五"规划期间全国博物馆吸引力因子按照方法二估算的结果如表 4-31 所示，全国博物馆吸引力因子汇总结果如表 4-32 所示。

**表 4-30 “十五”计划与“十一五”规划期间全国观光游客一次出游可能参观的博物馆数估算结果**

| 项目 | | “十五”计划期间 | | | | | |
|---|---|---|---|---|---|---|---|
| | | 2001 年 | 2002 年 | 2003 年 | 2004 年 | 2005 年 | 合计 |
| （1） | 入境观光游客参观博物馆数（个/次出游） | 7 | 10 | 9 | 7 | 6 | 8 |
| | 城镇观光游客参观博物馆数（个/次出游） | 7 | 7 | 6 | 5 | 6 | 6 |
| | 农村观光游客参观博物馆数（个/次出游） | 9 | 8 | 8 | 8 | 12 | 9 |
| | 国内观光游客参观博物馆数（个/次出游） | 8 | 8 | 7 | 7 | 9 | 8 |
| （2） | 入境观光游客参观博物馆数（个/次出游） | 4 | 5 | 5 | 4 | 3 | 4 |
| | 城镇观光游客参观博物馆数（个/次出游） | 4 | 4 | 3 | 3 | 3 | 3 |
| | 农村观光游客参观博物馆数（个/次出游） | 5 | 4 | 4 | 4 | 6 | 5 |
| | 国内观光游客参观博物馆数（个/次出游） | 4 | 4 | 4 | 4 | 5 | 4 |

| 项目 | | “十一五”规划期间 | | | | |
|---|---|---|---|---|---|---|
| | | 2006 年 | 2007 年 | 2008 年 | 2009 年 | 合计 |
| （1） | 入境观光游客参观博物馆数（个/次出游） | 5 | 13 | 22 | 18 | 13 |
| | 城镇观光游客参观博物馆数（个/次出游） | 6 | 11 | 13 | 13 | 10 |
| | 农村观光游客参观博物馆数（个/次出游） | 8 | 17 | 13 | 13 | 13 |
| | 国内观光游客参观博物馆数（个/次出游） | 7 | 14 | 13 | 13 | 12 |
| （2） | 入境观光游客参观博物馆数（个/次出游） | 3 | 7 | 11 | 9 | 7 |
| | 城镇观光游客参观博物馆数（个/次出游） | 3 | 6 | 7 | 7 | 6 |
| | 农村观光游客参观博物馆数（个/次出游） | 4 | 9 | 7 | 7 | 7 |
| | 国内观光游客参观博物馆数（个/次出游） | 4 | 7 | 7 | 7 | 6 |

注：① 表中数据(1) 是假设观光游客用全部的时间和门票花费消费在博物馆时可能参观的博物馆数，其中国内观光游客参观博物馆数=(城镇观光游客参观博物馆数+农村观光游客参观博物馆数)/2。
② 数据（2）是假设观光游客用一半的时间和一半的门票花费消费在博物馆时可能参观的博物馆数即数据（2）=数据（1)/2。

**表 4-31 “十五”计划与“十一五”规划期间全国博物馆吸引力因子按照方法二估算的结果**

| 项目 | “十五”计划期间 | | | | | |
|---|---|---|---|---|---|---|
| | 2001 年 | 2002 年 | 2003 年 | 2004 年 | 2005 年 | 合计 |
| 博物馆接待入境参观人次数（万人次） | 576.3 | 728.7 | 293.9 | 357.7 | 615.2 | 2571.8 |

续表

| 项目 | “十五”计划期间 | | | | | |
|---|---|---|---|---|---|---|
| | 2001 年 | 2002 年 | 2003 年 | 2004 年 | 2005 年 | 合计 |
| 博物馆接待国内参观者人次数（万人次） | 7378.7 | 7251.3 | 5912.3 | 9378.7 | 11203.9 | 41124.9 |
| 入境每旅游人次参观博物馆数（个） | 4~7 | 5~10 | 5~9 | 4~7 | 3~6 | 4~8 |
| 国内旅游人次参观博物馆数（个） | 4~8 | 4~8 | 4~7 | 4~7 | 5~9 | 4~8 |
| 博物馆接待入境旅游人次数（万人次） | 82.3~144.1 | 72.9~145.7 | 32.7~58.8 | 51.1~89.4 | 102.5~205.1 | 321.5~643.0 |
| 以观光游览为目的入境旅游人次数（万人次） | 2999.7 | 2761.0 | 2584.9 | 3282.1 | 3416.3 | 15044.0 |
| 博物馆接待入境观光游客人次数占观光旅游总人次数比例（%） | 2.7~4.8 | 2.6~5.3 | 1.3~2.3 | 1.6~2.7 | 3.0~6.0 | 2.1~4.3 |
| 博物馆接待国内旅游人次数（万人次） | 922.3~1844.7 | 906.4~1812.8 | 844.6~1689.2 | 1339.8~2679.6 | 1244.9~2489.8 | 5140.6~10281.2 |
| 以观光游览为目的的国内旅游人次数（万人次） | 20565.3 | 21904.3 | 20588.4 | 29206.9 | 30218.0 | 122482.9 |
| 博物馆接待国内观光游客人次数占观光旅游总人次数比例（%） | 4.5~9.0 | 4.1~8.3 | 4.1~8.2 | 4.6~9.2 | 4.1~8.2 | 4.2~8.4 |

| 项目 | “十一五”规划期间 | | | | |
|---|---|---|---|---|---|
| | 2006 年 | 2007 年 | 2008 年 | 2009 年 | 合计 |
| 博物馆接待入境参观人次数（万人次） | 475.5 | 429.8 | 407.5 | 385.2 | 1698.0 |
| 博物馆接待国内参观者人次数（万人次） | 11556.9 | 25195.1 | 28159.2 | 32330.4 | 97241.6 |
| 入境每旅游人次参观博物馆数（个） | 3~5 | 7~13 | 11~22 | 9~18 | 7~13 |
| 国内旅游人次参观博物馆数（个） | 4~7 | 7~14 | 7~13 | 7~13 | 6~12 |
| 博物馆接待入境旅游人次数（万人次） | 95.1~158.5 | 33.1~61.4 | 18.5~37.1 | 18.3~35.0 | 165.1~292.0 |
| 以观光游览为目的入境旅游人次数（万人次） | 3573.3 | 3402.3 | 3393.7 | 3366.6 | 13735.9 |

续表

| 项目 | "十一五"规划期间 | | | | |
|---|---|---|---|---|---|
| | 2006年 | 2007年 | 2008年 | 2009年 | 合计 |
| 博物馆接待入境观光游客人次数占观光旅游总人次数比例（%） | 2.7~4.4 | 1.0~1.8 | 0.5~1.1 | 0.5~1.0 | 1.2~2.1 |
| 博物馆接待国内旅游人次数（万人次） | 1651.0~3302.0 | 1799.7~3599.3 | 2166.1~4022.7 | 2487.0~4618.6 | 8103.7~15542.7 |
| 以观光游览为目的的国内旅游人次数（万人次） | 33920.1 | 38668.6 | 27274.0 | 38405.8 | 138268.5 |
| 博物馆接待国内观光游客人次数占观光旅游总人次数比例（%） | 4.9~9.7 | 4.7~9.3 | 7.9~14.7 | 6.5~12.0 | 5.9~11.2 |

方法三：综合方法一和方法二的估算结果。

考虑到博物馆接待参观人数中除入境游客外，国内游客中有很大比例是博物馆所在地的居民，严格来说不能称为旅游者，这一情况在博物馆全面免费开放后尤甚。因此，这里的博物馆吸引力因子存在一定程度的高估。

方法三综合了方法一和方法二，分别取方法一的计算结果作为博物馆吸引力因子的下限，取方法二取值区间的中间值作为吸引力因子的上限，计算结果如表 4–32 所示。

**表 4–32 "十五"计划与"十一五"规划期间全国博物馆吸引因子**

| 项目 | | "十五"计划期间 | | | | | |
|---|---|---|---|---|---|---|---|
| | | 2001年 | 2002年 | 2003年 | 2004年 | 2005年 | 合计 |
| 方法1 | 入境观光游客博物馆吸引力因子（%） | 2.7 | 2.7 | 1.1 | 1.5 | 2.8 | 2.1 |
| | 国内观光游客博物馆吸引力因子（%） | 4.2 | 4.0 | 4.1 | 4.5 | 4.1 | 4.2 |
| 方法2 | 入境观光游客博物馆吸引力因子（%） | 2.7~4.8 | 2.6~5.3 | 1.3~2.3 | 1.6~2.7 | 3.0~6.0 | 2.1~4.3 |
| | 国内观光游客博物馆吸引力因子（%） | 4.5~9.0 | 4.1~8.3 | 4.1~8.2 | 4.6~9.2 | 4.1~8.2 | 4.2~8.4 |
| 方法3 | 入境观光游客博物馆吸引力因子（%） | 2.7~3.8 | 2.7~4.0 | 1.1~1.8 | 1.5~2.2 | 2.8~4.5 | 2.1~3.2 |
| | 国内观光游客博物馆吸引力因子（%） | 4.2~6.8 | 4.0~6.2 | 4.1~6.2 | 4.5~6.9 | 4.1~6.2 | 4.2~6.3 |

续表

| 项目 | | "十一五"规划期间 | | | | |
|---|---|---|---|---|---|---|
| | | 2006年 | 2007年 | 2008年 | 2009年 | 合计 |
| 方法1 | 入境观光游客博物馆吸引力因子（%） | 2.7 | 0.8 | 0.3 | 0.3 | 1.0 |
| | 国内观光游客博物馆吸引力因子（%） | 4.5 | 4.1 | 3.1 | 2.4 | 3.5 |
| 方法2 | 入境观光游客博物馆吸引力因子（%） | 2.7~4.4 | 1.0~1.8 | 0.5~1.1 | 0.5~1.0 | 1.2~2.1 |
| | 国内观光游客博物馆吸引力因子（%） | 4.9~9.7 | 4.7~9.3 | 7.9~14.7 | 6.5~12.0 | 5.9~11.2 |
| 方法3 | 入境观光游客博物馆吸引力因子（%） | 2.7~3.6 | 0.8~1.4 | 0.3~0.8 | 0.3~0.8 | 0.9~1.7 |
| | 国内观光游客博物馆吸引力因子（%） | 4.5~7.3 | 4.1~7.0 | 3.1~11.3 | 2.4~9.3 | 3.5~8.6 |

注：方法三数据由方法一中结果作为方法三的下限，由方法二的平均数作为方法三的上限。

（2）博物馆观光旅游收入及其增加值。

"十五"计划与"十一五"规划期间全国博物馆观光旅游收入情况如表4-33所示，其增加值如表4-34所示。

总的来看，全国博物馆旅游增加值保持了较快增长，从2001年的61.8亿元增长至2009年的144.6亿元，名义上增长了1.3倍(按2001年可比价格计算，实际增长0.7倍)，年均名义增长率为11.2%（实际增长率为6.5%）。这9年中，全国博物馆旅游增加值除2003年、2008年较上年略有减少外，其余7个年份均呈不同程度的上升态势。从"十五"计划和"十一五"规划两个时期的对比情况来看，绝对数量上，"十一五"规划期间增加值合计为508.7亿元，是"十五"计划期间342.4亿元的1.5倍，按可比价格计算为1.2倍；相对增速上，"十一五"规划期间增加值的平均增速略低于"十五"计划期间，如"十一五"规划期间的年均名义增长率仅为8.0%，而"十五"计划期间的年均名义增长率为9.4%（实际增长率为5.8%）。分析其原因，主要是2008年下半年开始的全球金融危机，直接导致了观光旅游收入的减少，从而直接影响了"十一五"规划中后期博物馆旅游增加值的增速。

**表 4–33 “十五”计划与“十一五”规划期间全国博物馆观光旅游收入**

| 项目 | | | “十五”计划期间 | | | | | | “十一五”规划期间 | | | | |
|---|---|---|---|---|---|---|---|---|---|---|---|---|---|
| | | | 2001 年 | 2002 年 | 2003 年 | 2004 年 | 2005 年 | 合计 | 2006 年 | 2007 年 | 2008 年 | 2009 年 | 合计 |
| 入境观光旅游 | 入境观光旅游收入（亿元） | | 496.3 | 475.8 | 406.3 | 641.2 | 681.6 | 2701.2 | 774.0 | 832.2 | 740.3 | 727.8 | 3074.3 |
| | 博物馆入境观光旅游收入（亿元） | 方法一 | 13.4 | 12.8 | 4.5 | 9.6 | 19.1 | 59.4 | 20.9 | 6.7 | 2.2 | 2.2 | 32.0 |
| | | 方法二 | 13.4~23.8 | 12.4~25.2 | 5.3~9.3 | 10.3~17.3 | 20.4~40.9 | 61.8~116.6 | 20.9~34.1 | 8.3~15.0 | 3.7~8.1 | 3.6~7.3 | 36.5~64.5 |
| | | 方法三 | 13.4~18.9 | 12.8~19.0 | 4.5~7.3 | 9.6~14.1 | 19.1~30.7 | 59.4~90.0 | 20.9~27.9 | 6.7~11.7 | 2.2~5.9 | 2.2~5.8 | 32.0~51.3 |
| 国内观光旅游 | 国内观光旅游收入（亿元） | | 1953.6 | 195.9 | 1751.0 | 2775.9 | 2960.3 | 11436.7 | 3475.4 | 4572.6 | 3218.8 | 4872.0 | 16138.8 |
| | 博物馆国内观光旅游收入（亿元） | 方法一 | 82.1 | 79.8 | 71.8 | 124.9 | 121.4 | 480.0 | 156.4 | 187.5 | 99.8 | 116.9 | 560.6 |
| | | 方法二 | 87.9~175.8 | 81.8~165.7 | 71.8~143.6 | 127.7~255.4 | 121.4~242.7 | 490.6~983.2 | 170.3~337.1 | 214.9~425.3 | 254.3~473.2 | 316.7~584.6 | 956.2~1820.2 |
| | | 方法三 | 82.1~132.8 | 79.8~123.7 | 71.8~108.6 | 124.9~191.5 | 121.4~183.5 | 480.0~740.2 | 156.4~253.7 | 187.5~320.1 | 99.8~363.7 | 116.9~453.1 | 560.6~1390.2 |
| 观光旅游收入合计（亿元） | | | 2449.9 | 2471.7 | 2157.3 | 3417.1 | 3641.9 | 14137.9 | 4249.4 | 5404.8 | 3959.1 | 5599.7 | 19213.0 |
| 博物馆观光旅游收入（亿元） | | 方法一 | 95.5 | 92.7 | 76.3 | 134.5 | 140.5 | 539.4 | 177.3 | 194.1 | 102.0 | 119.1 | 592.6 |
| | | 方法二 | 101.3~199.6 | 94.2~190.9 | 77.1~152.9 | 138.0~272.7 | 141.8~283.6 | 552.4~1099.8 | 191.2~374.2 | 223.2~440.2 | 258.0~481.3 | 320.3~591.9 | 992.7~1884.7 |
| | | 方法三 | 95.5~151.7 | 92.7~142.8 | 76.3~115.9 | 134.5~205.6 | 140.5~214.2 | 539.4~830.2 | 177.3~281.6 | 194.1~331.7 | 102.0~369.6 | 119.1~458.9 | 592.6~1442.0 |
| 博物馆观光旅游收入占观光旅游收入合计比例（%） | | 方法一 | 3.9 | 3.7 | 3.5 | 3.9 | 3.9 | 3.8 | 4.2 | 3.6 | 2.6 | 2.1 | 3.1 |
| | | 方法二 | 4.1~8.1 | 3.8~7.7 | 3.6~7.1 | 4.0~8.0 | 3.9~7.8 | 3.9~7.8 | 4.5~8.7 | 4.1~8.1 | 6.5~12.2 | 5.7~10.6 | 5.2~9.8 |
| | | 方法三 | 3.9~6.2 | 3.7~5.8 | 3.5~5.4 | 3.9~6.0 | 3.8~5.9 | 3.8~5.9 | 4.2~6.6 | 3.6~6.1 | 2.6~9.3 | 2.1~8.2 | 3.0~7.5 |

**表 4–34　“十五”计划与“十一五”规划期间全国博物馆对国民经济发展的贡献**

| 项目 | | | “十五”计划期间 | | | | | |
|---|---|---|---|---|---|---|---|---|
| | | | 2001 年 | 2002 年 | 2003 年 | 2004 年 | 2005 年 | 合计 |
| 直接贡献 | 博物馆增加值（亿元） | | 8.9 | 10.8 | 9.4 | 17.1 | 20.0 | 66.3 |
| 间接贡献 | 博物馆修缮费支出带动建筑业的增加值（亿元） | | 0.53 | 0.52 | 0.63 | 0.34 | 0.44 | 2.46 |
| | 博物馆观光旅游收入增加值（亿元） | 方法 1 | 47.7 | 46.3 | 38.1 | 67.3 | 70.2 | 269.7 |
| | | 方法 2 | 50.7~99.8 | 47.1~95.4 | 38.5~76.5 | 69.0~136.3 | 70.9~141.8 | 276.2~549.9 |
| | | 方法 3 | 47.7~75.9 | 46.3~71.4 | 38.1~57.9 | 67.3~102.8 | 70.2~107.1 | 269.7~415.1 |
| | 博物馆门票收入增加值（亿元） | | 3.7 | 4.3 | 2.9 | 8.5 | 9.8 | 29.2 |
| 合计（亿元） | | 方法 1 | 53.4 | 53.4 | 45.3 | 76.2 | 80.9 | 309.3 |
| | | 方法 2 | 56.4~105.5 | 54.2~102.5 | 45.7~83.6 | 77.9~145.3 | 81.6~152.5 | 315.7~589.5 |
| | | 方法 3 | 53.4~81.6 | 53.4~78.5 | 45.3~65.1 | 76.2~111.8 | 80.9~117.8 | 309.3~454.7 |

| 项目 | | | “十一五”规划期间 | | | | |
|---|---|---|---|---|---|---|---|
| | | | 2006 年 | 2007 年 | 2008 年 | 2009 年 | 合计 |
| 直接贡献 | 博物馆增加值（亿元） | | 22.7 | 18.7 | 22.3 | 32.5 | 96.3 |
| 间接贡献 | 博物馆修缮费支出带动建筑业的增加值（亿元） | | 0.49 | 0.30 | 0.77 | 1.24 | 2.80 |
| | 博物馆观光旅游收入增加值（亿元） | 方法 1 | 88.6 | 97.1 | 51.0 | 59.6 | 296.3 |
| | | 方法 2 | 95.6 ~ 185.6 | 111.6 ~ 220.1 | 129.0 ~ 240.7 | 160.5 ~ 296.0 | 496.4 ~ 942.4 |
| | | 方法 3 | 88.6 ~ 140.8 | 97.1 ~ 165.9 | 51.0 ~ 184.8 | 59.6 ~ 229.5 | 296.3 ~ 721.0 |
| | 博物馆门票收入增加值（亿元） | | 10.6 | 8.5 | 5.1 | 5.2 | 29.4 |
| 合计（亿元） | | 方法 1 | 101.3 | 107.6 | 69.0 | 88.1 | 366.0 |
| | | 方法 2 | 108.3 ~ 198.3 | 122.2 ~ 230.7 | 147.0 ~ 258.6 | 188.7 ~ 324.5 | 566.1 ~ 1012.1 |
| | | 方法 3 | 101.3 ~ 153.5 | 107.6 ~ 176.4 | 69.0 ~ 202.8 | 88.1 ~ 258.0 | 366.0 ~ 790.7 |

注：博物馆门票收入增加值按文物业增加值率估算；合计=直接贡献+间接贡献（扣除重复计算部分）。

## 三、全部贡献

总的来看，全国博物馆对国民经济全部贡献保持了稳定增长。如图 4–16 所示，从 2001 年的 67.5 亿元增长至 2009 年的 173.1 亿元，名义上增长了约 1.6 倍（按 2001 年可比价格计算，实际增长近 0.8 倍），年均名义增长率为12.5%（实际增长率为 7.8%）。这 9 年中，全国博物馆对国民经济发展全部贡献除 2002 年、2004 年和 2008 年较上年有所回落外，其余年份均呈上升态势。从"十五"计划和"十一五"规划两个时期对比情况来看，绝对数量上，"十一五"规划期间增加值合计为 578.3 亿元，是"十五"计划期间 382.1 亿元的约 1.5 倍，按可比价格计算为 1.2 倍；相对增速上，"十一五"规划期间增加值的平均增速接近于"十五"计划期间，如"十一五"规划期间的年均名义增长率仅 10.7%（实际增长率仅为 4.6%），而"十五"计划期间的年均名义增长率为 10.2（实际增长率为 6.5%）。尽管随着 2008 年博物馆逐渐全面免费开放，博物馆对国民经济的直接贡献暂时出现一定程度的下降，但博物馆对国民经济的贡献更多通过博物馆辐射和带动相关产业的发展来实现，而且博物馆自身产业（如纪念品出售和展

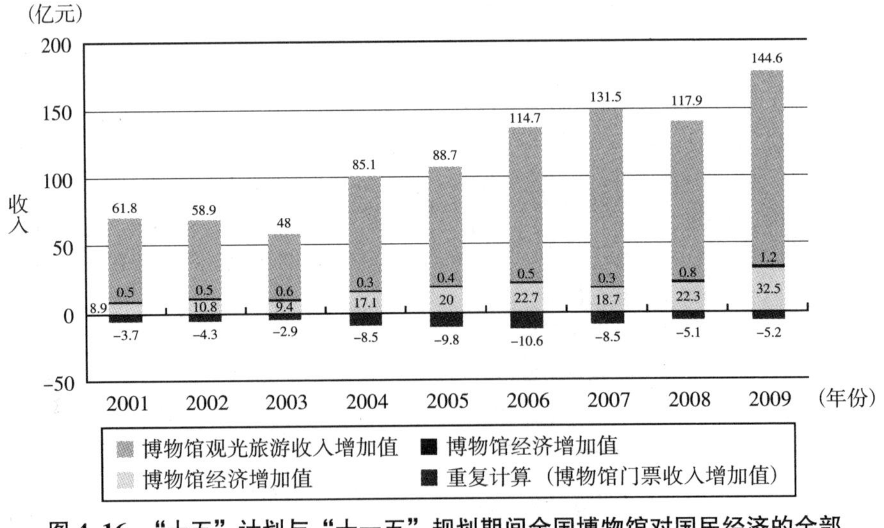


**图 4–16 "十五"计划与"十一五"规划期间全国博物馆对国民经济的全部贡献的构成及变化情况（当年价格）**

品交流、个性化服务等）也会逐渐发展壮大，因此，像诸多进行博物馆之城建设的城市一样积极寻找博物馆与其他行业的接合点和积极发展博物馆自身产业，将成为未来博物馆提升其对国民经济发展贡献率的关键。

“十五”计划和“十一五”规划期间全国博物馆对国民经济的全部贡献的构成及变化情况如图 4-16~图 4-20 所示。

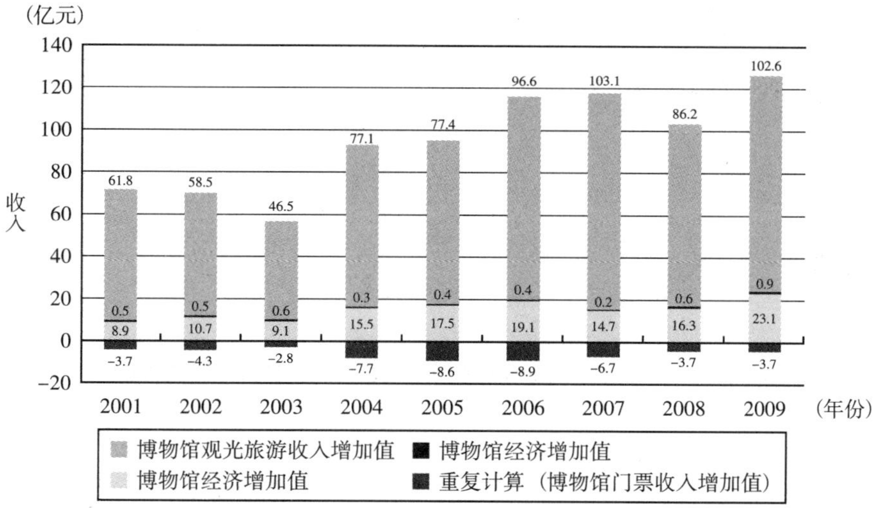


**图 4-17　“十五”计划与“十一五”规划期间全国博物馆对国民经济的全部贡献的构成及变化情况（2001 年可比价格）**

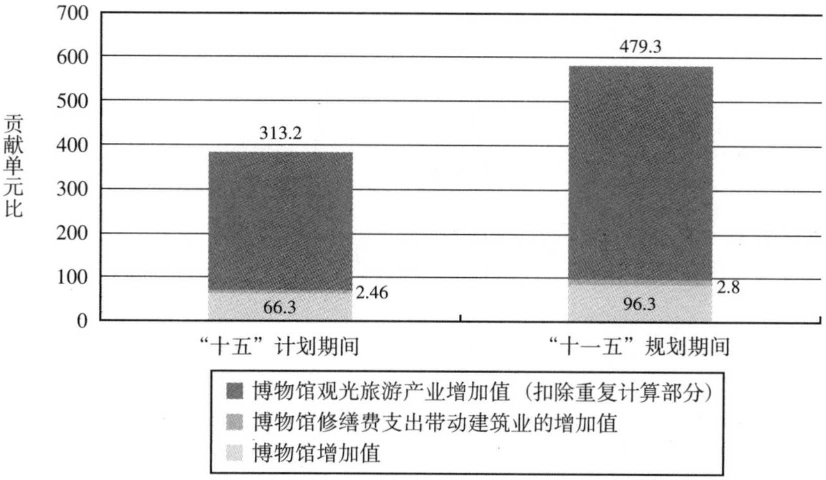


**图 4-18　“十五”计划与“十一五”规划期间全国博物馆对国民经济贡献对比**

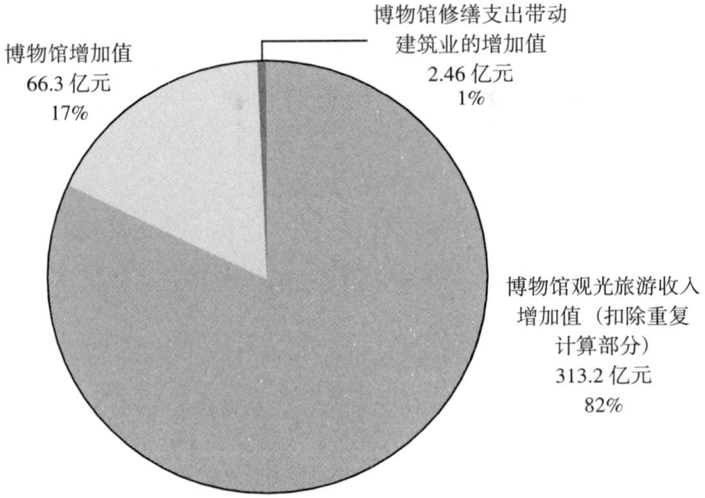


**图 4–19 “十五”计划期间全国博物馆对国民经济贡献的构成**

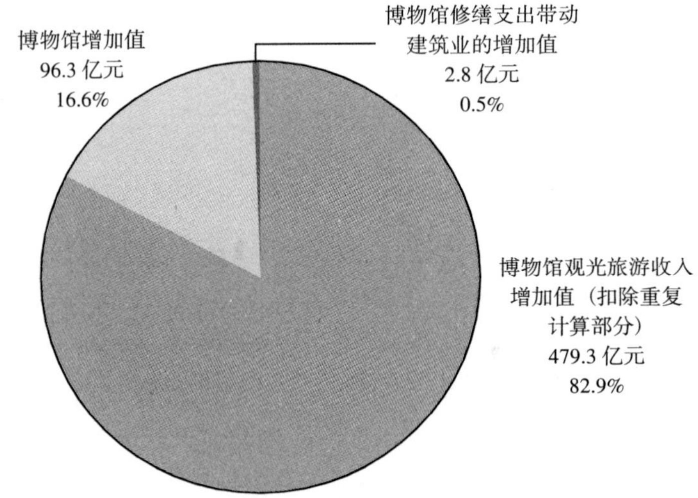


**图 4–20 “十一五”规划期间全国博物馆对国民经济贡献的构成**

如图所示，虽然“十五”计划与“十一五”规划期间全国博物馆对国民经济发展贡献的各项构成除博物馆修缮支出带动建筑业增加值增长缓慢以外，其他两项均有显著增长，但从各自所占份额来看，基本无变化。从贡献份额来看，“大头”依然是间接贡献中的博物馆旅游增加值，占比达83%左右（扣除重复计算部分），其次是博物馆增加值，占比为17%左右，最少的是博物馆修缮支出带动建筑业增加值，占比不到1%。

## 四、投入产出分析

“十五”计划与“十一五”规划期间我国博物馆收入构成如表4-35所示。

**表4-35 “十五”计划与“十一五”规划期间博物馆收入构成**

单位：万元

| 项目 | “十五”计划期间 | | | | | |
|---|---|---|---|---|---|---|
| | 2001年 | 2002年 | 2003年 | 2004年 | 2005年 | 合计 |
| 财政拨款 | 96899.4 | 112194.7 | 125001.9 | 147948.5 | 166731.3 | 648775.8 |
| 上级补助收入 | 8493.3 | 16009.2 | 7584.3 | 10426.6 | 15510.6 | 58024.0 |
| 事业收入 | 90290.3 | 103100.5 | 81259.0 | 123380.9 | 145107.4 | 543138.1 |
| 其中：门票收入 | 78383.4 | 87605.7 | 68319.8 | 111571.6 | 125181.2 | 471061.7 |
| 经营收入 | 2895.2 | 2918.5 | 3898.0 | 4455.4 | 4604.8 | 18771.9 |
| 其他收入 | 6547.4 | 9361.5 | 17038.0 | 9559.8 | 12585.1 | 55091.8 |
| 本年收入合计 | 205125.6 | 243584.4 | 234781.2 | 295771.2 | 344539.2 | 1323801.6 |

| 项目 | “十一五”规划期间 | | | | |
|---|---|---|---|---|---|
| | 2006年 | 2007年 | 2008年 | 2009年 | 合计 |
| 财政拨款 | 203740.3 | 2645847 | 435425.8 | 542758.6 | 1446509.4 |
| 上级补助收入 | 18980.3 | 2214.0 | 30168.8 | 15711.3 | 87037.4 |
| 事业收入 | 157768.7 | 187617.4 | 115943.9 | 105499.7 | 566829.7 |
| 其中：门票收入 | 138908.0 | 168307.5 | 91147.9 | 99044.2 | 497407.6 |
| 经营收入 | 8857.4 | 6188.1 | 9703.9 | 10666.4 | 35415.8 |
| 其他收入 | 20579.9 | 25807.7 | 28706.6 | 46278.4 | 121372.6 |
| 本年收入合计 | 409926.6 | 506374.9 | 619949.0 | 720914.4 | 2257164.9 |

资料来源：《全国文物业统计资料》（2001~2009年）。

总的来看，全国博物馆收入保持了持续稳定增长。从2001年的20.5亿元增长至2009年的72.1亿元，名义上增长了2.5倍（按2001年可比价格计算，实际增长近1.5倍），年均名义增长率为17.0%（实际增长率也高达12.1%）。从“十五”计划和“十一五”规划两个时期对比情况来看，绝对数量上，“十一五”规划期间文物系统收入合计为225.7亿元，是“十五”计划期间132.4亿元的1.7倍，按可比价格计算为1.4倍；相对增速上，“十一五”规划期间增加值的平均增速要高于“十五”计划期间，如“十一五”规划期间的年均名义增长率为20.7%（实际增长率为14.0%），而“十五”计划期间的年均名义增长率为13.8%（实际增长率为10.0%）。

“十五”计划和“十一五”规划期间全国文物系统收入的构成及变化情况如图4-21~图4-23所示。

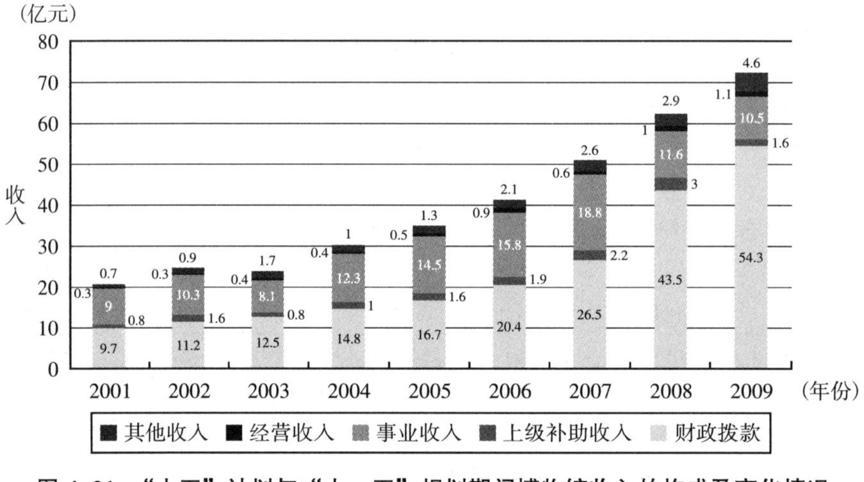


**图4-21 “十五”计划与“十一五”规划期间博物馆收入的构成及变化情况（当年价格）**

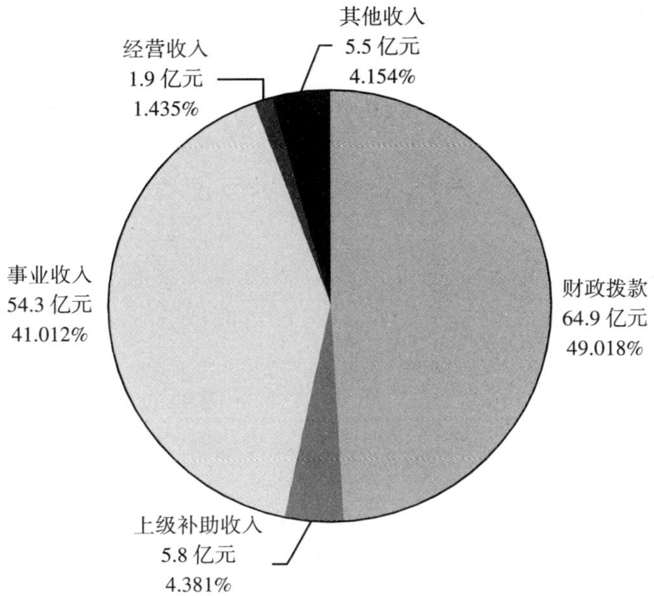


**图 4–22　“十五”计划期间全国博物馆收入构成**

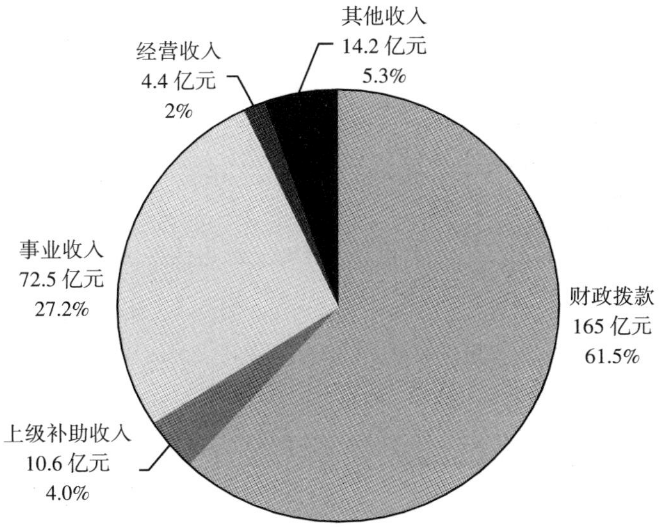


**图 4–23　“十一五”规划期间全国博物馆收入构成**

如图 4-22、图 4-23 所示，“十五”计划与“十一五”规划期间全国博物馆收入的各项构成中除事业收入增长较少外，其余四项均呈现明显增长，但从各自所占份额来看，财政拨款有显著增长，而事业收入随着博物馆免费开放的推进，所占份额明显减少。从“十一五”规划期间贡献份额来看，“大头”依然是财政拨款，占比达 62%左右，其次是事业收入，占比为 27%左右，再次是其他收入，占比为 5%左右，最少的是上级补助收入和经营收入，分别占 4%和 2%左右。从各项收入的比例来看，目前我国博物馆的收入中，财政拨款和事业收入所占比重较大，经营收入和其他收入所占比重仍有较大的提升空间，这也可能成为未来我国博物馆发展的新增长点。

“十五”计划与“十一五”规划期间全国博物馆和国民经济情况如表 4-36 所示。

**表 4-36 “十五”计划与“十一五”规划期间全国博物馆和国民经济情况**

| 项目 | “十五”计划期间 | | | | | |
|---|---|---|---|---|---|---|
| | 2001 年 | 2002 年 | 2003 年 | 2004 年 | 2005 年 | 合计 |
| 博物馆财政拨款（万元） | 96899.4 | 112194.7 | 125001.9 | 147948.5 | 166731.3 | 648775.8 |
| 博物馆对国民经济发展贡献（亿元） | 67.5 | 66.0 | 55.2 | 94.0 | 99.4 | 382.0 |
| 国内生产总值（亿元） | 109655.2 | 120332.7 | 135822.8 | 159878.3 | 184937.4 | 710626.3 |
| 博物馆财政拨款占国内生产总值比例（%） | 0.0088 | 0.0093 | 0.0092 | 0.0093 | 0.0090 | 0.0091 |
| 博物馆对国民经济发展贡献占国内生产总值比例（%） | 0.06 | 0.055 | 0.041 | 0.059 | 0.054 | 0.054 |
| 博物馆对国民经济发展贡献/博物馆财政拨款 | 7.0 | 5.9 | 4.4 | 6.4 | 6.0 | 5.9 |

| 项目 | “十一五”规划期间 | | | | |
|---|---|---|---|---|---|
| | 2006 年 | 2007 年 | 2008 年 | 2009 年 | 合计 |
| 博物馆财政拨款（万元） | 203740.3 | 264584.7 | 435425.8 | 542758.6 | 1446509.4 |
| 博物馆对国民经济发展贡献（亿元） | 127.4 | 142.0 | 135.9 | 173.0 | 578.3 |
| 国内生产总值（亿元） | 216314.4 | 2658410.3 | 314045.4 | 340506.9 | 1136677.0 |
| 博物馆财政拨款占国内生产总值比例（%） | 0.0094 | 0.0100 | 0.0139 | 0.0159 | 0.0127 |

续表

| 项目 | "十一五"规划期间 | | | | |
|---|---|---|---|---|---|
| | 2006 年 | 2007 年 | 2008 年 | 2009 年 | 合计 |
| 博物馆对国民经济发展贡献占国内生产总值比例（%） | 0.059 | 0.053 | 0.043 | 0.051 | 0.051 |
| 博物馆对国民经济发展贡献/博物馆财政拨款 | 6.3 | 5.4 | 3.6* | 3.6* | 4.3* |

注：博物馆总收入、博物馆财政拨款数据来源于《全国文物业统计资料》（2001~2008 年）；博物馆对国民经济发展贡献数据来源于表 4–34 方法三的平均值；国内生产总值数据来源于《中国统计年鉴》（2001~2009 年）。

* 数据为剔除博物馆免费开放后门票损失影响的修正数据。修正方法详见表 4–37。

**表 4–37　博物馆免费开放前后部分指标对比**

| 项目 | | 博物馆免费开放前 | | 博物馆免费开放后 | |
|---|---|---|---|---|---|
| | | 2006 年 | 2007 年 | 2008 年 | 2009 年 |
| 机构数 | 全体博物馆 | 1617 | 1722 | 1904 | 2252 |
| | 免费开放的博物馆 | — | — | — | 1749 |
| 接待参观人次（亿人次） | 全体博物馆 | 1.2 | 2.6 | 2.9 | 3.3 |
| | 免费开放的博物馆 | — | — | — | 2.5 |
| 其中：未成年人参观人次（亿人次） | 全体博物馆 | 0.3 | 0.9 | 0.7 | 1.0 |
| | 免费开放的博物馆 | — | — | — | 0.8 |
| 门票收入（亿元） | 全体博物馆 | 13.9 | 16.8 | 9.1 | 9.9 |
| | 免费开放的博物馆 | — | — | — | 0.9 |
| 增加值（亿元） | 全体博物馆 | 22.7 | 18.7 | 22.4 | 32.5 |
| | 免费开放的博物馆 | — | — | — | 21.2 |
| 博物馆对国民经济发展贡献（亿元） | | 127.4 | 142.0 | 135.9 | 173.0 |
| 财政拨款（亿元） | 全体博物馆 | 20.4 | 26.5 | 43.5 | 54.3 |
| | 免费开放的博物馆 | — | — | — | 42.5 |
| 博物馆对国民经济发展贡献/博物馆财政拨款 | 未剔除博物馆门票损失的影响 | 6.3 | 5.4 | 3.1 | 3.2 |
| | 剔除博物馆门票损失的影响 | — | — | 3.6 | 3.6 |

注：剔除博物馆门票损失的影响是指计算"博物馆对国民经济发展贡献/博物馆财政拨款"时将财政拨款中直接用于弥补门票收入损失的财政拨款部分作相应扣除。博物馆免费开放带来的门票损失=免费开放前两年平均门票收入–免费开放后两年平均门票收入=5.85 亿元。

总的来看，全国博物馆投入（财政拨款）和产出（经济贡献）均保持了较快增长。但从增速来看，2004~2009 年中投入的年平均增速要略高于产出 5 个百分点，如投入的年均名义增长率为 24.0%（实际增长率也高达 18.8%），而产出的年均名义增长率为 12.5%（实际增长率为 7.8%）。从"十五"计划和"十一五"规划两个时期对比情况来看，"十一五"规划期间投入的增速要高于产出的增速，如投入的年均名义增长率为 38.6%（实际增长率也高达 30.9%），产出的年均名义增长率仅为 10.7%（实际增长率仅为 4.6%），并且"十五"计划期间投入的增速同样高于产出的增速，如投入的年均名义增长率为 14.5%（实际增长率也高达 10.7%），产出的年均名义增长率为 10.2%（实际增长率为 6.5%）。据此，由于"十五"计划和"十一五"规划期间投入与产出增速之间的倒挂，投入产出比例逐年走低。这种状况说明博物馆的经济功能发挥得还不够，在保证财政拨款稳定增长的同时，博物馆也需要审视其管理体制、管理水平等因素，考虑如何通过改善管理来提高行业系统内部的绩效水平。

## 第六节　国家级风景名胜区中的文物保护单位对国民经济的贡献

一直以来，文物保护单位都是我国重要的旅游资源。从我国当前文物保护管理体系划分来看，直接和文物保护相关的旅游资源包括风景名胜区、文物保护单位和博物馆。其中，国家级风景名胜区对于我国旅游业的发展起着中流砥柱的作用。以 2008 年为例，当年 187 个国家级风景名胜区接待国内游客 3.8 亿人次（应当指出的是，3.8 亿人次并不完全是以观光为目的的出游，也有商务、探亲、休闲游等其他的旅游活动。但是，在我国现代的旅游活动中，这些非观光目的的旅游活动并不占主导地位，其比重应当不超过 15%。此外，人们一次出游往往会游览某地多个国家级风景名胜区游览点，国家级风景名胜区统计的旅游人次数必然存在重复计算的情况，但这种重复计算毕竟有限），而当年全国旅游接待国内游客中以观光游览为目的的仅为 2.7 亿人次。据此来看，足以表明国家级风景名胜区在国内观光旅游市场上的重要地位。

2009年，为体现免费开放的新形势下博物馆的突出作用，将博物馆的贡献部分进行了剥离。基于2008年国家级风景名胜区的相关资料，选择采用新的核算方法，把同样是文物保护事业重要组成部分的有关国家级风景名胜区的情况纳入计算。作为国家级风景名胜区重要组成部分的人文景观，其存在与发展依赖于景区内文物保护资源的支撑。因此，文物保护单位客观上起到了在一定程度上支撑和引导国家级风景名胜区发展的重要作用。如何客观、科学地衡量国家风景名胜区内文物保护对旅游收入的贡献，对于强化文物保护对旅游经济的作用、促进文物旅游的发展、改善风景名胜区的管理有着重要作用。

## 一、从文物保护角度对国家级风景名胜区的分类

国家级风景名胜区在国内观光旅游市场上占有重要地位，其中人文和自然景观构成了主要的旅游吸引物，显然人文景观对旅游收入有一定比例的贡献。初步统计，在187处国家级风景名胜区中，至少包括93个全国重点文物保护单位，约50个省级文物保护单位和100个县级以上文物保护单位。按照国家级风景名胜区中人文与自然旅游资源的数量和等级，可划分为人文景观类景区、混合类景区、自然类景区，划分依据如下。

（1）人文景观类的景区：以人文景观为主要特色，拥有至少一处全国重点文物保护管理机构。

（2）混合类景区：具备自然和人文景观双重特色，拥有至少一处全国重点文物保护管理机构。

（3）自然景观类景区：以自然景观为主要特色。

据此，可初步划定在187处国家级风景名胜区中（2008年数据），人文景观类的景区有26处、混合类景区有83处、自然类景区有78处，2008年国家级风景名胜区与文物保护单位对应关系如表4-38所示。

**表4-38　2008年国家级风景名胜区与文物保护单位对应关系一览**

| 国家级风景名胜区名称 | 游人量（万人次） | 门票（万元） | 景区内文物保护单位名称 | 景区类别 |
|---|---|---|---|---|
| 北京 | 975 | 34090 | | |
| 十三陵（1） | 409 | 15639 | 全国重点文物保护单位：十三陵（1） | 人文 |

续表

| 国家级风景名胜区名称 | 游人量（万人次） | 门票（万元） | 景区内文物保护单位名称 | 景区类别 |
|---|---|---|---|---|
| 石花洞（4） | 11 | 528 | — | 自然 |
| 八达岭（1） | 555 | 17923 | 全国重点文物保护单位：万里长城—八达岭（1）；县（市、区）级文化保护单位：八达岭碉堡、修长城题名碑、八达岭翁城铁炮等 | 人文 |
| **天津** | 30 | 1482 | | |
| 盘山（3） | 30 | 1482 | 全国重点文物保护单位：千像寺造像（6）；省（自治区、直辖市）级文物保护单位：盘山抗日根据地遗址；县（市、区）级文化保护单位：盘山摩崖石刻 | 混合 |
| **河北** | 2018 | 29040 | | |
| 苍岩山（2） | 50 | 540 | 全国重点文物保护单位：福庆寺（6） | 混合 |
| 嶂石岩（3） | 10 | 150 | — | 自然 |
| 西柏山—天桂山（4） | 240 | 2200 | 全国重点文物保护单位：西柏坡中共中央旧址（2） | 人文 |
| 秦皇岛北戴河（1） | 1200 | 16200 | 全国重点文物保护单位：北戴河秦行宫遗址（4）、北戴河近代建筑群（6） | 混合 |
| 野三坡（2） | 152 | 3450 | — | 自然 |
| 承德避暑山庄外八庙（1） | 366 | 6500 | 全国重点文物保护单位：避暑山庄（1）、普乐寺5（1）、普陀宗乘之庙（1）、须弥福寿之庙（1）、普宁寺（1）、殊像寺（3）、承德城隍庙（6） | 人文 |
| **山西** | 370 | 17685 | | |
| 恒山（1） | 65 | 3100 | 全国重点文物保护单位：悬空寺（2） | 混合 |
| 五老峰（3） | 8 | 189 | 省（自治区、直辖市）级文物保护单位：普救寺塔；县（市、区）级文化保护单位：玉珠峰碑记、鹳雀楼遗址 | 混合 |
| 五台山（1） | 281 | 14046 | 全国重点文物保护单位：显通寺（2） | 人文 |
| 黄河壶口瀑布（2） | 10 | 200 | — | 自然 |
| 北武当山（3） | 6 | 150 | 县（市、区）级文化保护单位：北武当山建筑 | 自然 |
| **内蒙古** | 101 | — | | |
| 扎兰屯（4） | 101 | — | 县（市、区）级文化保护单位：王家屯城址等 | 自然 |

续表

| 国家级风景名胜区名称 | 游人量（万人次） | 门票（万元） | 景区内文物保护单位名称 | 景区类别 |
|---|---|---|---|---|
| **辽宁** | 2217 | 45002 | | |
| 大连海滨—旅顺口（2） | 710 | 8610 | 全国重点文物保护单位：旅顺监狱旧址（3）、万忠墓（6）、关东厅博物馆旧址（6） | 混合 |
| 金石滩（2） | 460 | 25000 | — | 自然 |
| 鞍山千山（1） | 226 | 2523 | 省（自治区、直辖市）级文物保护单位：大安寺、香岩寺、龙泉寺、鞍山驿堡、无量观、中会寺；县（市、区）级文化保护单位：圆通观等 | 混合 |
| 本溪水洞（3） | 42 | 2836 | 县（市、区）级文化保护单位：本溪水洞遗址 | 自然 |
| 鸭绿江（2） | 145 | 2081 | 全国重点文物保护单位：鸭绿江断桥（6） | 混合 |
| 青山沟（4） | 10 | 346 | — | 自然 |
| 凤凰山（3） | 37 | 410 | 全国重点文物保护单位：凤凰山山城（4） | 人文 |
| 医巫闾山（4） | 152 | 2980 | 全国重点文物保护单位：北镇庙（3） | 混合 |
| 兴城海滨（2） | 435 | 216 | 县（市、区）级文化保护单位：大悲阁遗址 | 自然 |
| **吉林** | 141 | 1449 | | |
| “八大部”—净月潭（2） | 80 | 1170 | 县（市、区）级文化保护单位：石羊石虎墓地 | 自然 |
| 松花湖（2） | 50 | 130 | 全国重点文物保护单位：西团山遗址（5） | 混合 |
| 防川（4） | 7 | 108 | 县（市、区）级文化保护单位：回龙峰革命洞 | 自然 |
| 仙景台（4） | 4 | 41 | — | 自然 |
| **黑龙江** | 116 | 2760 | | |
| 镜泊湖（1） | 61 | 1460 | 全国重点文物保护单位：牡丹江边墙（6） | 混合 |
| 五大连池（1） | 55 | 1300 | — | 自然 |
| **江苏** | 5610 | 97245 | | |
| 南京钟山（1） | 886 | 22632 | 全国重点文物保护单位：明孝陵（1）钟山建筑遗址（6） | 人文 |
| 太湖（1） | 3692 | 52445 | 全国重点文物保护单位：荣氏梅园（6） | 混合 |
| 云台山（2） | 367 | 7135 | 全国重点文物保护单位：藤花落遗址（6） | 混合 |

续表

| 国家级风景名胜区名称 | 游人量（万人次） | 门票（万元） | 景区内文物保护单位名称 | 景区类别 |
|---|---|---|---|---|
| 蜀岗瘦西湖（2） | 315 | 13020 | 全国重点文物保护单位：扬州大明寺（6）、莲花桥和白塔（6） | 混合 |
| 三山（5） | 350 | 2013 | 全国重点文物保护单位：焦山碑林（3）；省（自治区、直辖市）级文物保护单位：焦山炮台遗址；县（市、区）级文化保护单位：定慧寺、焦山顶快跑台、太史慈墓 | 混合 |
| **浙江** | 6722 | 104893 | | |
| 富春江—新安江（1） | 981 | 34439 | — | 自然 |
| 杭州西湖（1） | 2745 | 25305 | 全国重点文物保护单位：飞来峰造像（2）、于谦墓（6） | 混合 |
| 雪窦山（3） | 520 | 11500 | 全国重点文物保护单位：蒋氏故居（4） | 混合 |
| 楠溪江（2） | 150 | 991 | 全国重点文物保护单位：芙蓉村古建筑群（6） | 混合 |
| 百丈漈—飞云湖（5） | 106 | 538 | 全国重点文物保护单位：刘基庙及墓（5）；县（市、区）级文化保护单位：辞岭亭 | 混合 |
| 雁荡山（1） | 321 | 5256 | 省（自治区、直辖市）级文物保护单位：雁荡山龙鼻洞摩崖题记；县（市、区）级文化保护单位：白石山摩崖石刻、雁湖景区摩崖石刻等 | 混合 |
| 莫干山（3） | 14 | 847 | 全国重点文物保护单位：莫干山别墅群（6） | 混合 |
| 浣江—五泄（4） | 150 | 2043 | 县（市、区）级文化保护单位：浣纱石、西施殿 | 自然 |
| 双龙（3） | 73 | 1800 | — | 自然 |
| 方岩（5） | 72 | 1075 | 县（市、区）级文化保护单位：应少师墓、古竹桥等 | 自然 |
| 江郎山（4） | 13 | 320 | 县（市、区）级文化保护单位：江郎山摩崖石刻 | 自然 |
| 普陀山（1） | 413 | 12109 | 全国重点文物保护单位：普陀山多宝塔（6）、法雨寺（6） | 混合 |
| 嵊泗列岛（2） | 130 | 480 | 全国重点文物保护单位：花鸟灯塔（5） | 混合 |
| 天台山（2） | 534 | 3820 | 全国重点文物保护单位：国清寺（5）；县（市、区）级文化保护单位：高明寺、方广寺和石梁景区摩崖石刻 | 混合 |
| 仙居（4） | 203 | 1742 | 全国重点文物保护单位：泰顺廊桥（6） | 混合 |

续表

| 国家级风景名胜区名称 | 游人量（万人次） | 门票（万元） | 景区内文物保护单位名称 | 景区类别 |
|---|---|---|---|---|
| 方山—长屿硐天（6） | 138 | 1418 | 县（市、区）级文化保护单位：崇国寺 | 自然 |
| 仙都（3） | 160 | 1210 | 全国重点文物保护单位：仙都摩崖题记（5） | 混合 |
| **安徽** | 742 | 61673 | | |
| 采石（4） | 58 | 568 | 省级文物保护单位：林散之墓园、李白衣冠冢、蛾眉亭、太白楼 | 自然 |
| 天柱山（1） | 28 | 3100 | 全国重点文物保护单位：天柱山山谷流泉摩崖石刻（5） | 混合 |
| 花亭湖风景区（5） | 22 | 460 | 县（市、区）级文化保护单位：西风洞及摩崖石刻 | 自然 |
| 齐云山（3） | 19 | 308 | 全国重点文物保护单位：齐云山石刻（6） | 混合 |
| 花山谜窟—浙江（4） | 35 | 1263 | 省（自治区、直辖市）级文物保护单位：浙江墓；县（市、区）级保护单位：花山谜窟 | 混合 |
| 黄山（1） | 224 | 39480 | — | 自然 |
| 琅琊山（2） | 45 | 994 | 省（自治区、直辖市）级文物保护单位：琅琊山摩崖石刻及碑刻、清流关 | 混合 |
| 巢湖（4） | — | — | 全国重点文物保护单位：冯玉祥旧居（6） | 混合 |
| 九华山（1） | 273 | 14000 | — | 自然 |
| 太极洞（5） | 38 | 1500 | — | 自然 |
| **福建** | 2045 | 29534 | | |
| 鼓山（4） | 235 | 177 | 全国重点文物保护单位：鼓山摩崖石刻（5） | 混合 |
| 十八重溪（5） | 6 | 44 | — | 自然 |
| 青云山（5） | 66 | 1475 | — | 自然 |
| 海坛（3） | 20 | 65 | — | 自然 |
| 鼓浪屿—万石山（2） | 1137 | 13007 | 全国重点文物保护单位：鼓浪屿近代建筑群（6）；省（自治区、直辖市）级文物保护单位：龙头山寨遗址、水操台遗址、县（市、区）级文物保护单位：卢戆章墓、澎湖阵亡将士祠碑、钦赐祭葬石坊表、陈士京墓、郑成功杀郑联处、樵溪桥及高读琴洞、国姓井，郑成功读书处 | 混合 |
| 玉华洞（4） | 78 | 739 | 县（市、区）级文物保护单位：玉华洞 | 自然 |

续表

| 国家级风景名胜区名称 | 游人量（万人次） | 门票（万元） | 景区内文物保护单位名称 | 景区类别 |
|---|---|---|---|---|
| 金湖（3） | 62 | 2600 | 全国重点文物保护单位：秦宁尚书第（3）；县（市、区）级文物保护单位：明兵部尚书李春烨墓 | 混合 |
| 桃源洞—鳞隐石林（2） | 14 | 462 | 县（市、区）级文物保护单位：桃源洞摩崖石刻 | 自然 |
| 清源山（2） | 28 | 736 | 全国重点文物保护单位：老君岩造像（3）；省（自治区、直辖市）级文物保护单位：弘一法师舍利塔 | 混合 |
| 武夷山（1） | 222 | 6774 | 全国重点文物保护单位：武夷山崖墓群（6） | 混合 |
| 冠豸山（3） | 17 | 1040 | 县（市、区）级文物保护单位：冠豸山摩崖石刻 | 自然 |
| 鸳鸯溪（3） | 60 | 2400 | — | 自然 |
| 太姥山（2） | 100 | 15 | 县（市、区）级文物保护单位：太姥山摩尼宫等 | 自然 |
| 江西 | 1328 | 53235 | | |
| 梅岭—滕王阁（5） | 100 | 3088 | 县（市、区）级文物保护单位：皇姑墓 | 自然 |
| 高岭—瑶里（6） | 27 | 650 | 全国重点文物保护单位：湖田老瓷窑址（2）；县（市、区）级文物保护单位：梅岭桥等 | 混合 |
| 云居山—柘林湖（6） | 132 | 1800 | 全国重点文物保护单位：真如寺塔林（6） | 混合 |
| 庐山（1） | 305 | 19000 | 全国重点文物保护单位：庐山会议旧址及庐山别墅建筑群（4）、白鹿书院（3）、秀峰摩崖（6）；省（自治区、直辖市）级文物保护单位：恭乾禅师塔、仙人洞摩崖石刻等；县（市、区）级文物保护单位：诺那塔、瑞典行道会、美国学堂、林森别墅、三叠泉石刻、天主教堂、仰天坪石刻等 | 混合 |
| 仙女湖（4） | 66 | 2003 | 县（市、区）级文物保护单位：状元洲卢肇读书处、万年桥石板 | 自然 |
| 龙虎山（2） | 135 | 5435 | 省（自治区、直辖市）级文物保护单位：螺丝岭、保驾峰崖墓群；县（市、区）级文物保护单位：正一观遗址 | 混合 |
| 三百山（4） | 13 | 152 | — | 自然 |
| 武功山（6） | 8 | 170 | 县（市、区）级文物保护单位：武功山道佛教遗址 | 自然 |
| 井冈山（1） | 370 | 8837 | 全国重点文物保护单位：井冈山革命遗址（1） | 人文 |
| 龟峰（5） | 42 | 1100 | 省（自治区、直辖市）级文物保护单位：南岩石龛 | 混合 |

续表

| 国家级风景名胜区名称 | 游人量（万人次） | 门票（万元） | 景区内文物保护单位名称 | 景区类别 |
|---|---|---|---|---|
| 三清山（2） | 131 | 11000 | 省（自治区、直辖市）级文物保护单位：三清山古建筑群（含石雕、石刻）；县（市、区）级文物保护单位：坪溪桥 | 混合 |
| **山东** | 1644 | 68215 | | |
| 青岛崂山（1） | 256 | 12270 | 省（自治区、直辖市）级文物保护单位：财贝沟墓群、康有为墓；县（市、区）级文物保护单位：白云洞、华楼宫、明道观、蔚竹庵、明霞洞、太和观、崂山太清宫、关帝庙等 | 混合 |
| 胶东半岛海滨（3） | 672 | 40710 | 全国重点文物保护单位：蓬莱水城及蓬莱阁（2）、刘公岛甲午战争纪念地（3）；省（自治区、直辖市）级文物保护单位：北洋水师提督署（包括炮台等） | 人文 |
| 博山（4） | 375 | 1950 | 省（自治区、直辖市）级文物保护单位：颜文姜祠；县（市、区）级文物保护单位：南万山古瓷窑址等 | 混合 |
| 青州（4） | 35 | 533 | 全国重点文物保护单位：驼山石窟（3） | 混合 |
| 泰山（1） | 306 | 12752 | 全国重点文物保护单位：冯玉祥墓（3）、岱庙（3）、泰山石刻（5）、泰山古建筑群（6）；省（自治区、直辖市）级文物保护单位：泰山盘路古建筑群 | 混合 |
| **河南** | 2109 | 69078 | | |
| 嵩山（1） | 646 | 24000 | 全国重点文物保护单位：启母阙（1）、嵩岳寺塔（1）、法王寺庙（5）、崇唐观造像（6） | 混合 |
| 洛阳龙门（1） | 164 | 8950 | 全国重点文物保护单位：龙门石窟（1） | 人文 |
| 石人山（4） | 55 | 600 | 县（市、区）级文物保护单位：墨子故里、楚长城遗址（含分水岭、交口、木札岭段） | 自然 |
| 林虑山（5） | 168 | 1887 | 省（自治区、直辖市）级文物保护单位：红旗渠 | 混合 |
| 云台山（3） | 291 | 13937 | 全国重点文物保护单位：阳台宫（6） | 混合 |
| 青天河（6） | 299 | 10520 | 全国重点文物保护单位：青天河摩崖（6） | 混合 |
| 神农山（6） | 266 | 1083 | 县（市、区）级文物保护单位：二仙庙、伏羲殿 | 自然 |
| 鸡公山（1） | 139 | 6141 | 县（市、区）级文物保护单位：波尔登纪念碑（亭）及落羽杉基地、白果树 | 自然 |
| 王屋山（1） | 81 | 1960 | — | 自然 |

续表

| 国家级风景名胜区名称 | 游人量（万人次） | 门票（万元） | 景区内文物保护单位名称 | 景区类别 |
|---|---|---|---|---|
| **湖北** | 750 | 14696 | | |
| 武汉东湖（1） | 367 | 2325 | — | 自然 |
| 武当山（1） | 104 | 6652 | 全国重点文物保护单位：武当山金顶（1）、紫霄宫（2）、“治世玄岳”牌坊（3）、玉虚宫遗址（5）、武当山建筑群（6） | 混合 |
| 长江三峡湖北段（1） | 34 | 558 | — | 自然 |
| 隆中(3) | 25 | 1025 | 全国重点文物保护单位：襄阳“古隆中”（4） | 人文 |
| 大洪山（2） | 162 | 3106 | 全国重点文物保护单位：屈家岭遗址（3）、擂鼓墩古墓群（3） | 混合 |
| 九宫山（3） | 52 | 530 | 全国重点文物保护单位：李自成墓（3） | 混合 |
| 陆山（4） | 6 | 500 | — | 自然 |
| **湖南** | 2089 | 103453 | | |
| 岳麓山（4） | 144 | 2141 | 全国重点文物保护单位：黄兴故居及墓（3）、岳麓书院（3）、蔡锷故居、公馆和墓（6） | 人文 |
| 韶山（3） | 330 | 12305 | 全国重点文物保护单位：韶山冲毛主席旧居（1）、彭德怀故居（5）；省（自治区、直辖市）级文物保护单位：松山一号楼、毛鉴公祠、毛氏宗祠等 | 人文 |
| 衡山（1） | 320 | 13650 | 县（市、区）级文化保护单位：何公馆、宋公馆 | 自然 |
| 崀山（4） | 50 | 850 | 县（市、区）级文化保护单位：玉泉山禅师墓群、刘坤一墓、刘长佑墓、江忠源墓 | 自然 |
| 岳阳楼洞庭湖（2） | 73 | 4100 | 全国重点文物保护单位：岳阳楼（3）；县（市、区）级文化保护单位：三眼桥、龚阵组战国墓、天灯嘴古文化保护区、方钝墓、大桥湖文化遗址等 | 人文 |
| 福寿山—汨罗江（6） | 15 | 70 | — | 自然 |
| 桃花源（5） | 9 | 589 | 全国重点文物保护单位：桃花源古建筑群（6）；省（自治区、直辖市）等文物保护单位：桃花源；县（市、区）级文化保护单位：天宁书院、桃川宫、千丈河岩墓群 | 人文 |
| 武陵源（2） | 1052 | 66886 | — | 自然 |

续表

| 国家级风景名胜区名称 | 游人量（万人次） | 门票（万元） | 景区内文物保护单位名称 | 景区类别 |
|---|---|---|---|---|
| 紫鹊界梯田—梅山龙宫（6） | 30 | 900 | — | 自然 |
| 猛洞河（5） | 50 | 1242 | 全国重点文物保护单位：溪州铜柱（1）；县（市、区）级文化保护单位：凤凰古城的吊脚楼群 | 混合 |
| 德夯 | 16 | 720 | — | 自然 |
| 广东 | 3171 | 19272 | | |
| 白云山（4） | 2236 | 6845 | 县（市、区）级文化保护单位：姑嫂坟、梁佩兰墓等 | 自然 |
| 丹霞山（2） | 178 | 3024 | 全国重点文物保护单位：石峡遗址（5）；县（市、区）级文化保护单位：金龟岩庙 | 混合 |
| 西樵山（2） | 62 | 1692 | 省（自治区、直辖市）级文物保护单位：石燕岩采石遗址、西樵山遗址；县（市、区）级文化保护单位：玉廪峰、大科峰、金鼠塱摩崖石刻，李子长墓、西樵山抗日将士暨死难同胞纪念碑 | 混合 |
| 湖光岩（5） | 26 | 803 | 县（市、区）级文化保护单位：楞严寺和“湖光岩”摩崖石刻 | 自然 |
| 肇庆星湖（1） | 269 | 5388 | 省（自治区、直辖市）级文物保护单位：荣誉纪念碑、石洞古庙、鼎湖山摩崖石刻 | 混合 |
| 惠州西湖（4） | 224 | 392 | — | 自然 |
| 罗浮山（5） | 176 | 1128 | 省（自治区、直辖市）级文物保护单位：罗浮山摩崖石刻；县（市、区）级文化保护单位：酥醪观、罗浮石刻等 | 混合 |
| 广西 | 1694 | 3794 | | |
| 桂林漓江（1） | 1627 | 3560 | 全国重点文物保护单位：灵渠（3）、秦城遗址（6）、靖江王府及王陵（4） | 混合 |
| 桂平西山 | 65 | 198 | 全国重点文物保护单位：金田起义旧址（1） | 混合 |
| 花山（2） | 2 | 36 | 全国重点文物保护单位：花山岩画（3） | 混合 |
| 海南 | 723 | 38170 | | |
| 三亚热带海滨（3） | 723 | 38170 | 全国重点文物保护单位：落笔洞遗址（5）；县（市、区）级文化保护单位：天涯海角摩崖石刻、小洞天摩崖石刻 | 混合 |
| 重庆 | 333 | 19828 | | |

续表

| 国家级风景名胜区名称 | 游人量（万人次） | 门票（万元） | 景区内文物保护单位名称 | 景区类别 |
|---|---|---|---|---|
| 缙云山（1） | 26 | 442 | 全国重点文物保护单位：钓鱼城遗址（4） | 混合 |
| 四面山（3） | 57 | 1920 | 县（市、区）级文化保护单位：仰止山庄寨 | 自然 |
| 金佛山（2） | 59 | 690 | — | 自然 |
| 长江三峡重庆段（1） | 152 | 14955 | 县（市、区）级文化保护单位：曼子路 | 自然 |
| 芙蓉江（4） | 38 | 1821 | — | 自然 |
| 天坑地缝（5） | 1 | — | — | 自然 |
| **四川** | 1036 | 49795 | | |
| 西岭雪山（3） | 58 | 2528 | — | 自然 |
| **陕西** | 1680 | 43046 | | |
| 华山（1） | 116 | 10149 | 全国重点文物保护单位：西岳庙（3） | 混合 |
| 黄河壶口瀑布（2） | 33 | 1529 | — | 自然 |
| 黄帝陵（4） | 61 | 3497 | 全国重点文物保护单位：黄帝陵（1） | 人文 |
| **甘肃** | 119 | 5790 | | |
| 麦积山（1） | 60 | 1200 | 全国重点文物保护单位：麦积山石窟（1） | 人文 |
| 崆峒山（3） | 25 | 1670 | 省（自治区，直辖市）级文物保护单位：经幢，崆峒山宝塔，县（市，区）级文物保护单位：老庄北坪遗址，二天门塬遗址，蒋家沟遗址等 | 混合 |
| 鸣沙山（3） | 34 | 2920 | — | 自然 |
| **青海** | 32 | 2884 | | |
| 青海湖（3） | 32 | 2884 | — | 自然 |
| **宁夏** | 28 | 733 | | |
| 西夏王陵（2） | 28 | 733 | 全国重点文物保护单位：西夏陵（3） | 人文 |
| **新疆** | 167 | 7235 | | |
| 库木塔格沙漠（4） | 25 | 103 | — | 自然 |

续表

| 国家级风景名胜区名称 | 游人量（万人次） | 门票（万元） | 景区内文物保护单位名称 | 景区类别 |
|---|---|---|---|---|
| 天山天池（1） | 77 | 6750 | — | 自然 |
| 赛里木湖（5） | 30 | 100 | — | 自然 |
| 博斯腾湖（4） | 35 | 282 | 全国重点文物保护单位：察吾乎古墓群（5） | 混合 |

注：表中国家级风景名胜区和文物保护管理机构名称后（　）中的数字表示公布批次。

## 二、计算方法和结论

在研究中，本书对门票收入和接待人数这两个体现景区吸引力的重要指标进行了考察。

由于在混合类景区中，很难精确地区分其中人文景观和自然景观吸引力所占的比重（就某一个景区而言，或许人文景观的成分偏重，而另一个景区或许自然景观的成分偏重），所以将其平均等分处理。由此可计算得出：

1. 按接待人数考察

人文类景区的吸引力因子 =（5418 + 10864 ÷ 2）÷（5418 + 10864 + 23466）= 0.27

2. 按门票收入考察

人文类景区的吸引力因子 =（211269 + 324717 ÷ 2）÷（211269 + 324717 + 500770）= 0.36

一般而言，门票收入和接待人数都应该是景区吸引力的重要体现，但在这里，二者出现了一定程度的差异。本书认为，这种差异主要体现为在这两类景区中，门票价格有较大的差异，而门票差异又潜在地体现了景区规模、特色的差异。显然，单一地采纳哪一种指标都不是最稳妥的选择。因此，本书采用了同时考虑接待人数和门票收入两项指标并将其吸引力因子加以平均的方式来考察。由此计算得出的景区的吸引力因子为：人文类景区的吸引力因子 =（0.27 + 0.36）÷ 2 = 0.32。人文类景区的高吸引力因子充分反映了风景名胜区的文物保护资源对其旅游产业的贡献。

## 第七节　本章小结

本书通过对文物系统及文物系统博物馆没有异议的直接经济贡献和基本没有疑义（四次取下限）的部分间接经济贡献的计算，定量描述了“十五”计划和“十一五”规划期间全国文物系统及文物系统博物馆对国民经济的贡献。虽然采用了新的数据来源，对 2001~2009 年文物流通经营增加值重新进行了核对，同时考虑到博物馆免费开放后门票收入减少带来的新变化，对 2007 年之后文物旅游吸引力因子的计算方法进行了调整，并对投入产出比进行了相应的修正，使得测算结果更加科学合理，但仍存在以下两个方面的误差。

（1）估算误差：缺少针对性的抽样调查数据，只能根据经验采用估算的方法。①在估计“文物及博物馆吸引力因子”时使用了门票消费估计、参观人数估计、综合判断三种方法，局限于数据的针对性不足，尚无更好的估计方法；②由于缺少文物系统接待游客中观光游客比例的抽样调查数据作为依据，尚无法剔除文物业接待参观人数者中的非旅游者。

（2）类比误差：采用类比方法而带来的误差，但由于本书属于中观层面的行业分析，类比误差处于可接受范围。①参考“十五”计划和“十一五”规划期间全国艺术品拍卖公司增加值率，计算全国文物艺术品拍卖企业增加值；②文物系统保护维修支出及全国博物馆修缮费支出带动建筑行业的增加值，根据建筑业增加值率估算而来；③以 50%作为旅游业的增加值率计算文物及博物馆旅游增加值。

# 第五章　文物保护经费绩效管理的政策建议

实现文物保护资金的合理配置，对于促进文物保护及其协调健康发展至关重要。资金的合理配置既是一个时空概念，又是一个动态过程。因此这一选择既要立足于时间，又要立足于空间，需要多种战略措施协调配合方能实现预期的目标。

## 第一节　文物保护绩效管理的政策建议

第一，强调文物保护责任，发挥文物保护的主导作用。各级文物保护要把文物保护投入体系建设纳入国民经济和社会发展的总体规划，认真研究解决文物保护投入建设中的重大问题，切实把文物工作的重心转移到加强文物保护投入管理和服务、文物监督执法上来。各级文物保护部门要保证对文物保护投入体系建设有足够的财力、物力支持。推动区域文物规划的实施，大力整合文物资源，优化文物资源配置。

第二，拓宽资金融资渠道，建立专项基金。除了国家财政拨款投资外，在实际中应尝试多渠道、多层次的资金筹集和利用方式来解决资金不足的问题。现有的城市文物保护资金筹集途径和方式可以归纳为以下几种：

（1）国家的专项保护基金。专项保护基金的资助，各地一般可通过申请取得。专项保护基金的申报程序非常严格，各地申报前必须已经安排落实大部分资金，再逐级申报完成。

（2）国家其他形式资金。除了申请国家的专项保护基金外，各地还可以申请国家其他类型的资金用于文物保护。

（3）银行贷款。申请银行贷款是保护经费筹集的重要方式。申请的银行贷款可对基础设施进行整治。另外还可通过合法有效的途径申请银行贷款用于建筑维修。

（4）个人资金。现阶段来说，个人资金的投入主要是用于对文物保护地段内私有房屋的修缮和内部更新。住户对房屋修缮的投资，虽然是从住户自身利益出发，但根本上有利于街区的长久保存，与此同时也增加了保护资金的总数量。

（5）招标和拍卖资金。把招标和拍卖的方式筹集的资金用于城市文物的保护，这是市场经济社会资金筹措方式的新探索。文物保护应提供一些优惠政策支持，如提供贴息贷款作为启动资金等。同时，文物保护也可以借鉴土地储备的运作方式来对历史地段实施保护。

第三，转换文物保护工作职能，加强立法监督。要从管理体制和调控政策两方面调动区、市（县）文物保护和社会对文物保护投入的积极性，并理顺文物保护相关职能机构间的关系，促进全社会的文物保护存量资源与财政投入增量的密切结合、统筹协调、配套安排，避免多头分配、重复建设和重复投资，使资金尽可能发挥最大效益。

文物保护是一项公共事业，保护管理的主体是文物保护。文物保护管理是文物保护以保护文物为主要目的而进行的规划、组织、指挥、协调和控制的活动。文物保护必须逐步向高效的、法制的有限文物保护转变，以经济管理为重点向以公共行政管理和服务为重心转变。在进行管理的时候，要实施奖罚分明的管理制度，建立文物保护目录并分别予以资金补助。同时，可借鉴西方实行的城市文物保护登录制度，对于列入文物保护名录的历史建筑分门别类按照级别给予相应的资金补助。补助的方式可以直接投入建筑本身的保护，也可以通过专项保护基金的形式给予承接项目的单位和个人补助。另外，要强化文物保护的监督职能，文物保护应该制定相关的制约机制，保障项目的发展健康有序。如对于房地产开发资金，文物保护应该严格控制，以免挪作他用。在赋予文管部门权力的同时也应对其委以相应的责任，建立可行的运行机制。目前我国对于历史文物资源的保护已经出台了一些相关的法律、法规和政策文件，各省市也都针对本地区特点出台了一些地方性法规政策和文件。

第四，深化文物保护投入体制改革，建立文物保护投入发展的持续、长久机制。更新观念，文物保护主管部门要切实转变职能，文物保护部门要真正为文物保护投入、提供更多、更好的指导、服务和帮助。人事部门要做好人才引进工作，李长春的署名文章强调“要加强文物资源工作队伍建设，努力造就一批知识渊博、品质优秀、甘于奉献的专门型人才，一批敢于创新、善于创新的创新型人才，一批熟悉和掌握古代科技知识和传统工艺的专业型人才，一批善于运用现代科技手段保护和利用文物资源的科技型人才，一批熟悉文物资源工作、懂经营善管理的复合型人才，一批历史文化知识丰富、具有世界眼光、熟悉外语的外向型人才”。同时，要完善和落实社会力量捐赠公益性文化事业的政策措施，研究制定社会资金进入文物资源保护领域的相关规定，鼓励引导更多社会资金投入文物资源保护事业。

## 第二节　不足之处和进一步研究的方向

首先，在涉及文物保护经费投入相关分析数据的获取使用方面，本书力求使用较新的统计数据。然而，一些专项调查的数据几乎没有办法取得最新的资料，因此，在相关数据的采集方面存在欠缺和不足。

其次，本书在写作过程中，由于笔者能力水平限制、资料不够翔实等原因，对绩效评价体系的研究还有待进一步深入，这里仅是以点带面地分析了其中的关键性指标，所得出的结论难免有偏颇之处。本书仅从公共财政管理内容之一的文物保护投入的绩效管理着手，进行了粗浅的探讨，这对整个公共财政管理的建设而言只是沧海一粟。对一些问题没有展开深入研究或没有涉及。从总体上看，我国进行文物保护投入绩效管理的建设尚处于摸索阶段，各地各级文物保护财政部门和文物部门在实际工作中还各有不同。但通过对各地文物保护投入绩效管理情况的分析，也从一个侧面反映出了文物保护投入绩效管理中所面临的一些共性的问题。本书针对文物保护投入绩效管理书所提出的一些对策和建议相信对今后实施文物保护投入绩效管理会有一定的借鉴意义。但由于能力和经验有限，书中所提对策建议是极为粗浅的，尚存在以下诸多的不足之处，还有待于今后在实践中做进一步的探讨和研究。

第一，明确合理划分中央、地方文物保护单位在文物保护投入方面的职责。在我国财政的纵向结构上，明确中央文物保护单位与地方文物保护单位在文物保护投入方面应承担的职责，理顺中央、省、地方各级文物保护的文物保护投入服务的供给责任，做到财权与事权的对等，这在当前是一个尤其值得研究的内容。例如，如何根据文物保护投入服务的公共性差别，对文物保护投入的各项内容进行厘定，从而确定属于哪一级文物保护的责任？有些文物保护投入服务是纯粹的公共品，不具有排他性和竞争性，市场机制无法对这类服务的供给和消费施加影响，如文物监督执法等。这类纯粹公共品由文物保护直接投入资金来承办没有争议。但在实际中还有许许多多属于准公共品的文物保护投入服务，这些服务不仅给个人和家庭带来好处，更重要的是还给他人和社会带来明显的正外部效应，具有一定的竞争性，但没有消费的排他性。如何划分这类服务项目的优先等级？诸如此类相关的问题都属于文物保护投入绩效管理相关的研究范围。

第二，确定文物保护投入服务产品的价格系统（各地区根据当地经济状况具体到分类分项产品的菜单单价）。即使知道是哪一级文物保护单位应该负的责任，但其知道绩效考评的结果是要财政拨款，如果没有一个对文物保护投入服务产品的价格系统的准确测量，就很难实施绩效拨款。虽然我国粗略估计出了大致的文物保护投入数目，但具体的项目单价还有待于各地根据当地的实际情况具体分析。

第三，在预算过程中，这种协调包括要与现行的会计实践和会计体系相整合。成本与行为之间的联系在传统上就是组织在账务分配上的责任。如果采用了绩效评估系统，会计体系和绩效评估系统就有可能实现相互融合。但这实际上又带来了另外一个问题，即传统的会计体系常常不能为两个系统的融合提供支持，因为传统的会计体系只局限于处理成本和那些与具体行为联系较少的组织行为。特别是传统的会计过程很难表达很多在绩效评估中提到的概念，如因果关系。所以，这样的改革还要配合会计处理方式的改革，变传统的应收应付制为现金制。

第四，公共透明度研究。透明度的研究和建设对公共管理是至关重要的。对于文物保护单位购买文物保护投入服务产品，要通过具有公开性、透明度的招标机制，实行文物保护单位管理文物保护投入服务产品的公示制，开通网络、舆论监督等现代化信息交流途径，既宣传文物保护投入服务产品合理使用、接纳公众的文物保护投入服务需求，又接受社会各种形式的支持和监督。从理论上来说，这样的绩效管理系统如果没有人民群众的有效监督，如果没有完善的信息流通机制是很难实施下去的，即使实施了，效果也会大打折扣，这是很容易理解的。但在实务操作中，存在很多的利益关系者，使一些好的制度难以实施下去。透明度的研究和建设将对我国公共财政系统的优化起到十分重要的作用。

# 参考文献


［德］哈贝马斯：《公共领域的结构转型》，曹卫东等译，学林出版社 1999 年版。

［德］马克斯·韦伯：《经济与社会》，林荣远译，商务印书馆 1997 年版。

［美］E. S. 萨瓦斯：《民营化与公私部门的伙伴关系》，周志忍等译，中国人民大学出版社 2002 年版。

［美］Hugh G. Gauch. Jr.：《科学方法实践》，王义豹译，清华大学出版社 2005 年版。

［美］科斯·诺思、威廉姆森等：《制度、契约与组织》，刘刚等译，经济科学出版社 2003 年版。

［美］罗伯特·D.李、罗纳德·约翰逊：《公共预算系统》，曹峰等译，清华大学出版社 2002 年版。

［美］斯蒂芬·P.罗宾斯：《组织行为学》，孙健敏译，中国人民大学出版社 1997 年版。

［美］A.普雷姆詹德：《公共管理》，王卫星等译，中国金融出版社 1999 年版。

［美］A.爱伦·斯密德：《财产、权力和公共选择》，黄祖辉等译，三联书店 1999 年版。

［美］B.盖伊·彼得斯：《文物保护未来的治理模式》，吴爱明等译，中国人民大学出版社 2001 年版。

［美］阿兰·斯密德：《制度与行为经济学》，刘璨、吴水荣译，人民大学出版社 2004 年版。

［美］阿里·哈拉契米：《文物保护业绩与质量测评》，张梦中、丁煌等译，中山大学出版社 2003 年版。

［美］埃莉诺·奥斯特罗姆：《公共事务的治理之道——集体行动制度的演进》，余逊达等译，三联出版社 2000 年版。

［美］奥利弗·E.威廉森：《治理机制》，王健、方世健等译，中国社会科学

出版社 2001 年版。
[美] 戴维·奥斯本、特德·盖布勒：《改革文物保护》，周敦仁等译，上海译文出版社 1996 年版。
[美] 戴维·奥斯本、彼得·普拉斯特里克：《摒弃官僚制：文物保护再造的五项战略》，谭功荣等译，中国人民大学出版社 2002 年版。
[美] 霍姆斯、孙克姆：《公共管理手册》，王卫星译，经济管理出版社 2002 年版。
[美] 拉塞尔·林登：《无缝隙文物保护：公共部门再造指南》，汪大海等译，中国人民大学出版社 2002 年版。
[美] 罗伯特·艾布拉姆森、瓦尔特·霍塞特：《企事业单位绩效改善策划法》，高湘泽译，商务印书馆 1999 年版。
[美] 马克·波波维奇：《创建高绩效文物保护组织》，孔宪遂、耿洪敏译，中国人民大学出版社 2002 年版。
[美] 麦克尔·巴泽雷：《突破官僚制：文物保护管理的新愿景》，孔宪遂等译，中国人民大学出版社 2002 年版。
[美] 斯基亚沃-坎波、萨尔瓦托雷、托马西、丹尼尔：《公共管理》，张通译，中国财政经济出版社 2001 年版。
[美] 威廉姆·A.尼斯坎南：《官僚制与公共经济学》，王浦劬等译，中国青年出版社 2004 年版。
[美] 西奥多·H.波伊斯特：《公共与非营利组织绩效考评：方法与应用》，肖鸣政译，中国人民大学出版社 2005 年版。
[美] 希克·艾伦：《当代公共管理方法》，王卫星译，经济管理出版社 2000 年版。
[美] 雅诺什·科尔奈、翁笙和：《转轨中的福利、选择和一致性》，罗淑锦等译，中信出版社 2003 年版。
[美] 詹姆斯·M.布坎南、理查德·A.马斯格雷夫：《公共财政与公共选择：两种截然不同的国家观》，类承耀译，中国财政经济出版社 2000 年版。
[日] 桥本正已：《文物保护投入现代史》，张肖敏译，世界医药出版社 2000 年版。
[新西兰] 穆雷·霍恩：《公共管理的政治经济学：公共部门的制度选择》，汤大华等译，中国青年出版社 2004 年版。
[印度] 桑贾伊·普拉丹：《公共分析的基本方法》，蒋洪等译，中国财政经

济出版社 2002 年版。
［英］拉本德拉·贾：《现代公共经济学》，方敏、王浦劬译，中国青年出版社 2004 年版。
［英］诺尔曼·吉麦尔：《公共部门增长理论与国际经验比较》，杨冠琼、贺军译，经济管理出版社 2004 年版。
［英］诺曼·弗林：《公共部门管理》，曾锡环等译，中国青年出版社 2004 年版。
［英］帕特里克·敦利威：《民主、官僚制与公共选择》，张庆东译，中国青年出版社 2004 年版。
［英］阿特金森、［美］斯蒂格里茨：《公共经济学》，蔡江南译，三联书店 1994 年版。
［英］布朗·杰克逊：《公共部门经济学》，张馨主译，中国人民大学出版社 2000 年版。
［英］简·埃里克·莱恩：《公共部门——概念、模型与途径》，谭功荣译，经济科学出版社 2004 年版。
［英］简·莱恩：《新公共管理》，赵成根等译，中国青年出版社 2004 年版。
［英］米切尔·黑尧：《现代国家的政策过程》，赵成根译，中国青年出版社 2004 年版。
安秀梅：《文物保护公共管理》，对外经济贸易大学出版社 2005 年版。
财政部财政科学研究所《绩效预算》课题组：《美国文物保护绩效评估体系》，经济管理出版社 2004 年版。
陈工：《公共管理研究》，中国金融出版社 2001 年版。
陈凌芹：《绩效管理》，中国纺织出版社 2004 年版。
成思危：《中国事业单位改革》，民主与建设出版社 2000 年版。
储敏伟、杨君昌：《财政学》，高等教育出版社 2000 年版。
丛树海主编：《财政学》，中国人民大学出版社 2002 年版。
何振一、阎坤：《中国财政结构改革》，社会科学文献出版社 2000 年版。
黄佩华：《中国：国家发展与地方财政》，中信出版社 2003 年版。
黄有光：《效率、公平与公共政策：扩大公共势在必行》，社会科学文献出版社 2003 年版。
贾康、刘尚希：《公共财政与公共危机》，中国财政经济出版社 2004 年版。
贾康、阎坤：《转轨中的财政制度变革》，上海远东出版社 1999 年版。

贾康:《财政本质与财政调控》,经济科学出版社 1998 年版。
蒋洪:《财政学》,上海财经大学出版社 2000 年版。
金太军:《文物保护职能梳理与重构》,广东人民出版社 2002 年版。
经济合作与发展组织—发展援助委员会绩效管理合作组编著:《发展绩效管理:行动原则与经验集萃》,财政部财政科学研究所《发展绩效管理》翻译组译,经济管理出版社 2006 年版。
马国贤:《文物保护绩效管理》,复旦大学出版社 2005 年版。
马国贤:《中国公共与预算政策》,上海财经大学出版社 2001 年版。
马骏、叶娟丽:《西方公共行政学理论前沿》,中国社会科学出版社 2004 年版。
马志强、刁云薇:《公共管理》,南开大学出版社 2005 年版。
毛寿龙、李梅、陈幽泓:《西方文物保护的治道变革》,中国人民大学出版社 1998 年版。
毛寿龙:《中国文物保护功能的经济分析》,中国广播电视出版社 1996 年版。
平新乔:《财政原理与比较财政制度》,上海人民出版社 1995 年版。
戚安邦:《项目论证与评估》,机械工业出版社 2004 年版。
陈龙:《铁道勘测与设计》,《绩效沟通偏差修正机制研究》2012 年第 2 期。
Albert Hirschman, "Exit, Voice And Loyalty: Responses To Decline", in *Firms, Organizations, and States*, Cambridge: Harvard University Press, 1970.
Allan Schmid, *Benefit –Cost, Analysis: A Political Economy Approach*, Boulder Westview Pr., 1989.
Allan Schmid, *Property, Power, and Public Choice: An Inquiry into Law and Economics*, New York: Praeger, 1987.
Andrew Sunil Rajkumar and Vinaya Swaroop, *Public Spending and Outcomes: Does Governance Matter*, 2002.
Arrow K. J., Gelnband H., Panosian C. B., Saving Lives, Buying *Time: Economics of Malaria Drugs in an Age of Resistance*, Washington, National Academies Press, 2004.
Atkinson A. and Stiglitz J. *Lectures on Public Economics*, New York: Princeton Univers, Press, 1980.
Barley Z., Phillips and Jemmess M. *Decoding Program Logic Models*, Chicago:

Workshop Presented at the Annual Meeting of the American Evaluation, 11 November 1998.

Enhancing Program Performance with Logic Models, Introducing the CNE Logic Model, http: //www.Nal.Usda.Gov/Foodstamp/Program_Facts.Html#Guidance, 8 December 2002.

Federation of Canadian Municipalities, "International Experience in Municipal Performance", www.Fc M.Ca, 2003.

Jody Zall Kuse, Ray C. Rist, Ten Steps *to a Results-Based Monitoring and Evaluation System*, Washington, D. C.: The World Bank, 2005.

Kearney, Richard C. and Evan M. Berman (Eds.), *Public Sector Performance: Management, Motivation, and Measurement*, Oxford: West view Press, 1999.

Margaret Chandler, *Derrickson: The Literature of The Nonprofit Sector: A Bibliography with Abstracts*, The Foundation Center, 1989.

Meerman Jacob, *Public Expenditure in Malaysia: Who Benefits and Why*, New York: Oxford University Press, 1979.

Robert Mcdonald, "Practical Approaches to Support Evaluation in the Government of Canada", http: //www.europeanevaluation.org/docs/Macdonald.pdf, October 2002.

Salomon Ja et al. "Integrating HIV Prevention and Treatment: From Slogans to Impact", PLoS Med Vol.2 (1): e16, http: //medicine.plosjournals.org/archive/1549-1676/2/1/pdf/10.1371_journal.pmed.0020010-S.pdf, 17 November 2005.

Susan Rose-Ackerman, *The Economics of Nonprofit Institutions: Studies in Structure and Policy*, New York: Oxford University Press, 1986.

W. K. Kellogg Foundation, "Logic Model Development Guide", www.wkkf.org., 2001.

W. K. Kellogg Foudation, " Evaluation Handbook", www.wkkf.com, 1998.

Walter W. Powell. *The Nonprofit Sector: A Research Handbook*, Washington, D. C.: Yale University Press, 1987.

Wholey J. S., Hatry H. P, and Newcomer K. E. (Eds.), *Handbook of Practical Program Evaluation*, San Francisco: Jossey-Bass Publishes,

1994.

Wholey Joseph S., Kathryn E. *Newcomers and Associates Improving Government Performance: Evaluation Strategies for Strengthening Public Agencies and Programs*, San Francisco: Jossey-Bass Publishers, 1989.

World Bank, http: //www.worldbank.org/data/countryclass/countryclass.html, 2 November 2005.

World Bank, *World Development Report*, 1988.

World Bank, "Performance Monitoring Indicators: A Handbook For Task Managers", World Bank, www.worldbank.org, 1996.

# 索　引

**G**



**H**



**J**



**K**



**L**



**M**

**N**



**P**



**Q**



**R**



**S**



**T**



**W**

## X

**Y**



**Z**

# 后 记

时光飞逝，本书也即将付梓。当我怀着一份复杂的心情重新审视自己的写作过程时，我学会了在执着中不执着，在不执着中执着。在这个过程中，我曾经困惑，也曾经迷惘，但从中收获的更多的是惊喜和成果。学术既需要创新思维，又需要扎实和耐心，要沉下心来，耐得住寂寞，忍得住煎熬，并且持之以恒。如果没有恩师、同学、朋友和亲人的帮助与支持，我将很难顺利完成本书的写作。在这里对他们表示感谢。

首先要感谢我的合作导师贾康教授。本书有幸能在写作中得到贾康教授的悉心指导，不胜感激。他严谨治学的学术态度、从容淡定的品德风范、敏锐的洞察力、开拓的视野、丰富的财政绩效评价研究经验以及平和包容的生活态度都给我留下了深刻的印象。师恩似海，我将终身铭记。谨向他致以最崇高的敬意与最诚挚的谢意！

在本书的撰写过程中，对于多目标模糊评判模型建立及其研究方法得到中国体制改革研究会石小敏副会长、《改革》杂志社袁绪成编辑和中国人力资源开发协会刘福垣会长的启发和指点，在此表示诚挚的感谢！

在本书写作期间，我得到各有关部门领导、专家、朋友和同学的悉心指导与帮助支持。在此表示深切的敬意和由衷的感谢！

感谢南京审计学院、财政部财政科学研究所的老师们、同事们对我的培养与关照。感谢我的博士后同学以及师兄师妹。

感谢我的家人对我的理解和支持，在我写作期间，是母亲去世 27 周年的日子，谨以此文寄托我对母亲的感恩和哀思。

感谢我所参考的文献的作者，他们的研究成果给我极大的帮助和启迪，谨表示衷心的感谢。

感谢评审和评阅我书稿的专家们，你们的赐教将会使我的研究进一步完善和提高。

无形的礼物与你们分享：感恩，敬畏，平等，辨识力，信仰，远见。

满　莉

2017 年 7 月 7 日

# 专家推荐表

**第六批《中国社会科学博士后文库》专家推荐表 1**

| | | | |
|---|---|---|---|
| 推荐专家姓名 | 贾康 | 行政职务 | 院长 |
| 研究专长 | 财政税收 | 电　　话 | |
| 工作单位 | 财政科学研究院 | 邮　　编 | 100036 |
| 推荐成果名称 | 《文物保护绩效管理研究》 | | |
| 成果作者姓名 | 满莉 | | |

（对书稿的学术创新、理论价值、现实意义、政治理论倾向及是否达到出版水平等方面做出全面评价，并指出其缺点或不足）

本书对于如何促进文物保护投入的使用效果的提高，促进文物保护投入效率的提高进行了研究，在现有文物保护和绩效评价理论研究的基础上，对绩效管理的理论进行梳理，采用平衡记分卡等工具，探索文物保护的绩效管理系统和方法，运用相关指标分析以及研究文物保护现状，探讨制约文物保护绩效发挥的问题和成因，提出了建立文物保护投入产出的长效机制和财政资金绩效评价制度，为文物保护经费投入决策和执行结果的有效性提供有效支持。

课题指出了如何达成绩效目标评价技术路径以及达成目标的系统化过程，包括衡量财政投入所提供公共服务的经济、效率、效果、质量和外部效应，还将公平、责任、合法性纳入维度。并界定进行绩效评级的约束性边界条件，增强绩效评价模型的应用性，并提出了基于体制外的第三方评价。

文物保护事业不仅对经济社会发展，对国民经济发展尤其是生态文明建设具有中有重大现实意义，对当前文物保绩效管理改革有借鉴和指导意义。本书结构完整，逻辑严谨，语言翔实，论证充分，达到出版水平。希望在进一步研究中，对绩效评价体系的关键指标在各地，各级财政部门的应用进行检验和验证。

签字：

2017 年 7 月 17 日

**说明：**该推荐表由具有正高职称的同行专家填写。一旦推荐书稿入选《中国社会科学博士后文库》，推荐专家姓名及推荐意见将印入著作。

| 第六批《中国社会科学博士后文库》专家推荐表 2 | | | |
|---|---|---|---|
| 推荐专家姓名 | 金碚 | 行政职务 | 社长 |
| 研究专长 | 产业经济 | 电　　话 | |
| 工作单位 | 中国工业经济研究所 | 邮　　编 | |
| 推荐成果名称 | 《文物保护绩效管理研究》 | | |
| 成果作者姓名 | 满莉 | | |

（对书稿的学术创新、理论价值、现实意义、政治理论倾向及是否达到出版水平等方面做出全面评价，并指出其缺点或不足）

文物具有公共性、公益性和非营利性等公共产品属性。政府及有关部门必须通过法制、资源补偿和监督机等途径，建立文物保护投入的长效机制，促进文物保护投入绩效的提高，对传承中国文化，把文化复兴落到实处具有深远的战略意义。所以该课题选题具有前瞻性。

课题对绩效评价的目标和内容进行延伸和扩展。面对地方政府的政治绩效、文化绩效、社会绩效和经济绩效，生态环境的保护绩效越来越成为政府“供给绩效”的重要组成部分。同时提出整体绩效必须考虑政府成本，包括显性成本和隐性成本。

本课题根据多目标量化管理的思路，对绩效指标赋权，选择采用层次分析法，相关分析法、辨别力分析法结合调查中专家对各个指标的赋值情况，利用 MATLAB 对数据进行处理。并进行效度和信度的检验，然后再进行实证筛选和修正。希望在公众参与和公众满意度导向上能够继续做些深入的实践。

本课题逻辑严谨，思路清晰，论证有力，语言通畅，达到出版水平

签字：

2017 年 7 月 22 日

**说明：**该推荐表由具有正高职称的同行专家填写。一旦推荐书稿入选《中国社会科学博士后文库》，推荐专家姓名及推荐意见将印入著作。

# 经济管理出版社
# 《中国社会科学博士后文库》
# 成果目录

| 第一批《中国社会科学博士后文库》（2012 年出版） | | |
|---|---|---|
| 序号 | 书　名 | 作　者 |
| 1 | 《“中国式”分权的一个理论探索》 | 汤玉刚 |
| 2 | 《独立审计信用监管机制研究》 | 王　慧 |
| 3 | 《对冲基金监管制度研究》 | 王　刚 |
| 4 | 《公开与透明：国有大企业信息披露制度研究》 | 郭媛媛 |
| 5 | 《公司转型：中国公司制度改革的新视角》 | 安青松 |
| 6 | 《基于社会资本视角的创业研究》 | 刘兴国 |
| 7 | 《金融效率与中国产业发展问题研究》 | 余　剑 |
| 8 | 《进入方式、内部贸易与外资企业绩效研究》 | 王进猛 |
| 9 | 《旅游生态位理论、方法与应用研究》 | 向延平 |
| 10 | 《农村经济管理研究的新视角》 | 孟　涛 |
| 11 | 《生产性服务业与中国产业结构演变关系的量化研究》 | 沈家文 |
| 12 | 《提升企业创新能力及其组织绩效研究》 | 王　涛 |
| 13 | 《体制转轨视角下的企业家精神及其对经济增长的影响》 | 董　昀 |
| 14 | 《刑事经济性处分研究》 | 向　燕 |
| 15 | 《中国行业收入差距问题研究》 | 武　鹏 |
| 16 | 《中国土地法体系构建与制度创新研究》 | 吴春岐 |
| 17 | 《转型经济条件下中国自然垄断产业的有效竞争研究》 | 胡德宝 |

| 第二批《中国社会科学博士后文库》（2013 年出版） | | |
|---|---|---|
| 序号 | 书　名 | 作　者 |
| 1 | 《国有大型企业制度改造的理论与实践》 | 董仕军 |
| 2 | 《后福特制生产方式下的流通组织理论研究》 | 宋宪萍 |

续表

| 第二批《中国社会科学博士后文库》（2013 年出版） | | |
|---|---|---|
| 序号 | 书　名 | 作　者 |
| 3 | 《基于场景理论的我国城市择居行为及房价空间差异问题研究》 | 吴　迪 |
| 4 | 《基于能力方法的福利经济学》 | 汪毅霖 |
| 5 | 《金融发展与企业家创业》 | 张龙耀 |
| 6 | 《金融危机、影子银行与中国银行业发展研究》 | 郭春松 |
| 7 | 《经济周期、经济转型与商业银行系统性风险管理》 | 李关政 |
| 8 | 《境内企业境外上市监管若干问题研究》 | 刘　轶 |
| 9 | 《生态维度下土地规划管理及其法制考量》 | 胡耘通 |
| 10 | 《市场预期、利率期限结构与间接货币政策转型》 | 李宏瑾 |
| 11 | 《直线幕僚体系、异常管理决策与企业动态能力》 | 杜长征 |
| 12 | 《中国产业转移的区域福利效应研究》 | 孙浩进 |
| 13 | 《中国低碳经济发展与低碳金融机制研究》 | 乔海曙 |
| 14 | 《中国地方政府绩效评估系统研究》 | 朱衍强 |
| 15 | 《中国工业经济运行效益分析与评价》 | 张航燕 |
| 16 | 《中国经济增长：一个“被破坏性创造”的内生增长模型》 | 韩忠亮 |
| 17 | 《中国老年收入保障体系研究》 | 梅　哲 |
| 18 | 《中国农民工的住房问题研究》 | 董　昕 |
| 19 | 《中美高管薪酬制度比较研究》 | 胡　玲 |
| 20 | 《转型与整合：跨国物流集团业务升级战略研究》 | 杜培枫 |

| 第三批《中国社会科学博士后文库》（2014 年出版） | | |
|---|---|---|
| 序号 | 书　名 | 作　者 |
| 1 | 《程序正义与人的存在》 | 朱　丹 |
| 2 | 《高技术服务业外商直接投资对东道国制造业效率影响的研究》 | 华广敏 |
| 3 | 《国际货币体系多元化与人民币汇率动态研究》 | 林　楠 |
| 4 | 《基于经常项目失衡的金融危机研究》 | 匡可可 |
| 5 | 《金融创新及其宏观效应研究》 | 薛昊旸 |
| 6 | 《金融服务县域经济发展研究》 | 郭兴平 |
| 7 | 《军事供应链集成》 | 曾　勇 |
| 8 | 《科技型中小企业金融服务研究》 | 刘　飞 |

续表

| 第三批《中国社会科学博士后文库》(2014年出版) | | |
|---|---|---|
| 序号 | 书　名 | 作　者 |
| 9 | 《农村基层医疗卫生机构运行机制研究》 | 张奎力 |
| 10 | 《农村信贷风险研究》 | 高雄伟 |
| 11 | 《评级与监管》 | 武　钰 |
| 12 | 《企业吸收能力与技术创新关系实证研究》 | 孙　婧 |
| 13 | 《统筹城乡发展背景下的农民工返乡创业研究》 | 唐　杰 |
| 14 | 《我国购买美国国债策略研究》 | 王　立 |
| 15 | 《我国行业反垄断和公共行政改革研究》 | 谢国旺 |
| 16 | 《我国农村剩余劳动力向城镇转移的制度约束研究》 | 王海全 |
| 17 | 《我国吸引和有效发挥高端人才作用的对策研究》 | 张　瑾 |
| 18 | 《系统重要性金融机构的识别与监管研究》 | 钟　震 |
| 19 | 《中国地区经济发展差距与地区生产率差距研究》 | 李晓萍 |
| 20 | 《中国国有企业对外直接投资的微观效应研究》 | 常玉春 |
| 21 | 《中国可再生资源决策支持系统中的数据、方法与模型研究》 | 代春艳 |
| 22 | 《中国劳动力素质提升对产业升级的促进作用分析》 | 梁泳梅 |
| 23 | 《中国少数民族犯罪及其对策研究》 | 吴大华 |
| 24 | 《中国西部地区优势产业发展与促进政策》 | 赵果庆 |
| 25 | 《主权财富基金监管研究》 | 李　虹 |
| 26 | 《专家对第三人责任论》 | 周友军 |

| 第四批《中国社会科学博士后文库》(2015年出版) | | |
|---|---|---|
| 序号 | 书　名 | 作　者 |
| 1 | 《地方政府行为与中国经济波动研究》 | 李　猛 |
| 2 | 《东亚区域生产网络与全球经济失衡》 | 刘德伟 |
| 3 | 《互联网金融竞争力研究》 | 李继尊 |
| 4 | 《开放经济视角下中国环境污染的影响因素分析研究》 | 谢　锐 |
| 5 | 《矿业权政策性整合法律问题研究》 | 郗伟明 |
| 6 | 《老年长期照护：制度选择与国际比较》 | 张盈华 |
| 7 | 《农地征用冲突：形成机理与调适化解机制研究》 | 孟宏斌 |
| 8 | 《品牌原产地虚假对消费者购买意愿的影响研究》 | 南剑飞 |

续表

| 第四批《中国社会科学博士后文库》（2015年出版） | | |
|---|---|---|
| 序号 | 书　名 | 作　者 |
| 9 | 《清朝旗民法律关系研究》 | 高中华 |
| 10 | 《人口结构与经济增长》 | 巩勋洲 |
| 11 | 《食用农产品战略供应关系治理研究》 | 陈　梅 |
| 12 | 《我国低碳发展的激励问题研究》 | 宋　蕾 |
| 13 | 《我国战略性海洋新兴产业发展政策研究》 | 仲雯雯 |
| 14 | 《银行集团并表管理与监管问题研究》 | 毛竹青 |
| 15 | 《中国村镇银行可持续发展研究》 | 常　戈 |
| 16 | 《中国地方政府规模与结构优化：理论、模型与实证研究》 | 罗　植 |
| 17 | 《中国服务外包发展战略及政策选择》 | 霍景东 |
| 18 | 《转变中的美联储》 | 黄胤英 |

| 第五批《中国社会科学博士后文库》（2016年出版） | | |
|---|---|---|
| 序号 | 书　名 | 作　者 |
| 1 | 《财务灵活性对上市公司财务政策的影响机制研究》 | 张玮婷 |
| 2 | 《财政分权、地方政府行为与经济发展》 | 杨志宏 |
| 3 | 《城市化进程中的劳动力流动与犯罪：实证研究与公共政策》 | 陈春良 |
| 4 | 《公司债券融资需求、工具选择和机制设计》 | 李　湛 |
| 5 | 《互补营销研究》 | 周　沛 |
| 6 | 《基于拍卖与金融契约的地方政府自行发债机制设计研究》 | 王治国 |
| 7 | 《经济学能够成为硬科学吗?》 | 汪毅霖 |
| 8 | 《科学知识网络理论与实践》 | 吕鹏辉 |
| 9 | 《欧盟社会养老保险开放性协调机制研究》 | 王美桃 |
| 10 | 《司法体制改革进程中的控权机制研究》 | 武晓慧 |
| 11 | 《我国商业银行资产管理业务的发展趋势与生态环境研究》 | 姚　良 |
| 12 | 《异质性企业国际化路径选择研究》 | 李春顶 |
| 13 | 《中国大学技术转移与知识产权制度关系演进的案例研究》 | 张　寒 |
| 14 | 《中国垄断性行业的政府管制体系研究》 | 陈　林 |

续表

| 第六批《中国社会科学博士后文库》（2017 年出版） | | |
|---|---|---|
| 序号 | 书　名 | 作　者 |
| 1 | 《城市化进程中土地资源配置的效率与平等》 | 戴媛媛 |
| 2 | 《高技术服务业进口技术溢出效应对制造业效率影响研究》 | 华广敏 |
| 3 | 《环境监管中的“数字减排”困局及其成因机理研究》 | 董　阳 |
| 4 | 《基于竞争情报的战略联盟关系风险管理研究》 | 张　超 |
| 5 | 《基于劳动力迁移的城市规模增长研究》 | 王　宁 |
| 6 | 《金融支持战略性新兴产业发展研究》 | 余　剑 |
| 7 | 《清乾隆时期长江中游米谷流通与市场整合》 | 赵伟洪 |
| 8 | 《文物保护经费绩效管理研究》 | 满　莉 |
| 9 | 《我国开放式基金绩效研究》 | 苏　辛 |
| 10 | 《医疗市场、医疗组织与激励动机研究》 | 方　燕 |
| 11 | 《中国的影子银行与股票市场：内在关联与作用机理》 | 李锦成 |
| 12 | 《中国应急预算管理与改革》 | 陈建华 |
| 13 | 《资本账户开放的金融风险及管理研究》 | 陈创练 |
| 14 | 《组织超越——企业如何克服组织惰性与实现持续成长》 | 白景坤 |

# 《中国社会科学博士后文库》
# 征稿通知

为繁荣发展我国哲学社会科学领域博士后事业，打造集中展示哲学社会科学领域博士后优秀研究成果的学术平台，全国博士后管理委员会和中国社会科学院共同设立了《中国社会科学博士后文库》（以下简称《文库》），计划每年在全国范围内择优出版博士后成果。凡入选成果，将由《文库》设立单位予以资助出版，入选者同时将获得全国博士后管理委员会（省部级）颁发的“优秀博士后学术成果”证书。

《文库》现面向全国哲学社会科学领域的博士后科研流动站、工作站及广大博士后，征集代表博士后人员最高学术研究水平的相关学术著作。征稿长期有效，随时投稿，每年集中评选。征稿范围及具体要求参见《文库》征稿函。

联系人：宋　娜　主任

联系电话：01063320176；13911627532

电子邮箱：epostdoctoral@126.com

通讯地址：北京市海淀区北蜂窝 8 号中雅大厦 A 座 11 层经济管理出版社《中国社会科学博士后文库》编辑部

邮编：100038

经济管理出版社